中國學術思想

研究輯刊

六 編

林 慶 彰 主編

第 22 冊

晚明之儒家道德哲學與世俗道德範例研究
——劉蕺山《人譜》與《了凡四訓》、《菜根譚》之比較

袁 光 儀 著

花木蘭文化出版社

國家圖書館出版品預行編目資料

晚明之儒家道德哲學與世俗道德範例研究——劉蕺山《人譜》
與《了凡四訓》、《菜根譚》之比較／袁光儀 著 — 初版 — 台
北縣永和市：花木蘭文化出版社，2009〔民 98〕
序 2+ 目 2+208 面：19×26 公分
（中國學術思想研究輯刊 六編；第 22 冊）
ISBN：978-986-254-073-2（精裝）
1. 明代哲學　2. 儒家　3. 道德　4. 比較研究
126　　　　　　　　　　　　　　　　　　　　　98015333

ISBN - 978-986-2540-73-2

9 789862 540732

中國學術思想研究輯刊
六　編　第二二冊　　　　　　　　ISBN：978-986-254-073-2

晚明之儒家道德哲學與世俗道德範例研究
——劉蕺山《人譜》與《了凡四訓》、《菜根譚》之比較

作　　者　袁光儀
主　　編　林慶彰
總 編 輯　杜潔祥
出　　版　花木蘭文化出版社
發 行 所　花木蘭文化出版社
發 行 人　高小娟
聯絡地址　台北縣永和市中正路五九五號七樓之三
　　　　　電話：02-2923-1455／傳眞：02-2923-1452
網　　址　http://www.huamulan.tw 信箱 sut81518@ms59.hinet.net
印　　刷　普羅文化出版廣告事業
封面設計　劉開工作室
初　　版　2009 年 9 月
定　　價　六編 30 冊（精裝）新台幣 50,000 元

晚明之儒家道德哲學與世俗道德範例研究
──劉蕺山《人譜》與《了凡四訓》、《菜根譚》之比較

袁光儀　著

作者簡介

袁光儀，民59年生，國立臺灣師範大學國文學系學士、國文研所究碩士、博士。曾任國中教師、國中基本學力推動工作委員會國文科研究員、中國技術學院兼任講師等，現任臺北大學中國文學系助理教授。著有《李卓吾新論》（國立臺北大學出版社，2008/11）。

提　　要

　　本書關注之論題，在於儒家道德哲學與世俗道德實踐之異同，而以晚明理學殿軍劉蕺山之《人譜》，與通行於晚明並流傳至今之兩本民間善書：《了凡四訓》與《菜根譚》為例，做為考察之對象。三書分別為晚明不同思想性格之知識分子所著，劉蕺山乃一醇儒之典型，而《了凡四訓》之作者袁黃，乃一篤信佛教之鄉紳；《菜根譚》之作者洪自誠，則是生平不詳之隱士山人，而二書作者皆有晚明混同三教之思想特徵，與劉蕺山醇儒之性格自有所別。《了凡四訓》之「立命之學」，強調「改過」與「積善」，立基於因果報應與天地鬼神之信仰，而重視為善之實效，自有其勸善警惡之苦心；《菜根譚》身處晚明黑暗腐敗之世局，強調冷靜退步之處世原則，亦自有隔離觀照之智慧與美感之欣趣，給予人心靈之啟迪。二書正面之價值當予肯定，然而若對照儒者對道德本質之掌握，則亦可看出二書功利主義與順應世俗之傾向，行善往往淪為趨利避害之計較，而無法完成真正道德之自律。劉蕺山之《人譜》乃儒者內聖之學、成德之教之徹底完成，透過其道德哲學與世俗道德實踐之落差，一方面可反省民間善書在迎合世俗之價值觀時，往往使其道德實踐有所扭曲，而更凸顯儒者道德自立之精神；但另一方面，正視道德落實於民間教化中所產生之衝突與誤差，對於儒者內聖外王之學之開展，亦當有更深刻而務實之思考。

序

目

次

序

　　本書是筆者於 1997 年 6 月所完成之碩士論文，在十餘年後的今天看來，自然有諸多不足。對於「晚明」、「儒家道德哲學」與「世俗道德」的種種複雜而龐大的論題，筆者的掌握，顯然不夠充分——在資料的蒐集上不夠全面，在問題的討論上不夠嚴密，而不論是結構形式，乃至見解內容，亦多有生澀不成熟之處。這樣的作品本應藏拙，但感於花木蘭出版社致力於使國內研究成果得以交流之用心，筆者亦大膽出版以與學界分享，乃鑑於晚明儒學與社會實踐之相關問題的研究，確實仍存在著許多尚待開發的空間；而現有深入探討劉蕺山《人譜》與《了凡四訓》、《菜根譚》三書之研究亦屬有限；將之並列比較而分析其異同者，當然亦唯有筆者此書。緣於本書所探討的主題與《人譜》等三書本身的價值，值得深入發掘，故筆者乃效野人之獻曝，希望藉此拋磚引玉，使晚明儒學與世俗道德實踐之相關論題的探討，獲得更多學者之關注。

　　由於晚明學術與社會之諸多複雜面相，筆者至今仍未能充分掌握，故無力作大幅之修訂改寫，雖深知不足，但本書除在文句註解等略作小幅調整與校正外，大抵仍以碩士論文之原貌呈現。如當年口試委員鄭志明老師曾建議筆者，儘可捨棄難以掌握之龐大背景資料，直接切入三書之思想內容之分析與比較；且若能以儒學、佛教、道家的觀點，重新給予三書思想性格之定位，則更能充分凸顯三書各自之特色所在……只是當年已無心力依鄭老師意見重加改寫，如今亦只能如實呈現自身學思之歷程。本書泛論晚明與三書之作者及思想背景的部分，僅代表筆者當年就所閱讀之研究材料之消化與整理，並無創見之可言；又如對蕺山哲學的了解，當年亦僅能說是勉強「知其然」，如

今經十餘年精進，或能較知其「所以然」了，回頭再看本書之詮解實屬平淺，然而亦當不致有太大的誤差才是。對筆者而言，本書研究之重要性，乃一方面透過劉蕺山及其《人譜》，鑽研儒者之道德哲學；另一方面則透過《了凡四訓》與《菜根譚》兩本善書，深刻認知到「唯士爲能」的儒學與世俗道德間之重大差異。劉蕺山嚴整的哲學體系與道德嚴格主義的精神，爲筆者日後之儒學研究打下堅實的基礎；而《了凡四訓》與《菜根譚》，則更使筆者充分意識到，面對現實中各各殊異的生命，以及世俗社會中不同層面的問題，欲求儒者道德實踐之落實，仍有許多複雜的難題尚待解決。本書即標誌了筆者對於儒學進一步反思與再求解答的起點，由蕺山道德嚴格主義之「唯士爲能」，筆者重新將眼光投注到使王學「風行天下」，讓販夫走卒皆能樂學的左派王學，從而聚焦於毀譽兩極的異端思想家李卓吾，而從李卓吾種種大戾傳統的思想，筆者發掘出諸多基於儒學實踐而來之疑難，與李卓吾尋求解答之努力，此種種學思之歷程，亦有賴當年研讀《了凡四訓》與《菜根譚》及相關研究資料中所給予的諸多啓發。

此外，必須申謝者，本書之主題，乃當年鵝湖讀書會後與江日新老師討論所得；而漫長的寫作過程中，更賴恩師莊耀郎先生隨時給予指導；此外，兩位口試委員鄭志明與楊祖漢教授亦多所教誨，鄭老師較嚴厲，而楊老師則不吝給予後輩讚美與鼓勵，不論或嚴或寬，老師們對學生無私的教導，不敢一日或忘，謹於本書出版之際，再次向諸位老師表達由衷的謝忱。

第一章　緒　論

第一節　問題之提出

一、道德哲學與世俗化

　　自清末民初之巨變以來，關於傳統文化的探討，向爲學者所關注；經過工業化、現代化的急速變遷，如何重建文化秩序，亦爲許多有識之士所關切。談到文化問題，可說是千頭萬緒，然而關係著社會上小自個人的自處與人際的往來，大至整個國家社會的秩序，亦爲歷來許許多多儒者乃至當今許多有識之士所關懷的，大約是所謂「倫理道德」的問題了。〔註1〕

　　大約在任何時代，時人探討所謂「世風日下，人心不古」時，總會歸咎於道德的淪喪，並提倡建立道德倫理的重要性。而歷代儒家學者在探討道德問題、建立道德哲學以及推動民間的道德教化上，亦獲得極大的成就。然而流傳於廣大民間的許多道德觀念及價值體系，表面上雖承襲儒家教化而來，實際上其內容卻甚爲駁雜，而與眞正的儒家道德哲學有一段距離。當我們仔細分析儒家的道德哲學與民間所奉行的道德教條（姑稱作「世俗的道德」）時，將會發現其中有極大的差異性，這一差異，我們或可稱之爲「道德的世俗化」之問題。〔註2〕

〔註1〕 李明輝：〈論所謂「儒家的泛道德主義」〉：「梁、徐、牟三位先生均指出道德意識或倫理價值爲儒家思想底核心。單就這點而論，恐怕連反對或批評儒家的人也不會有異議。」（《當代新儒學論文集・總論篇》，臺北：文津出版社，1991年，頁180）。

〔註2〕 關於儒家道德哲學落實於民間的教化體系時所產生的落差之問題，從事專門

在探討有關文化問題時，關於「道德的世俗化」這一問題的分析，在學界並未獲得充分的關注。首先，在五四風潮下的學者，對於二千多年來支配傳統中國的主流——儒家思想，多採取嚴格批判的態度，並且往往將傳統文化的一切等同於儒家思想，而甚少注意到儒家思想與民間社會的價值體系的差異。其次，對於傳統文化持肯定態度的學者如當代新儒家諸位前輩，對於儒家道德哲學的探討，雖可謂深入透澈；然而在討論文化問題時，卻往往以爲只要將儒、釋、道等上層的哲學思想疏通之後，當今文化問題即可獲得解決，至於廣大民間奉行儒家教化時所可能產生的差異甚至扭曲，則未聞獲得諸位學者的重視。近年來，學者雖漸漸能將儒家思想與民間社會的價值體系，分開爲傳統文化中不同層次的問題，且對民間信仰及其價值體系所作的研究，與近年來「本土化」研究的風潮結合，有日益興盛的趨勢，然而當學者著眼於民間的價值體系時，亦往往僅對於世俗的道德有所陳述，如此，則亦不足以說明儒家道德哲學與世俗之道德之間的關聯及差異。少數對此問題有所關注的學者，如鄭志明有〈儒釋道思想俗世化的危機與轉機〉、〈儒家崇拜

研究的學者仍在少數，因此如何給予此一問題一個專門的「術語」，並給予其嚴格的定義，仍有其困難。鄭志明《中國意識與宗教》（臺北：學生書局，1993年）中〈儒釋道思想俗世化的危機與轉機〉一文，以「俗世化」一詞來稱儒釋道思想轉換爲實際社會實踐時所產生的功利傾向，並以「儒家崇拜」與「儒家社會」作爲「俗世化儒家」的基本內涵，但並未針對所謂「俗世化」一詞之由來作詳細的介紹與嚴格的定義，且文中亦曾使用「世俗化」（頁 71，第三行）一詞，指涉相同的意涵，可見對此名詞的用法，並非十分嚴格。「世俗化」本是宗教社會學的名詞，朱柔若曾根據 Shiner 的分類，說明世俗化的定義有六：一、指宗教的沒落，二、指順從現世的現象，三、指社會從宗教的涉入中退出，四、指宗教信仰與制度的轉換，五、指神聖性的消失，六、指從一個神聖社會移向世俗社會的過程（見《社會學世俗化理論的回顧、溯源、與台灣民間宗教的世俗化》，臺北：台大社會所碩士論文，1986 年，頁 6～8）。從西方宗教社會學研究而來的所謂「世俗化」，當然不能完全符合吾人探討傳統儒家道德落實於社會實踐之問題，但所謂「世俗社會」的特徵便是所有決策都是基於實用的考慮，是「順從現世」的，這一特性亦可有助於吾人了解民間所實踐之道德之所以與儒家道德哲學產生歧異的原因所在。本論文以「世俗道德」一詞，指稱傳統民間所實行的道德規範，主要與儒家之道德哲學下的嚴格義道德作一區隔，而與宗教學範疇內與「宗教道德」相對的「世俗道德」容或有所不同（呂大吉《宗教學通論》頁 800，以「人——人世俗關係」與「人——神宗教關係」來區分世俗道德與宗教道德，則儒家道德亦應屬於世俗道德的範疇；而本論文與儒家之道德哲學相對的「世俗道德」，則或受民間信仰的影響所致，故亦與宗教有所關聯），但通觀整篇論文之語脈，亦應不致引起誤會。

與儒家社會〉〔註3〕等篇文章，探討關於儒家哲學與民間思想的關係及異同，然而當中尚有許多問題可供發掘，值得深入探討。

當然，此一問題之值得探究，絕不在於至今仍乏人研究而已。就了解傳統文化的真貌而言：儒、釋、道哲學，雖為中國文化發展的主流思想，然而流傳於廣大民間的那許多不盡同於儒、釋、道哲學的價值觀，或許才正是文化流衍及問題的關鍵所在。因此，若只如以往偏重於上層知識分子的哲學思想的研究，恐怕無法真正解決傳統文化以及當今社會的問題；然而，若割裂了儒、釋、道的主流思想，僅著眼於民間大眾文化，則為無根的研究，同樣無法真正為文化的前途找到出路。〔註4〕因此，將兩個層次的思想文化並觀，了解其關係及差異，應是今後探討文化問題時值得努力的工作，「道德哲學」與「世俗的道德」的比較，自是一項值得探討的論題。

其次，就哲學研究來說，「道德哲學」乃儒家內聖之學的核心，而對於民間的道德教化，事實上是孔子以下忍受「道統」與「政統」長期分離的儒者們，所能落實的「外王」的出路。因此，透過儒家道德哲學與世俗的道德的比較，亦可有效檢討有關儒家外王學的內在問題。

儒家「道德哲學」與「世俗道德」間的差異，也許自始就存在著，隨著民間文化的蓬勃發展，逐漸脫離上層哲學思想的主控之後，二者的差異便越可明顯地看出。因此，欲探究這一論題，處於中國文化發展末期的晚明時期，或許可作為一個不錯的切入點。

二、晚明研究之尚待開發

自春秋戰國百家爭鳴以來，經過兩千多年的發展，時至晚明，一方面，

〔註3〕 收入氏著：《中國意識與宗教》。
〔註4〕 鄭志明在〈儒釋道思想俗世化的危機與轉機〉一文，亦曾批評道：「人文學者大多沒有明確的俗世觀，其對文化傳統與現代化的調適、取捨與展望，討論的層次較高，偏重在精緻文化中最精微的思想層次，……但忽略了文化層級性，任何創造性轉化的建構理論，似乎僅能掌握到文化傳統的精緻思想賦予現代意蘊，對於現實俗世的轉化並未能具有有效的指導原則與具體批判。……社會科學學者其對文化的認知是相當俗世化……對於思想觀念在文化傳統的定位問題較缺乏辯證關係的認知，……在詮釋理論上難以釐清歷史因緣下的文化脈絡與價值取向，導致批判的強度大而重建的能力小，無法對文化傳統的重建賦以多元角度的深思。」（《中國意識與宗教》，頁74）亦即顯示出兩種研究的方向各有其局限性。

它已是中華文明發展至爛熟的時期；另一方面，又正當滿清入關、異族統治之劇變的前夕，其問題之複雜，一直吸引著許多學者的注意。自五四以來，有關晚明的研究，〔註5〕一直有十分蓬勃的發展，因此研究的成果也頗為豐碩，然而其中仍存有不少需待進一步釐清的問題。

龔鵬程在《晚明思潮·自序》中，對於歷來的晚明研究，作了一番回顧，他說：

> 晚明思潮與社會變動，是五四以來文史哲各界關切時代問題者共同思索的對象，……在這裡，所謂「晚明思潮」顯然主要即是指文學上的公安派，以及與公安派關係密切的李卓吾等人。這些人，又往往與王陽明後學發展以成之「泰州學派」有很深的淵源。因此，近幾十年來，討論晚明思潮，事實上即是以公安派和泰州學派為核心的。在文學上，論者主要論析公安派如何反對擬古，提倡發抒性靈、表現自我，……在思想上，則以李贄等人為主要例證，說明晚明思潮所代表之文化轉變意義。……大體上是從李氏之反禮教反道學講起的。……所以，晚明便代表了一個由禮教道學權威及傳統所構成的社會，逐漸轉變為著重個體生命、情慾和現實生活世界取向的時代。〔註6〕

然而，這樣的一個研究成果，是否真的反映了晚明思潮與晚明社會的實情呢？龔氏的答案顯然是否定的，他提出了幾點：其一，「王學——泰州——公安」，並非晚明思潮的主流；其二，歷來對「王學——泰州——公安」這個系統的了解，也多是錯誤的。因此，龔氏的《晚明思潮》之各篇章，便在於重新理解泰州學派和公安文派，並擴大理解晚明的視域。

藉由龔氏的反思，吾人亦可意識到：歷來對晚明的研究雖十分豐富，但顯然尚有許多不足，甚至誤解。即以有關晚明道德哲學方面的發展來說：首先，關於歷來對泰州與公安的了解，大抵是所謂反對禮教、放縱情欲……，

〔註5〕 一般關於「晚明」之研究，時限有時並不十分明確，原因大約是自明代中期以後，政治社會便開始有較大的改變，此一變化延續至晚明尤鉅，故深受學者重視，然而若欲通觀此一變化之歷程，在時間上中晚明便較難做一切割。基本上，學者探討晚明之範圍，大抵指自萬曆至崇禎的七十二年間（西元1573～1644），然而一些活躍於嘉靖、萬曆間的士人，自亦難排除在外。本論文所欲探討之三書，皆是萬曆以後的作品，但在敘述其背景時，所謂「晚明」之斷代或亦不能十分嚴格。

〔註6〕 龔鵬程：《晚明思潮·自序》（臺北：里仁書局，1994年），頁3～4。

但透過龔氏的考察，與反禮教、恣情欲恰恰相反的，「克己復禮」方是其生命之關懷所在；〔註7〕其次，即使泰州學派「情識而肆」之風確然盛行於晚明，然尚有一截然不同於「情識而肆」的風潮，——主張一種道德嚴格主義，並成立「省過會」的組織，加強與會者對道德的實踐——亦在晚明受許多學者切切遵行。〔註8〕此外，晚明歷史雖以政治腐敗、風俗隳壞爲人所知，但民間宗教、文學、戲曲等，卻因此更充斥著許多勸善教化的作品，〔註9〕反映出世俗的道德觀。類此看似矛盾、卻實並存於晚明這一時代的種種現象，可充分表現出一般人所熟知有關晚明的侈蕩之風，並非晚明社會的全貌，而此勸善作品充斥與道德嚴格主義興起的現象，或許更值得吾人作進一步的分析探討與相互比較，以求對於晚明思潮與社會的面貌，有更全面的了解。

再者，「晚明」是一極爲複雜的時代，思想、文學與民間社會之間，並非各自獨立，而有著許多的融通交流與相互影響。但以往的研究，往往只限於各個領域的單獨研究，如龔氏所說：「治哲學者，僅就王學一脈論思想之發展，對文學與藝術殊少注意。談文學史者，高論公安、邑言李卓吾童心說，而根本缺乏哲學之基本知識，不但對宋明理學毫無理解，誤以天理人欲之辨爲情欲與理性之爭；對佛教與道教等更是一頭霧水，所以幾乎完全略去不談。……」〔註10〕因此，綜合不同領域的研究，應是以往所缺乏、而值得吾人努力的一個方向。

總之，目前綜觀晚明思潮與晚明道德哲學的相關研究仍屬少數；而在民間文化蓬勃興盛下，所發展的道德觀念與價值體系，與上層哲學思想究竟保持著怎樣的關係，或是造成了怎樣的差異，其中隱含的諸多問題亦值得吾人探究。因此，「晚明之儒家道德哲學與世俗道德」此一綜合性的比較研究，或許是個值得開發的題目。

〔註7〕 龔氏《晚明思潮》第一章〈克己復禮的路向——晚明思潮的再考察〉，便對李贄等人之重視禮法多所論證。另參見本論文第二章第三節。

〔註8〕 王汎森〈明末清初的人譜與省過會〉一文（《中央研究院歷史語言研究所集刊》第 63 本，第 3 分，1993 年 7 月），對此有深入的探討，另詳見本論文第二章第四節。

〔註9〕 如柯瓊瑜：《三言的教化功能之研究》，便提出《三言》一百二十卷中，就有九十四篇均含有教化意味，可見此類作品所佔比例之高。（臺北：臺師大國文所碩士論文，1995 年，頁 12）。

〔註10〕 《晚明思潮》，頁 16。

第二節　研究之進路

　　「晚明之儒家道德哲學與世俗道德」一題，內容十分龐大，因此本書選擇晚明有關道德哲學與世俗道德的代表性著作，以具體的材料，進行分析比較，作為切入此一論題的方式。然而，在晚明諸多相關的著作中，究竟哪些著作最具有代表性，或許是有爭議的，在此，本論文則擬選擇《了凡四訓》、《菜根譚》與劉蕺山的《人譜》作為分析的對象。以下略作說明：

一、《了凡四訓》

　　本書為明萬曆年間袁黃的作品。晚明民間信仰的發展十分蓬勃，各類的善書亦大量刊行，乃宗教界對倡導民眾道德的一種積極表現。在諸多善書中，所以拈出《了凡四訓》作一代表，一方面因為它至今仍流傳不衰，〔註 11〕深入民眾的價值意識；再方面晚明「功過格」一類的善書，係經由袁黃（了凡）的提倡而更大行於世，〔註 12〕且對士大夫階層亦造成不小的影響，〔註 13〕因此將本書作為晚明世俗道德之一代表，當不為過。

二、《菜根譚》

　　作者為明萬曆年間的隱士洪自誠。〔註 14〕在民間善書大量流通的影響下，晚明文壇有許多小品作家，亦藉由處世小品的寫作，傳播其處世智慧與道德觀，而《菜根譚》便是其中具有代表性的一部作品，〔註 15〕亦可說是晚明處世小品流傳至今最為人所熟知的一部。所以如此，兩三百年來，本書一直被佛教界作

〔註11〕至今《了凡四訓》之翻印本仍隨處可見，且多表示「歡迎翻印」，以利流傳。為助流通，亦多白話譯本刊行，如和裕出版社更由吳明翰改編為《了凡叔叔說故事》（1995 年 7 月初版），般若傳播事業有限公司甚至設立「了凡四訓推廣中心」，出版錄影帶（聯合報 1996 年 2 月 29 日大幅廣告），可見流傳之盛。

〔註12〕許洋主譯、酒井忠夫：〈功過格的研究〉：「功過格在雲谷、袁黃之前已有流行，但袁黃以後各種功過格大批製作，大行於世。在善書中，功過格所佔的地位高，數量也大。」（《日本學者研究中國史論著選譯》，北京：中華書局，1992 年，頁 497）

〔註13〕參見王汎森：〈明末清初的人譜與省過會〉，頁 693。

〔註14〕《菜根譚》流傳版本有二，其作者一標洪應明，一標洪自誠，但二者實為一人，其版本與作者及寫作之時代等問題，詳見第三章第二節。

〔註15〕曹淑娟：《晚明性靈小品研究》（臺北：文津出版社，1988 年），頁 207，另詳見第三章第二節。

爲善書流傳，〔註16〕無疑是它廣爲流行的一大原因。其中所涵具的道德觀，一方面是合於世俗的，一方面亦可表現晚明文人的價值取向，〔註17〕可提供吾人了解晚明世俗道德發展的另一個面向。

三、《人譜》

　　劉蕺山向有晚明理學殿軍之稱，一生致力於道德實踐，並與友人組織「證人社」等省過會的組織，所作《人譜》，可說是儒家道德嚴格主義發展至極致的代表性著作。〔註18〕因此，選擇《人譜》作爲晚明道德哲學的代表來進行分析，應是頗爲恰當的材料。再者，劉蕺山的《人譜》是相對於秦弘祐的《遷改格》所寫成的書，而《遷改格》則根據袁了凡的功過格而來，〔註19〕因此透過《人譜》與《了凡四訓》之比較，亦可有效對比儒家道德哲學之主張與世俗道德之分別處。此外，晚明文人與道學家因生命型態的不同，其相互間之批評亦頗爲激烈，〔註20〕藉由《菜根譚》與《人譜》比較不同生命情調者之道德觀，將亦有助於吾人擴大對於道德問題的思考範圍。

　　選擇以上三書來進行有關晚明道德哲學與世俗道德之比較研究，其研究之

〔註16〕如乾隆本三山病夫序便明言本書爲佛教徒來琳重刊，釋聖印亦作《菜根譚講話》推廣本書，以爲有益世道人心。誠如龔鵬程所言：「社會上幾百年，一直奉此書爲『聖典』，認爲它有三教眞理的結晶和萬古不易的教人化世之道，爲『曠古稀世的奇珍寶訓』，對於人的正心修身養性育德，有不可思議的潛移默化力量。」（〈從菜根譚看晚明小品的基本性質〉，《文化、文學與美學》，臺北：時報文化，1988 年，頁 149）。

〔註17〕參見龔鵬程：〈從菜根譚看晚明小品的基本性質〉。

〔註18〕如牟宗三所説：「儒聖立教自道德意識入。自曾子講守約愼獨後，通過宋明儒的發展，這道德意識中的内聖之學，成德之教，至蕺山而爲更深度更完備地完成。」（《從陸象山到劉蕺山》，臺北：學生書局，1990 年，頁 537）

〔註19〕《劉子全書》，卷四十，《年譜》：「（崇禎七年）秋八月著《人譜》。……按：是時秦弘祐倣袁了凡功過冊著《遷改格》一書，善與過對舉，一理性情，二敦倫紀，三坊流俗，四廣利濟。陶先生序而行之，因以冊呈先生，先生曰：『此害道之書也。』……因有感而著《人譜》。」（臺北：華文書局，未標出版年，據清道光刊本影印，頁 3585）又劉蕺山《人譜·自序》：「友人有示予以表了凡功過格者，予讀而疑之。了凡自言嘗授旨雲谷老人，及其一生轉移果報，皆取之功過，鑿鑿不爽，信有之乎？予竊以爲病於道也。」（《劉子全書》，卷一，頁 159）故《人譜》之作，雖似針對儒者（如陶奭齡、秦弘祐等）道德實踐之方式趨於世俗化所作的反省，但實基於對了凡之功過格思想之不滿而糾正之。

〔註20〕黃明理：《晚明文人型態之研究》（臺北：臺師大國文所碩士論文，國研所集刊第 34 期，1990 年），另參見本論文第二章第三節、第五章第二節之討論。

步驟首先自然是研讀原典，而後分別抽繹出各書所展現的道德理念及實踐方式，以及背後的設準等等。又因三書的性質有所不同，故在各書的處理上，或者採取不同的方式切入，如《了凡四訓》，其各篇章內容主旨明確，可採分章討論的方式；但面對只分前後集且內容龐雜的《菜根譚》來說，顯然難以採用上述方法；《人譜》雖亦章節分明，但因其體系一貫，為免重覆論述，綜觀其思想體系方為重點。又如作者的問題，《菜根譚》的作者生平不詳，因此只能以其寫作背景來作側面了解；了凡與蕺山之生平，皆可見諸史料，然因了凡一生重點偏於事功，蕺山一生事業在於學術，因此對二者生平事蹟與學術思想的介紹，則有詳略的不同。再如版本的問題，《菜根譚》有兩種頗有差異的版本行世，故不能不作一辨別；蕺山因有《劉子全書》行世，故可直接採用，不再探討其他版本；《了凡四訓》流通雖廣，但各本之間較無明顯差異，故採用尤雪行注本，而不再探討其版本流衍之問題。此外，三書代表著晚明社會三種不同背景、或說不同價值觀者的思想，因此亦牽涉到不同的問題須作了解，如《了凡四訓》與民間信仰、《菜根譚》與晚明文人小品、《人譜》與晚明理學發展，皆是在探討其內容時須先作討論的。然而本論文的重點，則更在於比較三書所呈現的世俗道德與道德哲學之異同。除比較二者之道德條目及實踐方式、以及背後之設準外，亦希望藉由彼此的比較，了解世俗道德之功能或流弊，以及道德哲學本身，是否亦有其可能的限制。希望藉由本書之討論，吾人對《了凡四訓》與《菜根譚》所代表之世俗道德觀，與儒者道德哲學精神之內涵及其異同，有更充分而深入的了解，藉由彼此之比較，除了更能彰顯各自的重點精神及其意義與價值外，亦可反思其中各自可能的弊病或局限，對於了解晚明道德哲學與世俗道德的發展，乃至今後相關的研究，亦能有所助益。

第三節　研究之困難與限制

雖然本論文主要在於處理《了凡四訓》、《菜根譚》與《人譜》三書，然而若回歸到本題之關懷──「晚明之儒家道德哲學與世俗道德」，則所牽涉到的許多周邊問題，便是本題討論時的重要基礎，或說是筆者必備之背景知識，然而此一背景之掌握，實超越筆者目前之能力。

如：談道德哲學，則涉及倫理學以及儒家哲學等問題；談世俗道德，則涉及民間信仰、宗教社會學與世俗化理論，而民間信仰則又包含佛教、道教

之思想，以及三教合一之說等問題。又本題限定於晚明一代，則其政治社會之概況、思潮之發展——如文人之風尚、王學之流衍……等等問題，亦不可不知；而讀其書不可不知其人，三書之作者生平及其思想，便各是複雜的問題；談《了凡四訓》，尚須知「功過格」之流行概況；談《菜根譚》，亦不可不明晚明小品之風格；談《人譜》，則除劉蕺山之學說，對宋明理學之相關論題，亦須有一定之掌握，凡此種種，皆是本論文在分析研究材料時的基礎。然而，其中任何一項問題，皆是專門的學問，亦可是另一篇論文的主題；因此，以筆者之學淺，必有無法有效掌握之處，此亦本題研究之最大困難所在。

其次，若本題所牽涉之相關範疇，前輩學者已有豐富的研究，並獲得較確切的結論，則筆者僅須將不同領域之研究成果作一綜合整理，如此亦不甚困難；然而，如前所說，晚明研究尚有罅漏，就傳統文史哲之領域而言，相關論題在學者之間尚針鋒相對而不知孰是；關於其世俗道德之發展，更有許多尚未開發之處；即以三書之作者與內容本身來說，僅劉蕺山作為宋明理學之殿軍較獲關注，然就其《人譜》深入探討的亦不甚多，其他二書相關之研究便更少了。在國內學者之研究資料不足的情況下，相關之研究，或須求之於外文（英、日）之著作。因此，要在眾說紛紜與資料缺乏中找尋立論的基礎，加以筆者外文能力之薄弱，必有許多難以駕馭之處，此為本題研究之另一大困難。

雖然，欲深入探討本題，須有深厚之學養作為基礎，似非筆者目前能力所及，然而三書之內容與思想，以及道德哲學與世俗道德之異同等等問題，固有其值得深究之價值。本書作為筆者學思歷程之一記錄，見解自是不夠成熟，故在學思的過程中，筆者亦時時提醒自己、記得自己能力之限制，對於自己尚無法充分掌握之處，不作過度的推論。因此本書之內容，或許只在提出問題，而不必能提供確定的答案，但是，若其中有某些問題，能引發大家的思考，或進一步的探究，或許便是本書之價值所在。

第二章 晚明略說

第一節 晚明政治社會之幾個面向

一、政治敗壞，知識分子遠離政壇

　　明代政治的情況，在史家筆下，一向少有好評。錢穆《國史大綱》直謂之為「傳統政治之惡化」。〔註1〕此一惡化，就制度上來說，可說自太祖之罷丞相便已開端。〔註2〕罷丞相之弊，首先在於政治大權集中於皇帝之手，皇帝之賢能與否，直接影響政治之隆污。然而有明一代，除明初太祖、成祖等數位皇帝，尚留心於政事，其餘皇帝多平庸無能，於是自中葉以後，如正德、嘉靖二朝，其政治便已十分敗壞，萬曆以後尤變本加厲。

　　神宗萬曆初年，由張居正秉政，曾進行許多政治改革，一度堪稱中興；但萬曆十年，張居正去世後，神宗便日漸縱恣荒怠，不理朝政，曾二十多年不臨朝，對於朝臣的奏摺，概不批示；官員出缺，亦不另補，使得國家政事，幾陷於停擺狀態，〔註3〕許多不願尸位素餐的官員，只能掛冠求去。〔註4〕而更不幸的是，這位荒怠已極的神宗皇帝，卻在位長達四十八年，實足以令國家政事腐敗到無可救藥的地步。因此《明史·神宗本紀》說：「明之亡，實亡

〔註1〕 錢穆：《國史大綱》下冊（臺灣商務印書館，1976年），頁500。
〔註2〕 黃宗羲：《明夷待訪錄·置相》：「有明之無善治，自高皇帝罷丞相始也。」（《黃宗羲全集》第一冊，臺北：里仁書局，1987年，頁8）。
〔註3〕 錢穆：《國史大綱》下冊，頁507。另詳黃仁宇：《萬曆十五年》第三章（臺北：食貨出版社，1990年）。
〔註4〕 黃仁宇：《萬曆十五年》，頁83。

於神宗。」〔註5〕神宗之縱恣荒佚，實決定了晚明的民生國運。

其次，太祖罷丞相後，後世相權實質上漸漸轉移到內閣大學士之手。然而因制度上的不合法，內閣之權重往往遭到外廷大臣的反對，此一內閣與外廷的摩擦，即成為黨爭與政治混亂之源。〔註6〕神宗時的內閣大學士張居正，雖然是位有才能的政治家，但卻仍不能不以舉用私人、排除異己的方式來保障自己政策的有效推行，這種黨同伐異的方式，使得氣節之士更加反對而不肯合作。〔註7〕

此外，廢相而使得外廷群龍無首的局面，亦導致宦官勢力的擴張。〔註8〕而自成祖重用宦官以來，宦官亂政禍國之事，即史不絕書。至熹宗時之魏宗賢，尤為其著者。〔註9〕熹宗雅好戲弄，不理朝政，荒怠不下乃祖神宗萬曆帝，魏宗賢得以獨攬大權，廣植黨羽，由是更掀起東林黨禍，於是政壇上更瀰漫著取媚權貴，黨同伐異的風氣，使得政治環境愈加敗壞。

晚明士人面對如此惡劣的政治現實，除仍依循既定軌道行進者之外，普遍走向兩種極端表現，即：狂熱投入與消極退離。〔註10〕

狂熱投入者可以東林黨人作一代表，然而東林黨對抗張居正等掌權的內閣大學士及當權宦官，所抗爭的焦點，並不在於他們在制度上的不合法，或是他們政策措施之不當，而是將一切的問題，皆昇華為「道德」的問題。〔註11〕不論張居正、魏忠賢或其他與之對立者，是代表自私自利、諂媚阿諛、不顧原則、黨同伐異的一派，而與他們所代表的「善類」、「清議」不能相容。雖然東林黨

〔註5〕 《明史》卷二十一（上海古籍出版社，1986年），頁42。

〔註6〕 Charles O. Hucker 著，張永堂譯：〈明末的東林運動〉，《中國思想與制度論集》，（臺北：聯經出版事業公司，1979年），頁174。另錢穆《國史大綱》言：「國家並未正式與閣臣以大權，閣臣之弄權者，皆不免以不光明之手段得之。此乃權臣，非大臣，權臣不足以服眾。」「閣臣中想實際把握政權者，最先便不得不交結內監，其次又須傾軋同列。」（頁509）亦對於制度上造成黨爭之不可避免，有所論述。

〔註7〕 謝國楨：《明清之際黨社運動考》（臺北：臺灣商務印書館，1967年），頁14～15。

〔註8〕 Charles O. Hucker 著，張永堂譯：〈明末的東林運動〉，《中國思想與制度論集》，頁172。

〔註9〕 錢穆：《國史大綱》：「內寺之權，極盛於熹宗時之魏宗賢。」（頁510）。

〔註10〕 曹淑娟：《晚明性靈小品研究》，頁100。

〔註11〕 Charles O. Hucker 著，張永堂譯：〈明末的東林運動〉，《中國思想與制度論集》，頁182、187。另參見黃仁宇《萬曆十五年》第二章。

與魏忠賢對立的結果，最終遭到被剿滅的命運，但面對這樣的挫折，士人仍多以東林黨人爲榮，並益以氣節自勵；在政治已無可爲的情況下，他們仍藉由民間講學，來爲正義的保存盡一份心力。

　　然而對另外的許多士人來說，政治上的難有作爲，則普遍產生了一種退離政治的情緒。這類士人對政治的厭離，亦很少是起自對於行政制度與功能本身的懷疑，而是不耐於政治人事網絡上的糾葛，〔註 12〕不能不說是在黨爭紛紜的政治現實中的一種反彈的心理。這類政治上的狷者，或許也參加科考，任官授職，但心理上則保持可以退離的自由；他們皆在政治之外，另尋可以安置心力的領域，如山水、文學、繪畫或宗教，這些原非傳統士人的志向所在，故將其稱之爲「寄」或「癖」，〔註 13〕在政治已難有作爲的現實中，晚明人特別強調人不可無所寄，〔註 14〕藝術文學或山水園林，或許是其在亂世中另尋的安身立命之道。

　　另外，自唐宋科舉取士後，讀書人口日益增加，至晚明時期，知識階層的迅速擴大，已超過官僚體制增長的速度，供需不能調和，故知識分子進入仕途的比例減少；〔註 15〕無緣進入仕途的士人，亦往往表現出厭離政治的態度。〔註 16〕一方面，這或許是在被拒於宦門之外者，一種維護自我尊嚴的心理；另一方面亦不能不說是因眼見政治腐敗所產生的不屑；再一方面，亦由於前述士人對隱逸的嚮往，而以此遺世獨立的態度，投其所好，受其資助。〔註 17〕這類遠離政治的隱士山人，在晚明江南的繁華社會中，另以其文藝繪

〔註 12〕曹淑娟：《晚明性靈小品研究》，頁 210。

〔註 13〕曹淑娟：《晚明性靈小品研究》，頁 103。

〔註 14〕如袁宏道：〈與李子髯書〉：「人情必有所寄，然後能樂。故有以奕爲寄，有以色爲寄，有以技爲寄，有以文爲寄。古之達人，高人一層，只是他情有所寄，不肯浮泛，虛度光景。」（《袁中郎全集》卷二十，臺北：偉文圖書，1976 年，頁 954）

〔註 15〕黃明理：《晚明文人型態之研究》，頁 17～19。

〔註 16〕林宜蓉：《晚明文藝社會「山人崇拜」之研究》第三章第二節「棄儒爲山人」（臺北：臺師大國文所碩士論文，國研所集刊第 39 號，1995 年，頁 54～6）。

〔註 17〕曹淑娟：《晚明性靈小品研究》，將晚明士人堅持布衣身分之山人，亦歸於政治黑暗的因素（頁 103），但依黃明理《晚明文人型態之研究》所言，這類士人實非「不肯」投入政治，而是無機會投入。林宜蓉《晚明文藝社會「山人崇拜」之研究》（頁 22）特別就此加以辨明而支持黃說。按：就這類士人遠離政壇的直接成因來說，黃說應較近於實情，然而無機會進入政壇並不等於厭離政治，因此山人所表現出的厭離政治的情緒，或亦有鑑於政壇風氣的隳壞，並由此而更獲仕紳大夫之認同與欣賞，亦未可知，故仍與政治黑暗因素有某

畫與澹泊高風，受世人供養。〔註18〕

在某個程度來說，本論文所探討的三書之作者：袁了凡尚可說是「依循既定軌道行進」的士人；劉蕺山則類似東林黨禍後，以氣節自勵之士；而《菜根譚》的作者洪自誠，則是消極退離政治環境的士人之一代表。就袁了凡的生平來說，他依循著科考之路走入政壇，卻未表現出鮮明的政治傾向；而在他為官的短短七年中，十分盡心於自己的職位，即使在解職之後，亦未明顯地表示出對政治的退離態度，且其功過格亦多以順利中舉入仕為福蔭勸誘世人，因此若說他是「依循既定軌道行進」的士人，顯然較合乎其作為；劉蕺山與東林黨人本保持著相互欣賞，引為同道的關係，然東林黨爭後淪為意氣，則為蕺山所不滿，政治上黨爭紛紜與相互傾軋，使蕺山漸將其關懷由外在之事功轉為道德的內省，與所謂「狂熱投入」固有不同，然就儒者精神之本質而言，對於現實之政治畢竟是關懷而非捨離之態度；〔註19〕洪自誠之生平不詳，亦僅能就其隱逸之事實、《菜根譚》之內容與晚明山人的風格推測其思想傾向。因此對三人之歸類，或不免於粗疏，不能盡三書作者思想性格之實情，但三者確實各代表了晚明知識分子面對複雜之政治社會下之不同取向，亦可見晚明士人在回應時代挑戰上的多樣表現。

二、商業發達，文藝市場蓬勃發展

在晚明士人遠離政治，而多以文學藝術為寄的情緒下，晚明江南社會商業繁榮的盛況，帶動文藝市場的蓬勃發展，無疑給予士人維持這樣一種生活理想的必要資具。

唐中葉以前，中國經濟文化之重心原在北方，自安史之亂以後，由於北方屢遭戰亂，民生凋蔽，中國之經濟重心，則漸偏倚於南方。東南未經戰亂，水利興修，農業發達，社會日趨富庶；而宋室南渡，更傾力開發江南，人才亦集中於此，促進文化之快速發展。宋元以下，江南之經濟文化，便一直是中國之最。自明代以來，經濟文化之重心，並未隨成祖遷都北京而轉移，甚且整個中央糧食，幾乎皆仰給於南方漕運，其他如紡織陶瓷，亦皆盛於江南。

種程度之關聯。

〔註18〕林宜蓉：《晚明文藝社會「山人崇拜」之研究》，第二章。

〔註19〕蕺山與東林之關係參見孫中曾：《劉宗周的道德世界——從經世、道德命題到道德內省的實踐歷程》（新竹：清大歷史所碩士論文，1991年）。

〔註20〕由於物產豐饒，手工業興盛，運河之水利，更促進商業之繁榮發展，
至晚明時，江南社會呈現出一片繁華的景象。

　　江南經濟力量雄厚，人才萃集，亦帶動文化活動頻繁，與文藝市場的蓬
勃發展。對此，黃明理曾詳加分析：〔註21〕文藝市場的發展，主要源於世人
附庸風雅之心態。由於知識分子之社會地位頗高，而其所優於世俗之文學藝
術的活動，乃爲世人所欣羨，是以成爲一文藝需求市場。而世人附庸風雅者，
實未必能深切感受、認知文藝之內在精神，而是以特殊消費品視之，故富家
巨室，每傾力經營之，此一文藝需求市場，便隨著社會繁華而茁壯，遂由此
亦提供了知識分子另一發展之領域。晚明厭離政治的士人，便往往以其文學
藝術之創作，受世人的供養，而得安身立命。然而在此爲「附庸風雅」而來
的消費形式下，不能不產生許多問題：

　　首先，文人自視甚高，不輕以創作徇人，而世人慕求風雅之心益盛。由
是低層之文人、山人之輩便起而代之，以文墨供玩弄，以清談助宴飲，此類
文人，固爲眞知學者所輕，然而對一般世人來說，卻可造成「山人崇拜」之
風潮，〔註22〕影響不可謂小。此外，附庸風雅者面對作品，無法理解欣賞，
並作審美判斷，揚抑之標準便在於名聲。世俗之人不知實而蔽於名，亦造成
文藝市場中作僞風氣大盛。

　　其次，在文藝消費市場中，有一仲介者，即書坊、商賈。書坊刻書，乃是
純粹商業行爲，主要在利益之獲得，因此基於利潤之考慮，爲迎合讀者，文藝
作品的刻印，乃以曲譜、小說、笑話之類爲最多。此類以娛樂消遣爲目的的書，
或有妨於世道人心，然而書商之考量，僅在於書籍是否暢銷，至於作品是否對
社會有負面影響，則並不爲慮。雖然在此種消費形式下，作者亦往往有心藉其
「發言」之機會以勸世，如《醒世恆言·敘》曰：「崇儒之代，不廢二教，亦謂
導愚適俗，或有藉焉。以二教爲儒之輔可也，以《明言》、《通言》、恆言》爲六
經國史之輔不亦可乎？」〔註23〕又如李漁所言：「近日人情喜讀閒書，畏聽莊論，
有心勸世者，正告則不足，旁引曲譬則有餘……。」〔註24〕皆可看出小說戲曲
之作者，亦有心藉其能吸引讀者，而達勸世之理想。然而作者此種心態，有時

〔註20〕錢穆：《國史大綱》，第38～40章〈南北經濟文化之轉移〉上、中、下。
〔註21〕《晚明文人型態之研究》第二章第一、二節。
〔註22〕關於「山人崇拜」，另詳林宜蓉《晚明文藝社會「山人崇拜」之研究》。
〔註23〕江蘇古籍出版社，1991年，頁900～901。
〔註24〕《閒情偶寄·凡例》，臺北：廣文書局，未標出版年。

亦可成為掩飾作品屈從低俗，墮落之藉口，如色情小說《肉蒲團》第一回亦說
其描寫淫慾目的亦在為世人說法。總之，晚明文藝市場因之充斥許多低俗煽情
的作品，一方面反映、另一方面亦助長了社會風氣的敗壞。

三、社會風氣惡化，引人反思

晚明江南商品經濟的繁榮發展，使得城市經濟脫離以往農業社會的形
態，而以商業為主幹，社會型態因此產生極大的改變。由於社會型態的丕變，
人們的觀念也與以往大不相同。

首先，商業的發展，創造了許多富商巨賈，成為城市中新興的強勢族群，
在有利可圖的情況下，「經商」成為許多人民所喜歡從事的行業，甚至在科舉
名額有限的現實下，許多讀書人亦選擇「棄儒從商」，於是傳統「四民」之末
的商人，此時在社會上的地位已大大提昇。〔註25〕

其次，商業發展所帶來的財富，不但促進人們對文藝作品的消費，對於
其他物質的消費能力，亦同樣提昇；原本只有官宦人家才可服用的衣著、飾
品，如今一般的平民、甚至奴僕都有能力購買，於是僭越之風愈見嚴重，人
皆不以為怪。豪富之家憑藉其雄厚財力，往往以物質層次的豪奢與藝術的妝
點，來顯示身分，炫耀地位；即使一般人民，由於經濟情況改善，亦致力追
求較高的生活享受，於是社會風氣日益奢靡，人人競相以華侈相尚。〔註26〕

再者，由於江南城市經濟以商業為骨幹，商業所利，在於財貨流通，自
然鼓勵相當程度之消費行為；此外江南雖屬富庶，然而貧富相差懸殊，但富
家之豪奢無度，反而能提供小民謀生營利之機會。因此晚明江南鼓勵消費、
崇奢黜儉的主張，亦相應出現，〔註27〕推翻了以尚儉為美德的傳統觀念。如
明末陸楫《蒹葭堂雜著摘抄》便有類似觀點：

> 吾未見奢之足以貧天下也。……今天下之財在吳越，吳俗之奢，莫
> 盛於蘇杭之民。……不知所謂奢者，不過富商大賈，……彼以梁肉
> 奢，則耕者、庖者分其利；彼以紈綺奢，則鬻者、織者分其利。正
> 孟子所謂：「通功易事，羨補不足」者也。……然則吳俗之易為生者，

〔註25〕林金樹等：《中國明代經濟史》(北京：人民出版社，1994年)，頁189～191。
〔註26〕徐泓：〈明代社會風氣的變遷〉，《第二屆國際漢學會議論文集·明清與近代史
　　　組》(臺北：中央研究院，1989年)，頁143～152。
〔註27〕林麗月：〈晚明「崇奢」思想隅論〉，《師大歷史學報》19，1991年6月。

其大要在俗奢，市易之利特因而濟之耳。﹝註28﹞

從經濟的觀點言，這是市場消費刺激生產及就業機會的理論，並非全無道理；但從社會教化及風氣而言，誠如黃明理所言：消費乃基於物質欲望，欲追求消費增長，便將鼓勵世人追逐欲望，並以追求欲望滿足爲合理的行爲，而肯定欲望之價值；然而人之欲望無有窮盡，追逐欲望的結果，勢必成一縱欲之風。﹝註 29﹞此一奢靡、縱欲的風氣，使得社會價值觀混淆，道德淪喪，社會風氣日漸敗壞。

價值觀的混淆，使得人們不再以傳統的「文章、政事、行誼、氣節」等標準來評斷人事，能夠創造財富、追求享樂，方受世人引爲榮耀；﹝註 30﹞人人皆以奢靡相高，加深了對錢財的需求，在明代官員俸祿極薄的情況下，大小官員紛紛想盡辦法搜括聚斂，甚且視之爲正常收入，不以爲恥，政治風氣亦愈加敗壞。﹝註31﹞

然而，在此政治、社會風氣敗壞，道德淪喪的同時，道德觀念反而藉著不同的形式，更加地被強調與提倡。許多的作者藉著小說戲曲等作品，傳播各項道德觀念，強化各類道德信條，如著名的話本小說《三言》、《二拍》皆以對民眾進行教化工作爲其職志；﹝註 32﹞更有許多小品作家藉著清言小品的寫作，傳播其處世觀念；社會人欲橫流的現況，則激起道學家對欲望愈加地警惕，更強化了其道德意識；而宗教更本其勸善教化的職責，印製了大量的善書，以勸化世人。或許，道德最敗壞的同時，便是道德提倡最力的時代。

本書所討論的三本著作，作者皆爲江南地區人士，﹝註 33﹞江南社會風氣的敗壞，無疑對其道德觀產生不同程度的影響，並對之作出不同的回應。

第二節　晚明的民間信仰與道德教化

晚明民間信仰之發展可探討的問題頗多，無法詳述，僅以本題相關之背

﹝註28﹞ 明陸楫：《蒹葭堂雜著摘抄》（臺北：新文豐出版社，《叢書集成初編》，第 436冊），頁 3。
﹝註29﹞《晚明文人型態之研究》，頁 31。
﹝註30﹞ 王熹：《中國明代習俗史》（北京：人民出版社，1994 年），頁 253。
﹝註31﹞ 徐泓：〈明代社會風氣的變遷〉，頁 157～159。
﹝註32﹞ 柯瓊瑜：《三言的教化功能之研究》，頁 38～39。
﹝註33﹞ 袁了凡爲江蘇吳江人，劉蕺山爲浙江山陰人，洪應明生平不詳，但爲其題序之于孔兼爲江蘇金壇人。

景，略談有關三教合一之思想與功過格之流行，以概括晚明民間信仰之思想傾向、與其推行之道德教化之重要方式。

一、三教合一的思潮

　　三教融合之說由來已久。自魏晉南北朝時期，儒家經兩漢推尊已確立其正統地位、而道家學說勢力正盛、佛教經論又大量東傳之時開始，歷經隋唐、兩宋長期的發展，三教在彼此的衝突與批評中，亦不斷地互相消化吸收對方的思想，而建構自己更強固的理論基礎；在衝突與消化的同時，三教融合之說亦被許多學者所提倡。三教合一的思想，經過長期的醞釀之後，至於明代，這股思潮，更已蔚然成風，影響既廣且深。

　　明代三教合一思潮的發展狀況，可自下列幾方面來看：

　　首先，明太祖的三教政策，對三教合一的思潮，便有積極的影響。明太祖朱元璋早年曾在皇覺寺為僧，在起義的過程中，亦曾藉助道教方面的力量，因此登基以後，除了依循漢朝以來統治者對儒學的推崇與利用之外，對於佛道二教，亦採取既利用又控制的方式，一方面鼓勵，一方面則加以約束。〔註34〕其〈三教論〉則明白表示出其對於三教的態度：「於斯三教，除仲尼之道，祖堯舜，率三王，刪詩制典，萬世永賴；其佛仙之幽靈，暗助王綱，益世無窮，惟常是吉。嘗聞天下無二道，聖人無兩心，三教之立，雖持身榮儉之不同，其所濟給之理一，然於斯世之愚人，於斯三教，有不可闕者。」〔註35〕明太祖是晚明許多士人心目中聖王之典型，〔註36〕他對三教的看法，自對於知識分子的思想，產生莫大的影響；〔註37〕而其三教政策，對於明代宗教之發展，自亦有相當的影響力。

　　其次，在思想界中，明代中期以後勢力極盛的陽明學說，亦對此三教融合之思潮有推波助瀾的作用。陽明早年曾出入佛道二教，而其良知說為確立主體性，亦往往借用佛教論主體性之類似觀念，不但派外人士不能了解，派內弟子有時亦不能謹守儒釋分際，如王龍溪便屢被批評為「近禪」；〔註38〕在

〔註34〕何其敏：《中國明代宗教史》（北京：人民出版社，1994年），頁11，頁52。

〔註35〕朱元璋：《明太祖御製文集》（臺北：學生書局，1965年），頁348。

〔註36〕參見龔鵬程：《晚明思潮》，頁20，頁38。

〔註37〕李焯然：〈焦竑之三教觀〉：「明代提倡三教合一的思想家，如羅汝芳、管志道、楊起元、李贄等人，都徵引明太祖作為典範。」（《明史散論》，臺北：允晨文化，1988年，頁112）

〔註38〕勞思光推究王學所以「近禪」之原因，以為：陽明心性論之特色，原在於道德

這樣的影響下，知識分子更多有倡談三教合一、或三教不二之論者。

　　不單在思想界中知識分子會通三教，在宗教界中，長期以來，佛道二家互相吸納，並採用儒家思想者更比比皆是。如當時佛教界四大高僧雲棲袾宏、紫柏眞可、憨山德清與藕益智旭，皆倡三教融合之說，以「佛化儒道」的方式，將三教冶於一爐；〔註39〕道教對三教合一的提倡更由來已久，金元間興起之「新道教」——全眞道，便高標「三教歸一」，而明代受帝王推重的正一教，亦以「心性」爲三教共同之源；〔註40〕而因太祖的三教政策，由鼓勵推崇、進而改變元代以來佛道二教世俗化的發展，卻使得佛道二教與民間的距離拉大，間接亦使得民間各教派得以蓬勃興盛，〔註41〕中晚明以後新興的教派尤多，他們對三教思想的吸收，自然是更加地自由了。而他們對於三教經典予以通俗化的解釋，以符合廣大民眾的需要，亦使得三教的界限更加地模糊不清。

　　晚明有許多因屢考不中而棄舉子業的士人，其中固然有許多由厭離政治、進而厭離世事，而以隱逸自任者；但仍有一些士人，仍不忘、亦不放棄傳統士人獨善其身之外更要兼善天下的懷抱。在從政之路無法暢通的現實下，他們便以民間講學來達成其淑世的理想，其中有些人更轉以宗教的宣揚來進行道德教化的工作，亦使得傳統儒者之業與道釋等宗教信仰產生更密切的融合之勢。如晚明佛教高僧袾宏（1535～1615）、德清（1546～1623），未出家前皆是儒生，而在萬曆年間正式開宗立派的三一教主林兆恩（1517～1598），更是一典型的例子。

主體性之透顯，其關鍵在於「最高自由」之肯定。陽明以在當前人之自覺活動中透顯「應然意識」爲起點，此一思路，就經驗反省一面說，雖易使人有親切感，但對自我留駐於經驗層面者而言，則缺乏思辯上之強力論證；而要透顯「主體性」，其理論除了上承孟子外，只有同以「主體性」爲依歸的佛教教義可助其立說。因此心性論本身即容易遭受誤解，而借助佛教論說更使人疑其「近禪」。此易遭派外學者的攻擊自不足爲怪，即使派內學者，亦易誤解其理論，混同儒釋，而有所謂「王學流弊」之產生。（勞思光，《新編中國哲學史‧三上》，臺北：三民書局，1980 年，頁 489～493）。除了王龍溪之「近禪」，左派王學與佛教之密切關係，尚有如釋聖嚴所說：「所謂左派的陽明學者，便是理學家之中的佛教徒。」（《明末佛教研究》，臺北：東初出版社，1987 年，頁 253）

〔註39〕　何其敏：《中國明代宗教史》，頁 24～31。「佛化儒道」一詞則借用王煜〈明末淨土宗蓮池大師雲棲袾宏之佛化儒道及其逼進耶教與反駁天主教〉（《明清思想家論集》，臺北：聯經出版事業公司，1980 年）之用語。
〔註40〕　任繼愈：《中國道教史》（上海人民出版社，1990 年），頁 527，頁 636。
〔註41〕　何其敏：《中國明代宗教史》，頁 6。

　　林兆恩本是福建莆田望族之子弟，省試屢試未中後，便棄舉子業，而潛心鑽研儒、釋、道三教的學問，倡三教合一之說，吸引了當地的士人從學，一方面又利用「艮背法」爲人治病，由是愈吸引一般民眾之信從，至晚年時，以他爲核心的學術團社，便正式演變成爲一民間教團。林兆恩之創立三一教，在民間教派中的特殊處，便在於其他教派多起於下層民眾，而它則是「由知識分子的學術團社演化而成的宗教組織」，〔註42〕同時之學者如耿定向、鄒元標對之皆極推崇，如袁宗道、吳應賓等更北面稱弟子，〔註43〕故其對晚明士人之思想與三教合一思潮的發展，自亦有重要的影響。如袁了凡便說：「早歲讀書多有未解處，每於《三教集》中閱之豁然。」〔註44〕便可見其影響力之一斑。

　　在以上所略述之多方面的影響下，晚明除少數儒者尚嚴闢佛老之外，一般知識分子大多倡談三教合一；就算是以儒（或佛或道）爲本位，亦多不嚴格排斥其他二者，且往往隨機引用他教之言論思想以證己學，在佛道二教更不乏「援儒入釋」或「援佛入道」之論；尤其經過民間世俗化宗教對三教思想的融合之後，中國民眾的意識中，儒釋道三教的分別，自是難以作一釐清了。

二、功過格的流行

　　晚明蓬勃發展的民間信仰中，多藉由刊行善書來宣傳、提倡民眾的道德實踐。善書的大量流通，一方面源自明代的教化政策，自太祖始，便刊印大量善書以勸誡臣民；〔註45〕一方面新興的民間教派，亦須藉由「寶卷」之類善書的刊行以宣傳其教義；〔註46〕而懷抱濟世理想的知識分子，更往往視刊行善書，爲「陰助刑賞之不及」〔註47〕之善舉，因此各類善書得以廣泛流行。其中「功過格」〔註48〕的提倡，則是明代中期以後大量出現的一種善書類型，

〔註42〕 馬西沙等：《中國民間宗教史》（上海人民出版社，1992年），頁719；另鄭志明：《明代三一教主研究》（臺北：學生書局，1988年）有更詳盡之資料。

〔註43〕 黃宗羲：〈林三教傳〉，《南雷文案》（臺灣商務印書館，《四部叢刊》第77冊），卷九，頁104。

〔註44〕 同前註。

〔註45〕 詳見酒井忠夫：《中國善書の研究》（日本：國書刊行會，1972年）第一章。

〔註46〕 同前註，第七章。

〔註47〕 李贄：〈因果錄序〉，《李溫陵集》（臺北：文史哲出版社，1971年）卷十，頁572。

〔註48〕 所謂功過格，是指將道德區別爲善（功）與惡（過），具體地分類記述，奉行者準備有日月格目的簿子，以記錄計算每日行爲的結果。按照記於該書的條

是鼓勵民眾奉行道德的一種重要方式。酒井忠夫所著《中國善書の研究》，對於功過格，便闢有專章之研究，〔註49〕亦可見「功過格」在晚明諸多善書中之地位。

「功過格」之類的善書在晚明十分流行，其中雲谷禪師授袁了凡的功過格和袾宏的《自知錄》，可說是風氣的開創者，而了凡的倡導在袾宏之前，對風氣的造成更有主要的影響。

了凡遇孔老人算定其一生命運，本已澹然無求；後遇雲谷禪師教其奉行功過格，竟爾改變孔老人不得科第、命中無子的預言，了凡這番親身經歷的證言，使得奉行功過格成為獲得福報的保證，在流傳的功過格中，亦多以奉行者子孫登第的「靈驗」增強人們奉行的決心；〔註50〕影響所及，許多士大夫亦仿照功過格的形式，來從事道德實踐，即使不以獲得福報為目的的儒者，亦可藉功過格的記載，來作道德實踐工夫上的自我省察，〔註51〕因此類似功過格的書籍大量流傳在晚明社會各階層。

關於功過格的思想之由來，據酒井忠夫之研究：早在漢代調查官吏業績的功過殿最之法，對於積善積不善給予「餘慶、餘殃」，便表現出一種報應的意識，然而其時判定功過殿最與善不善的，不是行為者本身，而是君主和天、鬼，且其信仰，只是現世的因果關係；受佛教地獄冥界信仰的影響，才又添加冥界、來世的賞罰，而有所謂「死人錄」，即以吉簿和黑簿，分別記錄各人在陽世的功過善惡之數，以裁定陰間的賞罰。此外，在佛家之間，行為者自

目做道德行為，並根據該書的記載，整理行為結果的功過數值，並據以加減，由此便可自知罪福。
〔註49〕本章〈功過格的研究〉有許洋主之譯文（收入《日本學者研究中國史論著選譯》），下文引述多參考之。
〔註50〕如《功過格分類彙編》（《叢書集成續編》第62冊〈德育〉類），頁242。
〔註51〕同前註，陶奭齡〈功過格論〉。另參見王汎森〈明末清初的人譜與省過會〉，頁692。另外，酒井忠夫〈功過格的研究〉亦分析晚明儒者有關道德實踐之著作與功過格類似之處：「……劉麟長（學憲）的《聖功格》採取功過格的普通形式，附有數值；而其他如《人譜》、《聖學入門書》等，僅列舉學行的規範，並未一一附以數量，……像這樣整理列記道德規範，雖不是普通功過格的形式，但比起只有文章的善書，如《感應篇》以下的善書，更接近功過格的形式。《人譜》、《聖功格》、《聖學入門書》等，都是整理儒教道德的實踐，分條寫成。這表明在明末，儒學採取了接近流行於民間的功過格的形式。……用整理列記三教合一的民眾道德的方式，整理列記儒教道理。」（頁528～9）

己亦計量功過，而且像漢代推行官吏功過相除一樣，實行功過相殺相償。這種功過的意識和計量方法，顯然與後世功過格的意識及方法類似。除佛家以外，南北朝到唐代的道家思想中，也有許多有關功過思想的資料，〔註52〕然而，其時功過主要就修道求仙者而言，不是就一般民眾而言；此外，伺察記錄功過的是神、上真，而不是行為者自身；而且，只計量功過的輕重，並不大記述功過的相除相償。但主張各人每日記錄功過的方法，則與後世行為者計量記錄自己所做的功過類似。

　　道教原本針對修道者的道德實踐，到了宋代的《太上感應篇》，則成為以全體民眾為對象的道德規範。隨著功過意識的流行，「功過格」便產生了。現存功過格刊本中最古的一種，是收於《道藏》的《太微仙君功過格》，〔註53〕而其作者，一般則指為「儒道一貫」的宋儒真西山，乃至其他功過格也紛紛傳為真西山之著作，如雲谷授予了凡的功過格和蓮池袾宏的《日知錄》，亦皆被認為是出自西山又玄子的《太微仙君功過格》。〔註54〕指西山為作者的目的，只是要說明善書的內容來自聖人之教，亦是儒學通俗化的一個象徵。

　　從南北朝以修道者為主的功過思想，到《太微仙君功過格》中，屬於民眾的道德與宗教的戒律便已各佔一半，〔註55〕然而，酒井忠夫認為：「從本書將儒道一貫之士真西山擬為作者的傾向中可以看出，將會產生比這個功過格更全面登錄有關全體民眾道德的功過格。」〔註56〕如雲谷所授功過格，合計功格五十條，過格五十條，〔註57〕其中與宗教有關係的只有十條，〔註58〕由此可知，了

〔註52〕 如《抱朴子》卷三〈對俗〉：「其行惡事大者，司命奪紀（三百日），小過奪算（三日或一日），隨所輕重，故所奪有多少也。凡人之受命得壽，自有本數。所稟本多，則紀算難盡而遲死；若所稟本少而所犯者多，則紀算速盡而早斃。」（《中國子學名著集成》066 冊，頁 58）

〔註53〕 《正統道藏》（臺北：新文豐出版）第 5 冊，洞真部誡律類兩字號。

〔註54〕 明末《勸戒全書》卷二所收的〈功過格小引〉云：「太微仙君憫人之愚，發大慈悲心，夢授西山又玄子功過格一冊，（宋）范文正、蘇文忠、張魏公皆敬信之。……我明先達受持者不勝枚舉……雲谷禪師授了凡公，由是修成真者數百人，富貴者數千家……蓮池大師取而增定之，易其名曰日知錄云云。」（轉引自〈功過格的研究〉，頁 513）

〔註55〕 據酒井氏之分析，《太微仙君功過格》中，屬於全體民眾道德以救濟門和用事門（不仁門、不義門）為主，而教典門、焚修門（不善門、不軌門）等主要是與宗教的戒律有關。

〔註56〕 〈功過格的研究〉，頁 512。

〔註57〕 了凡之功過格見其著《訓子言》所附〈功過格款〉（國家圖書館善本）。

〔註58〕 依酒井氏之歸納，其中功格六條，即：「度一受戒弟子」、「編纂一濟眾經法」、

凡的功過格，是以了凡所代表的民間人士所奉行的民眾道德為主了。

基本上，雲谷授了凡的功過格和袾宏的《自知錄》，是屬於佛教系統的功過格。它們出自特定道教教團的道藏本功過格，而改成佛教方式加以使用，且是在功過格由宗教道德實踐、向民間道德實踐變遷的過程中產生的；也是處理全體民族道德的功過格，和道教教團所使用功過格二者之間的橋樑。因此在內容上，雲谷傳的功過格和《自知錄》尚有與教團有關、與僧道有關的條目殘存，然而此後則有更多的仿功過格的著作，全以處理民眾道德為內容。〔註59〕

關於功過格中所提倡之道德的內容，其對象包含全體民眾，其中有幾項值得注意的特點：第一是除了藉外物節制行為、重視行為的外在結果之外，亦按照「內心」想法決定功過，是所謂不費錢的功德，如了凡提倡的「謙虛利中」便是一例。〔註60〕然而，這類不費錢的功德，並不在〈功過格款〉中附以數量價值，酒井忠夫認為：「這或許是因為反對將修德當作營利行為的儒教主義出現所致」，並且亦表現出「行為自體的絕對價值不屬於崇高規範」的意義。〔註61〕就其作為全體民眾的道德而言，不費錢的功德當然更重要，因為費錢的功德，只有富家能做，不費錢功德則是不問富貴貧賤都能奉行的，因此，了凡雖曾為官，但不費錢的功德，可說是他代貧寒儒士陳述意見的實踐立場，亦使他成為善書流行的代表性人物。總而言之，不費錢的功德充分表現出其提倡之道德，是以全體民間社會為思考對象的立場。

第二，功過格之道德內容，亦充分表現出儒佛道三教合一的思想特徵，一方面，它是從特定教團色彩很強的功過格中，來產生處理全體民眾道德的功過格；可說是明代三教思潮中，宗教對一般民眾所倡導的道德運動。民眾

「以方術治一重病」、「編纂一保益性命經法」、「以方術療一輕病」、「修置聖像壇宇及供養等物」；過格四條，即：「毀一人戒行」、「毀滅一經法」、「取人一鍼一草」、「暴殄天物」。然而，「取人一鍼一草」與「暴殄天物」是否算是宗教道德，或可再議；另外，功格中「講演善法化諭及十人」、「作功果薦沉魂」等，或亦可歸於與宗教有關之道德。

〔註59〕詳見酒井忠夫：〈功過格的研究〉第五小節〈明末的功過格〉。

〔註60〕關於了凡道德思想中對心的重視另詳下節。又：「謙虛利中」在《了凡四訓》尤雪行注本中題為「謙德之效」。

〔註61〕〈功過格的研究〉，頁535。關於了凡功過格「不費錢的功德」表現出「行為自體的絕對價值」，及與下文所言功過思想之違反儒家道德之間的矛盾，在比較了凡與蕺山之思想時將續有探討，請參照第五章。

在道德實踐時，可據以形成客觀化的評量標準，並有一套支持其奉行功過格之福報信仰作爲動力，其效果自是可以肯定的；另外，對於儒者推行道德教化之立場而言，功過的思想，雖然看似有違儒家強調「正其誼不謀其利，明其道不計其功」的立場，但「聖賢修身，但要袪過，倫常日用所當然者，何敢記功。然此固爲中下人設法，不記功，無由鼓舞奮興」〔註62〕的說法，則表明了聖賢之學向中下人之間流通，即儒學民眾化的潮流，使聖賢之學、儒學和民間道德的實踐得以結合起來。

因此，酒井忠夫概括晚明功過格流行的狀況，而曰：

> 功過格的流行，還表現出以士人階層爲中心，逐漸向其他階層推廣的傾向，既流行於官僚，也流行於農、工、商。這是因爲善書、功過格都不再拘泥於吻合過去型的儒、佛、道的界限，而將三教混合一致，並以自己的實踐立場爲中心，理解三教的信仰和學問，因而作爲新的民眾道德而勃興流行。實踐上，善書、功過格所說，都是不問貴賤貧富皆可奉行的民眾道德。〔註63〕

所謂「以自己的實踐立場爲中心，理解三教的信仰和學問」，實亦晚明談三教合一者之基本態度，晚明文人亦不例外。

第三節　晚明文人的生命型態

在晚明江南的文藝社會中，藉著出版商的強力推銷、創造流行，當時活躍在文壇上的晚明文人，〔註64〕亦往往藉由「言語勸世」，傳播他們的價值觀與處世態度，對民眾進行道德教化的工作。雖然《菜根譚》作者洪應明生平不詳，但作爲晚明有代表性之清言小品，其性格或與其時之小品作家、文人有類似之處；龔鵬程既有「〈從菜根譚看晚明小品的基本性質〉」一文，藉《菜根譚》論晚明小品，故吾人或亦可反過來，借重歷來對晚明文人、小品作家之相關研究，了解晚明文人之性格與關懷，當亦有助於吾人對《菜根譚》思想性格之掌握。

〔註62〕《彙纂功過格》卷末〈功過格緒言〉（轉引自〈功過格的研究〉，頁538）。
〔註63〕〈功過格的研究〉，頁538。
〔註64〕所謂「晚明文人」之指涉，依黃明理《晚明文人型態之研究·緒論》：「晚明文人用以指涉晚明新派文人，大抵……公安、竟陵派諸文人，以及一批山人、小品作家等等是也。」（頁4）

　　黃明理《晚明文人型態之研究》分析晚明文人之基本性格，﹝註65﹞指出晚明文人往往表現與道學相頡頏之態度，其歷史淵源可上溯北宋洛蜀黨爭，黨爭雙方——東坡與伊川的基本差異，一在於情意我之發揮，一在於德性我之展現，﹝註66﹞就人類價值領域而言，則可言伊川所追求者偏於善，而東坡偏於美。此即文人與道學家基本的不同。元明以來程朱理學藉政治的提倡，勢力極盛；至陽明學説興起，晚明文人便藉其獨任良知、解粘去縛的工夫理論，起而反對道學之以理束人——亦即反對因重視德性我之發展而抑制情意我、形驅我之自然流露，故論者視之爲蘇學復盛。﹝註67﹞然而，因處於反對之立場，是故特予強調情之一方面，其不善學者矯枉過正，往往溺於情欲而自以爲得。

　　簡而言之，晚明文人之性格，乃接受陽明後學之學風（主要接受龍溪與泰州學派之影響），但不重工夫修持，而重視情意我的展現與美的追求者。而面對晚明之政治現實與社會風氣，晚明文人情意我之展現，或可分爲以下三點來討論：

一、晚明文人之與世疏離

　　由於從政的途徑有限，大批的文人從科考中退出，在現實上遠離了政治，在心態上亦表現出對政治的厭離；而政壇人事的紛紜，即使是已從政的文人，亦往往與政治保持距離，以「惟嘿與謙」﹝註68﹞的態度，避免捲入爭端，另將心力投注於其「寄」與「癖」中。晚明文人以與世疏離的態度，避免外在事物對身心的干擾，這一心態，從許多方面都可看出。

﹝註65﹞ 該書第三章，頁 35～66。

﹝註66﹞ 所謂德性我與情意我，乃勞思光論儒家與道家之自我境界之用語（《中國哲學史・一》，頁 148、頁 249），德性我以價值自覺爲內容，情意我則以生命力及生命感爲內容，黃氏以爲此亦伊川與東坡（即道學與文人）之基本差異。另有所謂「形驅我」，以生理及心理欲求爲內容，儒道二家對之皆不重視、甚至採取否定的態度，道學家亦以「存天理，去人欲」，反對以之作爲人之自覺心之趨向；然而文人以審美的觀點，肯定自然生命之流露，且因與道學相抗，往往對形驅我過於肯定。

﹝註67﹞ 董其昌：〈鳳凰山房稿序〉：「蓋自宋元祐中程蘇爲洛蜀之爭，後百餘年，考亭出而程學勝。又三百年，姚江王伯安出而蘇學復勝。姚江非嘗主蘇學也，……不主蘇學而解粘去縛，合於蘇氏之學……。」（《容臺集》卷二，頁 205。臺北：中央圖書館編印，《明代藝術家集彙刊》，1968 年）。

﹝註68﹞ 袁中道：〈與丘長孺書〉：「天下多事，有鋒穎者，先受其禍，吾輩惟嘿與謙可以有容。」（《珂雪齋前集・五》卷二十二，臺北：偉文圖書，1976 年，頁 2145）。

首先可由其名號觀其心跡：當時的文人往往有別號，最普遍的是所謂「山人」。「山人」之稱固有多義，而文人以爲名號，顧名思義，乃表露其面對當前人世採退離姿態，將以歸臥山林的心志，它與同時盛行的「道人」、「居士」、「公」等名號相互陪襯呼應，成爲風尚，它們共同塑造的形象是：以隱逸自任。厭棄科考、遠離政壇的文人固然如此，即使身任朝職者，亦多有此號稱，表現其「以吏爲隱」的心態。〔註69〕

其次可由其寫作態度與題材見其關懷：晚明士人對政治的厭離，使其寫作，亦走向標榜非政治之路，讓文學與政治保持距離，其寫作題材不直接蹴觸尖銳的現實問題，而轉爲個人非政治性的生活經驗。進一步則將寫作或閱讀視爲「自娛」的活動，爲不含實用目的的作爲，以美感的觀照，獲得藝術欣趣爲目的。〔註70〕性靈小品的寫作主題，多集中在個人應世觀念的抒發與生活經驗的記錄，即反映了這樣一種文學觀，亦表現出晚明文人退離政治結構與社會群眾的趨向。

然而值得注意的是，晚明文人雖然遠離世事，嚮往隱逸，但卻非眞的嚴棲穴處，而有所謂「市隱」、「心隱」之說，〔註71〕其精神則在於屏除榮華奔競之心，安分隨緣，將人生之趣，寄託於山水花草等自然恬澹的事物中，以達到悅情適性的目的。簡單地說，亦即是以其「寄」爲隱，故有所謂蔬隱、花隱、酒隱……等名號，其實只是表示其人將生趣寄託於蔬果花草等，和古來所謂的「隱者」形跡大不相同。〔註72〕

此外，晚明文人遠離世事、不願外在的事物干擾其內心的態度十分明顯，即使面對安頓其身心之「寄」，一方面將心力投注於斯，另一方面亦強調不拘執於物而耗費心血。〔註73〕由此可見晚明文人面對世事及一切外物，似乎都強調一種隔離觀省的超越，以冷靜退離的態度，使得外物不成其身心之干擾，其用心則在於一己生命的安頓。

晚明文人在厭離世事之餘，更有感於生命的空虛與無常，因此他們關注

〔註69〕 曹淑娟：《晚明性靈小品研究》，頁136～7。
〔註70〕 同前註，頁103～4。
〔註71〕 明·夏基：《隱居放言·客牕閒話·問隱士》：「大隱隱跡，市隱隱心。……安分隨緣，悅情適性，是曰心隱。」（轉引自陳萬益：《晚明小品與明季文人生活》，臺北：大安出版社，1988年，頁77）
〔註72〕 陳萬益：《晚明小品與明季文人生活》，頁78。
〔註73〕 曹淑娟：《晚明性靈小品研究》，頁237。

的焦點，乃集中在一己的生命的超越，而對於一切的外在事物，自然保持著一定的距離。然而，如龔鵬程所說，「當一切道德不再是外在的社會集體規約，而是歸於己、印證於己時，人勢必要獨自通過內在的自覺命令與語言學習，去對抗自然感性及非理性情緒，戰勝死亡的恐懼、情緒的動盪、生活的苦惱和人生的煩悶、存在的空虛」，因而「必然會發展出道德或引用道德規箴，以釋解這些精神重壓」。〔註74〕此時儒、道、佛的思想與聖賢的教誨，以及當時風行天下的陽明學說，便滋潤了他們的生命，並成為他們處世的依據。

二、晚明文人之生活態度

　　晚明文人將關心的焦點由外在的治國平天下等事功，轉為個人生命的關懷；冷卻一切奔競之心，強調「悅情適性」，因此，他們重視的是心靈的修養與生活的趣味。在生活的態度上，以美感的欣趣面對生活中的事物，更是作為晚明文人心靈修養上重要的表現方式。

　　晚明文人嚮往一種閒適的生活。〔註75〕一方面，閒適與品格清高相關，從容之儀態，清閒之生活，即是心靈修養之外現。再者，閒逸姿態，即有其美之價值，亦為美感之經驗。在閒適的生活情調中，他們一方面將生命寄託於山水、文學、藝術與宗教之中，另一方面又不忘保持一適當的距離，以不受拘執、無可無不可的心態，使心靈有迴旋的餘地，而在即離進退之間，有潤澤的美感，無刃靡的傷害。〔註76〕晚明文人便以此閒逸的姿態，審美的態度，面對生活周遭的事物；拋卻了外在功利的計較，而將生活的享受、美感的追求本身作為目的。因此，在傳統士大夫視為「玩物喪志」的事物，晚明文人皆以賞鑒之態度安排，並以之寄感慨、凸顯其人品才情。〔註77〕

　　由於此種賞鑒審美的態度，晚明文人對人格的品評，亦大悖於以往。他們大力反對道學以理束人，而欣賞性情之美，正統士大夫視為偏僻乖張的性格，如癡、癖、顛、懶、愚、迂、狂、狷、奇……等，晚明文人不僅以之為號，而且紛紛議論推崇，〔註78〕因為他們認為「紕漏處即本人之精神血脈，所以別於

〔註74〕龔鵬程：〈從菜根譚看晚明小品的基本性質〉，頁182。
〔註75〕黃明理：《晚明文人型態之研究》，頁83：「(晚明文人) 生活境界之嚮往——閒適」。
〔註76〕曹淑娟：《晚明性靈小品研究》，頁246。
〔註77〕陳萬益：《晚明小品與明季文人生活》，頁80。
〔註78〕同前註。

諸人也」，〔註79〕完全是基於審美的考量。而在對諸多人格典型的品評賞鑒中，深受陽明學派影響的晚明文人，對於陽明學派所稱許的狂狷，〔註80〕更是視爲心目中的理想人格。〔註81〕在他們眼中，狂狷已脫離孔子、陽明以道德信持而推許之的本意，而成爲一種志大言大、言行或不能相掩的、活潑率眞、不受拘束的生命力之展現。除了狂者活潑潑之生命張力，是晚明文人賞鑑審美的對象之外；另一方面狂也成爲晚明文人自身與世人劃別的一種姿態，他們以狂者境界相矜持，以狂自遠於世人，並以驅世人遠去於己。〔註82〕

此外，晚明文人審美的心態，也表現在其言論與寫作間。其所展現者乃著重在於言談之美，故往往只逞其談鋒，而不顧義理之安，或亦有前後矛盾之處；對他們來說，言論與存在的實踐是分開的，與義理的探索也不屬同一性質，它只是隔離的賞玩、隔離的審美。〔註83〕然而，或許這也是晚明文人所強調的、一種不拘執的表現。可以說，晚明文人嚮往閒適、嚮往豪傑、好逞談鋒等表現，除了美感的賞鑑外，其共同的精神，便在於一種不受拘執的態度。

然而，在晚明以奢靡相尚的社會中，文人重視生活美感與趣味，對山水園林的遊覽與書畫器物的賞玩，亦已難脫侈靡之習；而晚明文人與道學相抗，著重於肯定人情，以人欲爲合理的思想傾向，在奢靡相尚的社會中，更使其美感的追求，往往流於玩物溺情，甚且走上享樂以至縱慾之路。此外，過度求美尚雅，則將淪於虛矯；〔註84〕其矜持狂者之姿態，亦使得文壇上不免有

〔註79〕 明董復亨：《詩慰本漢上集·序》（轉引自陳萬益：《晚明小品與明季文人生活》，頁81）。

〔註80〕 孔子曾說：「不得中行而與之，必也狂狷乎？」（《論語·子路》，第21章）表現出對狂狷的稱許，至陽明曾自許爲狂者，言：「我今才作得個狂者的胸次，使天下之人，都說我行不掩言也罷。」（《傳習錄》卷下，〈門人黃省曾錄〉64則，臺北：金楓出版社，1987年，頁218）狂者精神乃由後學大爲發揚。王龍溪便曾嚴辨狂狷與鄉愿，而稱許前者（見《王龍溪語錄》卷一，頁3，〈與梅純甫問答〉，臺北：廣文書局，1950年），然而，後學往往由信持良知的狂者胸次，發展爲但任意氣的任俠行徑，泰州學派諸學者如何心隱、顏山農等，更演成「復非名教所能羈絡」的行爲，雖然後學之發展，已脫離孔子、陽明推許狂者的本意，卻爲晚明文人所激賞，對此曹淑娟《晚明性靈小品研究》曾詳加討論（頁121～126）。

〔註81〕 黃明理：《晚明文人型態之研究》，頁78：「晚明文人理想之人格形象爲豪傑，而豪傑即是狂狷。」

〔註82〕 曹淑娟：《晚明性靈小品研究》，頁126。

〔註83〕 龔鵬程：〈從菜根譚看晚明小品的基本性質〉，頁174。

〔註84〕 黃明理：《晚明文人型態之研究》，頁105：「所謂虛，乃相對於實而言。美之

作假猖狂、放逞意氣的現象，徒冒性靈之名，而唯求標新立異，反而既不眞，亦不可愛了。〔註85〕

三、晚明文人之終極關懷

雖然，晚明文人肯定人情、重視美感、欣賞狂狷，而有享樂縱慾、狂放恣肆的表現，但實際上，晚明文人並不是眞以爲這樣一種方式便能安頓自己的生命；在與世疏離，而將一切道德規範歸於己、印證於己時，晚明文人對生命的憂患，感受其實是很深刻的。因此爲了尋求生命的解答，晚明文人對三教義理的鑽研，實不亞於其在於文學藝術的創作上所花費的心力。

在晚明三教合一思潮極盛的背景下，深受龍溪、泰州學派影響的晚明文人，亦多持三教合一的思想。然而遠離政壇、或至少遠離政治核心的晚明文人，雖然多半仍以儒者自居，但在晚明政治社會混濁黑暗的現實下，重視現世、以天下爲己任的儒家思想，實難以安慰晚明文人對於個體生命的憂患之感；因此其思想傾向，表面上雖以儒爲本業，實際上則多借禪道相發明，〔註86〕以佛老對個體生命的解脫之道，作爲其身處濁世而能安身立命之一劑良方。

如晚明帶動文學風潮的公安三袁，眾人皆知他們獨抒性靈、不拘格套的文學主張，以及對性情欲望由肯定而至放縱的思想性格，然而其對於佛學的鑽研，對於生命問題的看重，實居於其文學主張之上。〔註87〕在此僅以袁宏道爲代表作一說明：

袁宏道曾表示：「一切文字，皆戲筆耳，豈眞與文士角雌較雄耶？至於性命之學，則眞覺此念眞切。」〔註88〕又自稱：「僕自知詩文，一字不通。唯禪宗一事，不敢多讓。」〔註89〕皆充分表現出其對於性命之學的重視與對佛學鑽研之深，文學實非其所重。而放縱情欲、破斥格套的性格表現，雖是早年順其才性生命的矯激之行，而在晚明奢靡縱欲的時代裡造成一股風潮，成爲

爲物，既無關於世用，人若唯此是求，亦將棄絕世事，不能務實。……所謂矯，則謂造作飾美，失其眞情者也。」
〔註85〕 曹淑娟：《晚明性靈小品研究》，頁126。
〔註86〕 同前註，頁132。
〔註87〕 詳龔鵬程：《晚明思潮》，〈死生情切：袁中郎的佛教與文學〉與〈超凡入聖：袁小修的山水遊記〉之討論。
〔註88〕 袁宏道：〈與徐崇白書〉（《袁中郎全集》，卷二十二），頁1039。
〔註89〕 袁宏道：〈與張幼于書〉（《袁中郎全集》，卷二十二），頁1056。

晚明文人仿效的對象；但他本人卻很快地發現了自己的錯誤，除自悔「往日孟浪之語最多，以寄爲樂，不知寄之不可常」〔註90〕之外，更由學禪之重悟轉而爲學淨土的強調修戒，並且回歸到儒家本位的立場，而言二氏之宗旨不異吾儒；破執任性的袁宏道，在對性命之學不斷地思考與修證中，重新肯定了「宗禮教以甄流品，崇眞儒以明正學」〔註91〕的重要。

這種對禮教之肯定的思想，同樣出現在人人將之作爲「反禮教」之代表的李卓吾身上。〔註92〕李卓吾的確有許多「反禮教」的言論，然而他所「反」的，實在於時人之執泥古禮，以及徒以外在的律法條約爲禮的思想；反對此種「禮教」的最終目的，則在於從心性論上重建「由中而出」的禮，〔註93〕因此卓吾對禮教，非但不反對，反而是大力地支持。

在遠離政壇、與世疏離的晚明文人中，做爲風氣的帶動者，袁宏道、李卓吾卻在尋求一己生命解脫的過程中，由破斥世俗之禮法，而最終重新肯定了禮教，這不能不說是一種弔詭的現象。然而，卓吾這種將禮內在化的理論，龔鵬程批判道：

> 從禮的內在性說，固然可以消解以禮爲外在規範對人的限制與束縛，……可是實際上乃是對既存社會規範毫無反省，只是讓個體生命在視聽言動上「全轉爲禮」，符合這些禮法要求，心理上卻自認爲如此是「發諸本心，而動合天行」罷了。〔註94〕

同時，龔氏並引用柏林（Isaiah Berlin）《自由四論》的論述：「如果自由只是消極地不讓別人阻止我遂行願望，則滅絕欲望也可算是達成此種自由的途徑之一。……我可以不去抗拒、移除加諸我身上的壓力，而將它們予以內化。……我們可以漠視障礙的存在，忘記它們、『超越』它們，不去意識到它們，從而獲得和平與寧靜。……若我發現我想作，而實際上能作的並不多或根本不能做，那麼我只要縮減或消滅我的願望，我就自由了。」由此龔氏對李贄等人之思想更提出質疑：「這樣講禮，這樣講自由，會不會形成更大的奴

〔註90〕 袁宏道：〈與李湘州編修〉（《袁中郎全集》，卷二十五），頁 1168。
〔註91〕 袁宏道：〈第一問策〉（《袁中郎全集》，卷六），頁 366。
〔註92〕 李卓吾對禮教之觀念，參考龔鵬程：《晚明思潮》，〈克己復禮的路向：晚明思潮的再考察〉一文。
〔註93〕 李贄：〈四勿說〉：「由中而出者，謂之禮；從外而入者，謂之非禮。」（《焚書》卷三，臺北：河洛圖書，1974 年）
〔註94〕 龔鵬程：《晚明思潮》，〈克己復禮的路向：晚明思潮的再考察〉，頁 15、頁 16。

役？為什麼他們對君權朝綱時憲法律，會持全然肯定的態度？難道與此種逃避自由的思維傾向無關嗎？」〔註95〕

　　然則李卓吾這種重視禮教的思想，究竟代表了作為中國傳統文化下的知識分子，終究不能忘卻對社會的關懷與責任；亦或是在明代專制的政治下，知識分子尋求生命解脫唯一能走的、一條漠視壓力的存在以換取自由之路？〔註96〕在袁、李二人的生命關懷中，吾人可見晚明文人在與世疏離、而尋求個人生命的解脫下，終究不能忘懷人世、脫離政治社會之影響。

　　晚明文人雖有共同之特徵，類似之表現，但實際上「晚明文人」之內涵是十分複雜的，其所以複雜，不單是其中有許多個別之差異，即使是同一人，其思想亦可能充滿矛盾，如龔鵬程所說：

> 晚明文家，確實有承認嗜慾的言論，但他們也強調道與天理；他們固然非侮聖賢，譏謗道學，但同時也自居聖人之徒，關心世道，有道學方巾氣；他們一面抨擊世俗名利的嗜求，一面又追求享樂與名利；一面罵以隱為終南捷徑者，一面卻歌頌「山人」，為朱山人李山人等撰文張揚；人人高談三教，卻又個個不甚了了，甚且行為僻謬，有違三教義理……。〔註97〕

　　晚明文人之理想、言說與現實之間，確有許多不盡相符、甚且相互矛盾的現象，所以如此，有如袁宏道之源於個人生命歷程之轉變，亦有耽於情慾、隨俗浮沉者。因此，以上僅以開創晚明文學風氣的重要人物——公安派之袁宏道，以及對其思想影響甚大之李卓吾，來談晚明文人之終極關懷，或不能涵蓋所有晚明文人之關懷所在，但值得注意的，是他們在探索其生命關懷時對三教的態度，如龔鵬程論中郎所言：

> 由於他的根本關切在於了脫生死，所以他不是就佛學來講如何了生死，而是以其關懷為核心，儒道釋各家，凡有助於解答這個問題的，都被運用吸取來，並不專守學術的客觀分界與門戶。這就不是學究式或教徒式的路子，而是講究如何「受用」的方式了。〔註98〕

　　晚明文人所關懷與尋求解答之方向或者不同，然而「以其關懷為核心，

〔註95〕同前註，頁17、頁19。
〔註96〕李卓吾思想之複雜性其實無法簡單評價，此處無法詳述。可參考拙著《李卓吾新論》（臺北：臺北大學出版社，2008）。
〔註97〕龔鵬程：〈從菜根譚看晚明小品的基本性質〉，頁172～3。
〔註98〕龔鵬程：〈死生情切：袁中郎的佛教與文學〉，頁143。

儒道釋各家，凡有助於解答這個問題的，都被運用吸取來」，卻可說是其面對三教思想之共同態度，《菜根譚》對三教的態度即可作如是觀。因此晚明文人乃至《菜根譚》之三教思想往往不免駁雜，其所謂「三教合一」的意義，亦可說是「在其關懷之問題中，三教義理皆可給予某方面的指導」之意，也因此所謂「三教合一」在不同學者的詮解上，皆可能有著不同的內涵。

因此，要以簡短的篇幅來概括晚明文人之生命型態，實有困難；然而吾人亦可由此對晚明文人之複雜性格有更進一步的認識，而在討論時，或能避免以其理想爲現實、或以其現實而不知其理想所在之謬誤，而略接近其真情。

第四節　晚明理學家的道德情操

宋代理學至朱子謂之集大成，其時雖有陸象山自學於孟子，提出「心即理」的思想與之相抗，但自南宋科舉以朱子學說爲定本以來，程朱理學的勢力一直爲思想界的主流。然而朱子「格物窮理」而有時不免瑣碎支離之病，亦漸爲學者所不滿。至明中葉王陽明出，倡「良知即天理」之說，以破程朱理學支離之病，吸引了大批學者的信從，其徒浙中王龍溪、泰州王心齋與江右鄒東廓等，皆是能大力提倡師說者，使得王學成爲明代中期以後最具勢力的思想。然而，陽明學說強調「良知即天理」，相信「人胸中各有個聖人」，〔註99〕對人性的樂觀達到前所未有的高峰，使得許多凡夫自負爲聖人，且後學一味強調「現成良知」，而忽略道德實踐之工夫，於是在其教遍天下的同時，流弊卻隨之而生。

王學流弊之所以產生，後人皆歸咎於浙中龍溪與泰州學派（一般稱之爲王學之「左派」），如黃宗羲言：

> 陽明先生之學，有泰州、龍溪而風行天下，亦因泰州龍溪而漸失其傳。泰州、龍溪時時不滿其師說，益啓瞿曇之祕而歸之師，蓋躋陽明而爲禪矣。然龍溪之後，力量無過於龍溪者，又得江右爲之救正，故不至十分決裂。泰州之後，其人多能赤手搏龍蛇，傳之顏山農、何心隱一派，遂復非名教之所能羈絡矣。〔註100〕

〔註99〕王陽明：《傳習錄》，〈門人陳九川錄〉：「人胸中各有個聖人，只自信不及，都自埋倒了。」（頁167）
〔註100〕黃宗羲：《明儒學案》卷三十二（《黃宗羲全集》第八冊），頁703。

對於風行天下的陽明後學，產生「躋陽明而爲禪」、「復非名教之所能羈絡」
的流弊，晚明理學家中有許多檢討反省的聲浪，如亦經常被引用的是劉蕺山
的一段話：

　　　今天下爭言良知矣，及其弊也，猖狂者參之以情識，而一是皆良；
　　　超潔者蕩之以玄虛，而夷良於賊。……不失之情識，則失之玄虛。
　　　〔註 101〕

故相對於王學末流的侈蕩之風，晚明另有許多理學家，則在理論與實踐上，
設法堵住這類「情識而肆」與「虛玄而蕩」的流弊，這種反省的聲浪，逐漸
構成晚明思潮的主流。〔註 102〕

　　據黃宗羲之言，左派王學在明代中期以後風行天下，因此，一般來說，
對於晚明思想界的發展，學者們大都不十分重視，因爲侈蕩的「王學末流」
在思想上並無足觀，似乎沒有獨立研究的價值。另外，對於左派王學在晚明
遭受的批評與反省，學者們雖亦提出如東林顧、高二先生與劉蕺山等，代表
晚明反省王學的思潮，然而整個晚明思想的發展，大都被視爲下一階段（清
代學風）的過渡期而被忽略。實則晚明既是學術發展自宋明理學演變爲清代
樸學的過渡階段，在思潮演變的過程中，作爲晚明思想界的主流——反省王
學的思潮，自然佔有重要的地位，若因其爲「過渡」便忽視之，則不能清楚
看出其演變的軌跡。

　　然則，這一反省王學的思潮中，有何值得吾人注意之處？令人驚訝的是，
在陽明心學對成聖之樂觀、與清初樸學對知識與事功之重視的夾縫間，晚明
道學家卻在對成聖的高度緊張與對道德心性之學的高度重視下，形成了一股
道德嚴格主義之風。〔註 103〕

〔註 101〕〈證學雜解〉，《劉子全書》卷六，頁 441。
〔註 102〕反省王學的思潮，實是晚明思想界的主流，如龔鵬程言：「晚明恐怕並不以陽
　　　　　明學爲主要的思潮。……嘉靖以前是王陽明之學崛起，挑戰程朱體系的局面；
　　　　　嘉靖之後迄於清初，其實應是各界對王學所造成之挑戰的回應，是對王學的
　　　　　反省時期。」（《晚明思潮‧自序》，頁 7～8）簡言之，陽明後學所引出之哲
　　　　　學問題（包括本體與工夫問題），實乃晚明學者關注之焦點，且唯有以「反省
　　　　　王學」這一角度，方能較深入探討晚明到清初學風的轉變。
〔註 103〕本節討論晚明理學家對王學的反省與道德嚴格主義，主要參考王汎森〈「心即
　　　　　理」說的動搖與明末清初學風之轉變〉（《中央研究院歷史語言研究所集刊》
　　　　　第 65 本，第 2 分，1994 年 6 月）與〈明末清初的人譜與省過會〉兩篇論文，
　　　　　若非必要，不再一一加註。

一、道德嚴格主義之興起

晚明學者對左派王學所造成的風潮的反省，如黃宗羲所言，龍溪有江右之救正，虛玄之弊尚不致太過，因此泰州「復非名教所能羈絡」的狀況，實為當時學者最為憂心者。而泰州後學所謂「混情識於良知」之弊，自然亦與晚明社會縱欲之風有關，社會風氣的敗壞乃至知識分子的墮落，使得學者對於如何重整社會道德秩序，有更痛切的反省，因而對個人的道德修養，亦表現出趨於嚴格的傾向。

這種道德嚴格主義的擴展，就其外在因素而言，主要自是目睹左派王學末流的侈蕩之風而生的警醒，亦與明季社會風氣的惡化有關。然而，若說這一嚴格主義之趨向完全是因外在的刺激而提出者，尚不能充分掌握思想發展的軌跡，因為就思想本身的發展來看，從王學本身亦可產生強烈的道德緊張。

陽明「人胸中各有個聖人」這樣極樂觀的人性論下，產生了後學自以為已聖，而束書不觀，混情識為良知的流弊，似乎是頗易理解的；但在這樣樂觀的人性論下，卻也可能導出學者極為嚴格的道德要求與緊張情緒，乍看則令人感覺有些矛盾，其實亦有其脈絡可循：

首先，陽明既說人人胸中各有個聖人，便等於把「成聖」規定為每個人不可卸卻的義務與責任，任何人不得找尋任何先天後天的限制，來作為其不能成聖的藉口，如陳確（1604～1677）解釋孟子之性善說：「孟子兢兢不敢言性有不善，並不敢言氣、情、才有不善，非有他意，直欲四路把截，使自暴自棄一輩無可藉口，所謂功不在禹下者。」〔註104〕所以在陳確的解釋下，孟子的性善論實充滿了道德修養的強制性。當成聖變成一項無法規避的義務後，學者在道德修養上的緊張情緒，自然也就非常強烈了。

其次，陽明學說以為人天生是純善的，因此任何修養只是為了恢復心的原始狀態，道德修養的過程亦是如何去除過錯的過程，「改過」這個源遠流長的傳統也就成為王學最重要的課題之一。然而談到改過，便不能不面對現實生命中並非全然的善，而尚有陰暗一面的問題。在儒家的成德之教中，對現實生命的陰暗面（張灝稱之為「幽暗意識」）一向有著高度的警覺。張灝便說：「在儒家傳統中，幽暗意識可以說是與成德意識，同時存在，相為表裡的。」〔註105〕牟

〔註104〕陳確：〈氣情才辨〉，《陳確集》（北京：中華書局，1979 年），《別集》卷四，頁 452。
〔註105〕見張灝：《幽暗意識與民主傳統》（臺北：聯經出版事業公司，1990 年），頁 19。

宗三對於此點更有一絕佳的註腳：「焉有自道德意識入而無深切之罪惡感乎？」
〔註106〕雖然陽明學說對人原具的天性十分樂觀，然而正因爲在其理論下，「善」
才是人的正常狀態，因而更使學者在從事改過之學時，面對現實生命中昏暗與
陷溺的層面，反而更加敏感，甚至有通身都是罪過的感覺。〔註107〕

　　因此，在陽明「人胸中各有個聖人」的樂觀人性論下，晚明的理學家們
卻產生了「不爲聖人，便爲禽獸」的道德緊張，〔註108〕與「通身皆是罪過」
這般深切的罪惡感，對於道德修養的要求，自然亦愈趨於嚴格了。

　　另外，就王學末流的刺激來說，「虛玄而蕩」的空談心性，與「情識而肆」
之混情識爲良知，皆令學者檢討陽明以自信其良知及「毋自欺」其良知作爲
道德修養的關鍵，是否有所不足？即：「良知」本身是否能作爲道德修養之一
充要條件？或說：道德修養除了自信其良知及「毋自欺」其良知之外，是否
更應有其他的輔助方式？由於王學末流流弊的刺激，晚明理學家對於陽明之
良知理論，有了更加深入的思考。

　　陽明一再強調不可「外吾心而求物理」、「遺物理而求吾心」，而應「致吾
心之良知於事事物物」；〔註109〕對於人心中「惡」的由來，只能說是「自欺」，
良知是純然無惡的，因此在道德修養上，只要不自欺，便可存善去惡；〔註110〕
雖然陽明不反對「物理」（知識）的價值，但「知識」對他而言，永遠是第二
義的。陽明的教導如此親切，然而，切實去從事時卻不免產生疑問：良知本
身固然純然無惡，但光憑良知並不能曲盡萬事萬物的眞象。倘若吾人不能明
瞭萬事萬物之理，「良知」的判斷是否亦有可能導致惡的產生？此外，就一般
人來說，在許多先天後天的限制，以及欲望情緒的糾纏下，要如何知道自己
究竟信的是「良知」或是意見？如一生闡揚現成良知的王龍溪，晚年亦曾自

〔註106〕牟宗三：《從陸象山到劉蕺山》，頁538。
〔註107〕劉蕺山：《人譜》：「學者未經歷過上五條公案（指『證人要旨』之五項工夫歷
　　　　程），通身都是罪過；即已歷過上五條公案，通身仍是罪過。」（《劉子全書》，
　　　　卷一，頁171）
〔註108〕陳確：〈南湖寶綸閣社約〉：「如其非人，即是禽獸。」（《陳確集》，《文集》卷
　　　　十七，頁399）又〈聖人可學而至論〉言：「則人之未至于聖者，猶人之未完
　　　　者耳。人之未完者，且不可謂之人，如器焉，未完者必不可謂之器也。」（《文
　　　　集》卷五，頁151）
〔註109〕《傳習錄》〈答顧東橋書〉，頁85，頁89。
〔註110〕《傳習錄》，〈門人陳九川錄〉：「爾那一點良知，是爾自家底準則。……爾只
　　　　不要欺他，實實落落依著他做去，善便存，惡便去，他這裡何等穩當快樂。」
　　　　（頁166）

我反省道：「平生心熱，牽於多情，……自信以爲天下非之而不顧，若無所動於中，自今思之，君子之獨立不懼，與小人之無忌憚，所爭只毫髮間，察諸一念，其機甚微，……未可概以人言爲盡非也。」〔註111〕可見即使是龍溪，亦對一己之良知是否可作爲準據有所疑慮，因此，作爲一個清楚感知其現實生命的昏暗與陷溺的道德實踐者，不能不對「現成良知」的說法感到不安與躊躇；而在晚明奢靡縱欲的社會風氣中，眼見後學亦假托現成良知，而肆其情欲之私，更令人感到尋求「良知」以外的道德規範的迫切性。

由對「成聖」的極度樂觀，逐漸發展爲「不爲聖人，便爲禽獸」的道德緊張；而在道德實踐的歷程中，由現實生命對「良知」的體驗，逐漸變成對良知的不信任感，於是原本工夫簡易、將知識視爲第二義的王學，卻導致道德嚴格主義與「道問學」風氣的興起，實在是個奇妙的現象。

二、晚明理學之趨向與道德嚴格主義

前文已概述晚明道德嚴格主義興起之因，由於針對「成聖」問題的思考，王汎森歸納晚明學風有如下的趨向：〔註112〕由於「成聖」成爲每個人責不可卸的義務，因此晚明理學家對於「成聖」的道德意識格外強烈，故特別注重省過改過的工夫，而有大量的省過書出現。而爲了避免良知爲私慾所矇蔽，更採取以下的方式作爲輔助：第一是省過會之類的組織，藉助於會友互相的彰善糾過，來幫助自己，認識、糾舉自己的過錯。第二是不再只從心性上下手，只有從表現在外的行爲下手，由外而內才能奏效，因而作爲道德行爲外在規範的禮學日漸發達。除此之外，更應提倡讀書，助人自視己過，因爲「深心讀書，自覺自家不是。不讀書人，雖有過差，惘然不覺也。」〔註113〕由此亦轉向對知識的重視。〔註114〕

〔註111〕〈自訟長語示兒輩〉，《龍谿王先生全集》，《和刻影印近世漢籍叢刊》，中文出版社出版，廣文書局印行，未標出版年，卷十五，頁1163。
〔註112〕王汎森：〈明末清初的人譜與省過會〉對禮學及道問學之風的討論，分見頁680、頁709。
〔註113〕《陳確集》，《文集》卷十六，〈寄諸同志〉，頁380。
〔註114〕王汎森在〈「心即理」說的動搖與明末清初學風之轉變〉一文說明「道問學」之風與對陽明良知教的反省之間的關係：一、良知並非全然知是知非，也有可能爲私慾所矇蔽，如果沒有外來的提醒或經書的印證，便可能陷溺而不自知；二、如果良知並不由盡所有事物的真象，那麼一個不自欺的人也可能作出無知、違背道德的判斷，則是否應有一個知識系統作爲輔助。（頁351）故

　　對禮文制度的強調可通往「經世致用」的路向；〔註115〕以知識輔助良知的發用，則助成「道問學」之風的興起。由此可見明末清初學風轉變與道德修養之間的關聯，更可見道德修養之問題在晚明學術史上的地位。然而有關禮學、經世與道問學之風，非本論文所能詳加討論，以下僅簡單介紹省過書的大量流行與組織省過會的風潮，來看看道德嚴格主義如何在晚明儒者間被重視與實行。

　　「省過書」是晚明理學家道德生活的日記，晚明理學家多有撰寫省過書以自我省察之例，如高攀龍之《日鑑篇》，楊應詔、劉蕺山、陳瑚之《日史》，顧憲成之《自反錄》、以及自監錄、記過簿等都是。〔註116〕如孟化鯉（1545～1589年）勉勵學子設置記過簿，說：「吾有過，吾紀之，庶幾睹斯簿也，怵目惕心，赧顏汗背，將有言也，將有爲也，懲於覆轍，不致復犯乎？斯亦昔人分豆識念之遺意。」〔註117〕故藉由這種「自訟」式的省察方式，可更有系統地診斷自己在道德修養上的精進程度，並藉以消除內心的緊張。「自訟」式的省過方式起源極早，孔子便曾教導「內自訟」〔註118〕的道理，但是晚明儒者使用「省過書」的風氣卻相當凸出，一方面是當時民間宗教提倡功過格所

他以爲：「以知識爲良知的呼聲不但可能來自程朱陣營，也可能來自王門內部；不但可能是爲了解決義理之爭，也可能是對現成良知說的救正，所以不能輕易將晚明思想家中任何朝經書轉向者皆歸納到程朱派或由王返朱派。」（頁360）此外，嵇文甫則表示王學本身與漢學之發展亦有關聯：「在邏輯上——形式邏輯上——反俗學，不一定就講古學；反宋學，不一定就講漢學。但在事實上，在當時實際情形上，只要一反俗學，總會走到古學路上去；只要一反宋學，總會走到漢學路上去。……陽明學派和後來的古學運動與漢學運動，自然絕不相類；但在反宋學一點上，他實作了後來古學運動或漢學運動的前驅。」（案：嵇氏舉出陽明讀古本大學便是一例，嵇文甫：〈十七世紀中國思想變動的由來〉，《左派王學》，臺北：國文天地，1990年，頁90）凡此皆可進一步令吾人對明末清初思想轉變的軌跡有更深入的了解。

〔註115〕龔鵬程在〈羅近溪與晚明王學的發展〉一文中，亦曾指出近溪對「禮」之強調，實開一儒學經世之路向，與博古、講史、考制度之學風亦有關聯（《晚明思潮》，頁59）。另嵇文甫則言王學本身亦有「務實」的傾向（《左派王學》，頁88），皆可看出明末清初之經世學風與王學本身之發展有關。

〔註116〕見王汎森：〈明末清初的人譜與省過會〉，頁688。按：王氏於此下附註「參見麥仲貴：《明清儒學家著述生卒年表》（臺北：學生書局，1977年），1585年、1592年、1611年、1637年條」，然而筆者查考麥氏原書，1585年記高氏《日鑑篇》、1592年記蕺山作日記、1611年記顧氏自反錄、1637年記陳瑚日記，其餘則未見記載。

〔註117〕孟化鯉：《孟雲浦先生文集》（轉引自王汎森〈明末清初的人譜與省過會〉，頁689）。

〔註118〕《論語・公冶長》第27章。

造成的激盪，另一方面仍是與晚明理學家對「成聖」的道德緊張有密切關聯。

在這一省過的風氣中，劉蕺山所作的《人譜》，揭示了他本人從事道德修養與省過改過的工夫歷程，可充分看出晚明理學家對於道德要求的嚴格程度。同時，從蕺山曾多次刪訂，至卒前仍修訂此書的態度來看，更可見蕺山對此改過之學的重視。書中除了揭示「人便是聖人之人」這一對道德修養的最高標準外，對過錯的精密分析，更達到空前的程度，他將人日常生活之過錯分成六種，所包括的條目極多，幾乎包括了從內心到日常舉止的一切細節，可見其對於道德修養的嚴格程度。蕺山對道德修養的主張，許多是針對明代中期以來社會風俗上的弊病而發，同時，對之前與當時儒者道德修養方式之不足或缺點，亦皆作了深入的思考，而使其道德實踐更加嚴密，因此，由蕺山身上，吾人可進一步認識在社會風氣的刺激與成德思想的發展下，晚明理學家之道德情操，究竟達到了怎樣的高度。

此外，在「自訟」的過程中，理學家同時面臨到「良知」可能不能自知其過、甚至可能「自欺」的問題。因此，除了「自訟」之外，晚明理學家希望在師友相處時，以「自呈己過」的方式，藉由同儕之力，來幫助自己改過。於是與友人共同組織「省過會」之類的團體，成為許多晚明理學家所採用的輔助道德修養之法。許多會講、會約皆規定集會時「自呈己過」，如南中王門的查鐸（1516～1589）便有〈水西會條〉與〈楚中會條〉，規定會友須「自呈己過」，〔註119〕「相規以過，相勸以義」；〔註120〕泰州學派的周汝登（1547～1629），亦與其他七個學侶組織一個省過團體，並立下一本《八士會錄》來記載會友過錯，每月一會，一直持續了幾十年，且同時周氏還與其他學侶組織類似的團體，由此可見這類組織在當時流行的情形。〔註121〕然而，繼陽明後學逐漸凋零、尤其經過東林黨禍之摧殘後，思想界出現了嚴重的斷層，晚明儒者之講會，實有大廈難支之險境，此時蕺山與陶石梁等又再組織「證人社」，使此一道德心性之學的會講與藉助會友省過糾過的方式，得以再度延續。〔註122〕其後如蕺山弟子陳確所倡導的省過會組織，承襲乃師對道德工夫

〔註119〕〈楚中會條〉，《叢書集成新編》，第25冊，頁482。

〔註120〕〈水西會條〉，同前註，頁484。

〔註121〕詳見王汎森：〈明末清初的人譜與省過會〉，頁702～704。

〔註122〕孫中曾：《劉宗周的道德世界——從經世、道德命題到道德內省的實踐歷程》，頁238～9。按：證人社後因蕺山與石梁學術性格的歧異而告分裂，石梁於白馬山另開一會，黃宗羲記載：「新建一傳而為王龍溪，再傳而為周海門、陶文

之詳密理論，其對過錯之糾察，亦更加嚴密了。

　　蕺山與陶石梁組織的「證人社」立有〈會約〉，若與《人譜》作一比較，〈會約〉之約誠其實與《人譜》有許多重疊，所不同的是，〈會約〉偏重在會友們所能看見、糾察的外在行爲舉止上，而《人譜》則包括許多己所獨知的內心之過。而陳確的省過會，便將「內」「外」兩種方式作一綜合：一方面會友之間互相觀察糾正對方的行爲，一方面謹奉蕺山《人譜》，將個人所思所爲的各種錯誤行爲坦白地寫在「日史」中，在集會時公諸他人，再公開糾過定罰。結合內在之自省與外在師友的糾察，晚明儒者對於道德修養之嚴密程度，亦可說是無以復加了。

　　明末清初的學風轉變，一直是學術史上頗受重視的課題，但新學風的興起，並非一朝一夕，從明代中期以後便已現出端倪，而在發展的過程中，新學風與道德嚴格主義之間的關聯，頗值得吾人注意。以往學者探討晚明思想界，往往僅強調王學末流侈蕩之風的現象；由心學轉變爲漢學的過程，亦多僅就明亡之刺激、清初對文化命脈之摧殘等外在政治的影響，概括學風轉變之背景；對於王學本身對此學風之影響，以及此一新學風與道德心性之學之關係，深入探討的學者則爲少數。〔註 123〕然而，由少數學者的努力，亦可令吾人發現到一件事實，即：晚明理學家對道德修養之趨於嚴格，可能亦是思想發展上一重要的關鍵，無論「經世致用」或「道問學」的風氣，與心性之學的關係，非但可能不相矛盾，甚至與道德實踐的要求有所關聯。因此，關於晚明道德嚴格主義之發展，或許值得吾人再多花一些心力。

簡，則湛然澄之禪入之；三傳而爲陶石梁……而密雲悟之禪又入之……證人之會，石梁與先生，分席而講，而又爲會於白馬山，雜以因果僻經妄說，而新建之傳掃地矣。」（《子劉子行狀》，《劉子全書》卷三十九，頁 3471）分裂原因可說是石梁禪學的傾向，與嚴守儒釋分際的蕺山終不相合，因此造成二人工夫論之極大歧異，此於後文將續有探討。

〔註 123〕余英時在〈清代思想史的一個新解釋〉（《歷史與思想》，臺北：聯經出版事業公司，1976 年）已指出：探討宋明理學何以至清代轉入考證與經史實學，不能僅從外緣之歷史現象了解，而應自思想本身之內在發展來看。然而其文僅就王學發展至極致後，所逼出之「道問學」與回歸經典之必要性來論，而對於晚明道德嚴格主義傾向與思想演變之關係，則未論及，王汎森之論文，可說是對余氏論點之進一步說明。

第三章　晚明世俗道德舉例
——《了凡四訓》與《菜根譚》

第一節　袁黃之生平及思想與《了凡四訓》

一、袁黃之生平及思想

（一）袁黃的家世與生平事蹟

　　袁黃生於明世宗嘉靖十二年（西元 1533 年），卒於神宗萬曆三十四年（西元 1606 年），江蘇吳江人。原名表，後改名黃，初以學海爲號，後邂逅雲谷禪師，破其宿命論之迷夢，因號了凡。〔註1〕

　　了凡家族在明初時本爲浙江嘉善縣的望族，但因祖上袁順反對成祖篡位，事敗逃亡，之後才定居於吳江。〔註2〕由於袁順在政治上的堅持，使得子孫斷絕科舉仕宦之途；〔註3〕而在逃亡的過程中，他們失去了大部分的家產，

〔註1〕　《了凡四訓・立命之學》：「余初號學海，是日改號了凡。蓋悟立命之說，而不欲落凡夫窠臼也。」關於袁黃之研究資料，在原典部分，除其自身著作如《了凡四訓・立命之學》、《兩行齋集》等外，其家世背景主要參考《袁氏家訓》、《庭幃雜錄》，生平事蹟則見《嘉善縣志》、《嘉興府志》及《寶坻縣志》之〈袁黃〉傳、清・朱鶴齡〈贈尚寶少卿袁公傳〉，及《了凡四訓》書後附錄，彭紹升之〈袁了凡居士傳〉。近人研究部分則參考如日本學者酒井忠夫《中國善書の研究》、石川梅次郎《陰騭錄》等。但關於了凡之中文專著似乎較少，筆者所見僅有蕭世勇《袁黃的經世理念及其實踐方式》。以上著作於下文徵引時再詳列出版資料。

〔註2〕　見袁顥（袁順之子）：〈家難篇〉（《袁氏家訓》，國家圖書館善本）。

〔註3〕　袁顥曰：「吾年十八，已能操筆爲舉業，將赴試於縣，稟吾父，父曰：『但爲良民以沒世，何樂如之。』遂罷試。」又曰：「吾家不謀祿仕，非有所憤而逃

必須尋找新的謀生出路，於是他們選擇以習醫爲業，而以謹愼平靜的心情，多積陰德，靜待命運的轉變。直至了凡之父袁仁，方教其子（已是袁順之後的第四代子孫）習舉業。〔註4〕

經數代的努力經營，袁家漸漸恢復其經濟力與社會地位。至了凡出生之際，袁家在鄉里間的地位，已接近於「地方士紳」，只是未實際參與國家政務而已。而在遠離舉業的同時，袁家人卻未遠離儒學，且更能以獨立於當代儒學傳統與考試壓力之外鑽研孔學，並廣博地吸收其他的宗教或智識傳統的學問，而不沿襲舊套。了凡的父親袁仁（參坡），便是一位博學多能的人，除了對儒學六經的鑽研，以及本業的醫學之外，尚精通數理象緯、水利等學問，了凡從小亦在他父親的誘導下，受到很好的啓蒙教育。〔註5〕

了凡在其父袁仁的薰陶下，早年便以博學聞名鄉里，〔註6〕但由於父親早逝（時了凡年十四歲），便遵從母親的教誨，棄舉業學醫。後因途遇一孔姓老者，算其爲仕途中人，方才讀書求仕，參加科考。然而其考試過程並不順利，直至五十三歲（萬曆十四年，西元 1586 年）才考中進士，先是授禮部辦事，與趙用賢觷議蘇松賦役，後授任寶坻縣令。萬曆二十年，了凡升任兵部職方司主事，適朝鮮因日本侵犯向中國求救，便被舉薦而隨軍東征朝鮮，但因理念與當路不合，終被罷職，任官前後僅七年時間。

雖然了凡任官的時間甚爲短暫，但頗多令人稱道之處。今略舉其任寶坻縣令的治績稍作說明：在寶坻任內，他本著勤政愛民之心，與對水利農政等實學的熟諳，對當地水利、田制及稅役等的弊病所在，都費了很大的心思來改善，並獲得相當的成果。尤其對當時寶坻縣的「三大害」：銀魚貢、重夫重馬採石及箭手諸役與孳生馬三事的處理，更可看出他以一小小縣令，在不得

也。吾親受教於吾父，一則聖主深仁厚澤，不可遽忘；一則殺運未除，所當苟全性命。四五世之後，時移刑省，亦可出而應世。」（同前註，〈民職篇〉頁 23、頁 31）袁順在政治上的難忘故主，應是袁氏選擇脫離仕宦之主因；而遭逢殺運自更使其對仕宦之事趨於謹愼保守。

〔註4〕 錢曉：《庭幃雜錄》卷上，〈袁裦錄〉：（袁仁曰）：「吾祖生吾父，……吾父生吾……皆不習舉業，生汝兄弟，始教汝習舉業，亦非徒以富貴望汝也。」（《筆記小說大觀》六編第 5 冊，頁 2671）。

〔註5〕 《庭幃雜錄》卷下，〈袁表錄〉，頁 2678～2680。另參見蕭世勇《袁黃的經世理念及其實踐方式》第二章（臺北：臺師大歷史所碩士論文，1994 年），頁 12～22。

〔註6〕 清江峰青等：《嘉善縣志》卷十九〈名臣〉「袁黃」（臺北：成文出版社，《中國方志叢書》，華中地方，第 59 號，據清光緒十八年刊本影印，頁 352）。

罪於當朝的前提下，而能夠爲人民爭取福祉的用心與智慧。〔註7〕當地縣民因感念他的政績，還爲他建「袁公祠」以資紀念，〔註8〕更可見其政績斐然。

　　了凡甚爲博學，著作亦頗豐富，包含各不同的領域，有「易傳、曆法、勸農書等」等多至數十種，〔註9〕但現存的著作，依酒井忠夫的整理僅有十餘種，〔註10〕且藏於日本內閣文庫等處，國內未必留存。在他所有著作中，流傳最廣且至今不衰的，則是《了凡四訓》一書，除了尤雪行的《集註》之外，尚有許多白話本通行，民初黃智海的演述是其中流傳較廣的一種。

（二）袁黃之思想概要

　　了凡的思想，一方面淵源於其家族傳統與家庭教育，再方面則是與王門心學者的交游，三方面則受雲谷禪師之啓發極大，以下簡單作一介紹：

　　前文已談到，了凡家族雖然數代不應試，但並未遠離儒學，且更以能獨立於當代儒學學派爲傲。袁仁著有《毛詩或問》、《尚書貶蔡篇》，而前者《四庫全書》中評其爲「盲人捫象」，後者則被貶爲「標新立異」，〔註11〕凡此或不能認定其學問的深淺，而更能看出袁氏獨立於儒學主流之外的性格。

　　除了鑽研儒學，袁氏與佛道兩家的思想亦有所接觸。由於家族之變，袁

〔註7〕　袁黃之事功詳見蕭世勇：《袁黃的經世理念及其實踐方式》，頁52～56。按：所謂「三大害」約爲蕭氏研究後之歸納，蕭氏未詳引此說出處，筆者學淺，亦未能於他書見之。然而關於此三事可見他書之記載，對於袁黃之事功亦有其代表性，故引之。在此略作補充：銀魚貢見朱鶴齡：〈贈尚寶少卿袁公傳〉（《愚菴小集》卷十五，《四庫全書》集部258，頁188～189），重夫重馬採石及箭手諸役見前文及《嘉善縣志》（同前註，頁1483）與《嘉興府志》（卷五十四，〈嘉善列傳〉。臺北：成文出版社，《中國方志叢書》，華中地方，第53號，清・許瑤光等修，據清光緒五年刊本影印，頁352），《寶坻縣志》則二事皆載（卷十一，〈人物〉。臺北：成文出版社，《中國方志叢書》，華北地方，第202號，清・洪肇楙等修，據清乾隆十年修，民國六年石印本影印，頁508），學生馬事則可見袁黃〈上鹽院稟啓〉（《袁了凡先生兩行齋集》，國家圖書館善本，頁52）。此外，《寶坻縣志》記載袁黃之治績尤多，以散見各處，不能具引。

〔註8〕　《寶坻縣志》，卷八〈職官〉，「袁黃」條：「邑有生祠，乾隆七年知縣洪肇楙重建。」（頁383）。又卷十〈封表〉有「袁公去思祠」，下註：「爲明知縣袁黃立。」（頁490）

〔註9〕　酒井忠夫：《中國善書の研究》，頁321，引康熙二十年序之《嘉興府志》文。然而《中國方志叢書》所收爲光緒四年重修，則未見此段記載。

〔註10〕　同前註，頁322～326。

〔註11〕　《毛詩或問》見《四庫全書總目》，卷十七經部十七〈詩類存目一〉（北京：中華書局，1965年），頁139；《尚書砭蔡編》見同書卷十二經部十二〈書類二〉，頁100。

氏對命運有宿命論的傾向；習醫的背景，亦使他們與道家學說關係密切。了凡之母篤信佛教；其父袁仁身爲醫生，喜靜坐，好佛，且註六經，具有融三教於一身的傾向，其對了凡在爲學及思想上，具有多方面的啓迪。〔註12〕綜上所述，可知在明代三教合一的思潮下，了凡的家族，亦給了他濃厚的三教合一之思想背景。

此外，袁氏家族的社經地位，使他們與鄉里傑出人士多有交遊。了凡之父袁仁便曾與王門如王心齋、王龍溪等交遊，故了凡自幼便對王門之心學有所接觸。〔註13〕此外了凡與王門之接觸，尚在其任寶坻縣令時，與泰州學派中的楊復所、管東溟等人往來密切，氣味相投。因此王門心學對了凡思想之發展亦有一定的影響。

但對了凡影響最大的，仍是與佛門中人的交遊，其中雲谷禪師對了凡的思想發展更有關鍵性的影響。據《了凡四訓》首篇〈立命之學〉，了凡受孔老人算定其一生命運，一一應驗，因持「榮辱死生，皆有定數」的宿命觀，直至遇雲谷禪師，方徹底改變其思想與人生觀。因此，在了凡的生命歷程中，影響他思惟方式最大的，除了其父袁仁，可以說就是雲谷禪師給予他的啓發了。

由這三方面的影響融合之後，了凡的思想約可歸納以下三點：

1. 心學傾向

了凡曾從學於龍溪，本具有濃厚的心學傾向，而對他思想影響甚鉅的雲谷法會禪師，則爲臨濟宗禪者，曾師於法舟道濟，道濟教之：「學道必以悟心爲主。」授以天台止觀法門，之後日夜參究，閱《宗鏡錄》，乃大悟唯心之旨。〔註14〕了凡與之從學，了解所謂「三界唯心」之理，因此「治心」可說是他道德修養最重要、最根本的工夫。而此一工夫，他主要透過「靜坐」來從事。

了凡著有《靜坐要訣》〔註15〕來教導學者靜坐之法，序中明言他之靜坐，乃學於雲谷禪師，述天台之遺旨，故其靜坐法門，主要來自天台止觀；而他之所謂心，亦主要來自佛教的理解，如「種種業障，皆由心作」，「當知此心，

〔註12〕蕭世勇：《袁黃的經世理念及其實踐方式》，頁20。

〔註13〕據蕭世勇之研究，了凡曾從學於龍溪，其所據資料，乃龍溪曾爲了凡之父袁仁作之〈袁參坡小傳〉，然筆者查考臺師大及臺大所藏之《王龍溪全集》未能見之。

〔註14〕見〈雲谷大師傳〉（《續藏經》第 127 冊，《憨山大師夢遊全集》卷三十），頁316。

〔註15〕收入《靜坐法輯要》（臺北：文津出版社，1988 年）。

畢竟空寂」〔註 16〕等等，全書中遍布天台禪門對「心」之闡述，與「觀心」之工夫理論。

　　然而，了凡畢竟不是方外人士，在他的思想中，還有一大部分是關懷現世的，因此，「息妄修心」雖是其根本工夫，卻不是他的最終目標。若以他對現世的投入來說，儒家思想無疑也是他所認同的。因此，他對「心」的理解，仍須與他對三教的理解合觀。同時，在晚明儒者多惡王門心學「近禪」的背景下，會通儒釋，亦成為了凡重要的工作。

2. 三教合一

　　了凡對三教思想皆有廣泛的接觸，對於儒學，在家學與科舉之學外，尚有王門心學之影響；對於道教，除了習醫的背景，孔老人所傳《邵子皇極數正傳》，亦使他接受道教信仰的洗禮；〔註 17〕對於佛教，雲谷禪師對他更有關鍵性的影響。因此，在晚明思潮與家學、交遊的影響下，了凡對三教採取一種兼容並蓄的態度，他曾有〈刻三教合一序〉〔註 18〕一文，表明「心一耳，教曷何三也」的基本立場。但「三教合一」是晚明思想家中普遍的看法，每個人所謂的「三教合一」的內容則不盡相同，了凡所謂的「三教合一」，仍來自他對於「心」的體認。

　　〈刻三教合一序〉中開宗明義地表示：三教之所以合一，乃因「心一耳，教曷何三也」，「釋迦之慈悲，老聃之清淨，與吾仲尼之仁義，皆盡乎此心之量而已矣。」換言之，了凡是以三教皆務盡其「心」，實乃殊途同歸，故言三教合一，由此亦可充分表現出其心學傾向。

　　雖然，以了凡之博學，對三教皆廣泛涉獵且兼容並蓄，然而在很多地方則可明顯看出他以佛教為本的一種傾向，如釋聖嚴便稱其乃「以儒家為基礎，以道家為附從，以佛教為究竟者」。〔註 19〕自其從雲谷禪師奉行功過格以來，佛教成為他的基本信仰，因而其修行與實踐方式，大抵遵行佛教戒法，如茹素戒葷、靜坐禪定等，如《靜坐要訣》中，不論是結構、內容、方法，皆深受天台止觀的影響。〔註 20〕此外，華嚴宗對了凡之思想更有絕大影響，其〈答

〔註 16〕《靜坐要訣》〈豫行篇〉，頁 11。

〔註 17〕酒井忠夫：《中國善書の研究》，頁 337。

〔註 18〕《袁了凡先生兩行齋集》卷五，頁 13～14。

〔註 19〕釋聖嚴：《明末佛教研究》，頁 258。

〔註 20〕詳見蕭世勇：《袁黃的經世理念及其實踐方式》，頁 110～112。當然，蕭氏尚
　　　　提出了凡早年受道教丹鼎派的影響甚深，與《靜坐要訣》之說，幾乎遍布儒

曹魯川書〕言：「佛藏東來，惟華嚴爲圓教之宗，……弟有《華嚴精要》一卷，
專談斯事，其餘如《訓兒俗說》初章、《袁生懺法》及《學約》等書，純以華
嚴大義暢我鄙懷。」〔註21〕便可見華嚴在其心中的地位。

　　由於了凡三教合一的主張及以佛教爲本的信仰，對於儒釋二家的長期衝
突，他特別有意要作一會通，會通之道，仍本於華嚴，而落在對「心」之詮釋
上。他將儒家的仁心等同於佛家的悲心，而將儒家的「萬物一體」之境等同於
佛家的「四禪天」之境，〔註22〕這樣的會通，自然不能令儒者滿意，因就儒家
的觀點看來，佛家之本體歸於空寂，與儒者開物成務之精神自不相同；然而，
了凡以對佛教的信仰來從事功過格的實踐，其「立命」的思想，無論在本質上
與儒者精神是否完全相同，但在無形中亦打破了佛教的偏空與消極，而能積極
面對現實，因此就他個人來說，儒佛大可會通而不相妨礙。〔註23〕

3. 立命思想——舉業之學

　　了凡一生命運的轉捩點，可說是在遇雲谷禪師之時。孔老人本已算定了
凡不得登第，了凡因此澹然無求；然而雲谷禪師則告之以「命由我作，福自
己求」的道理，使其由「榮辱死生，皆有定數」的宿命論者，轉而相信「造
命者天，立命者我」，從此由「先求科第」開始，積極奉行功過格，進而改造
自己的命運。〔註24〕「立命思想」，可說成爲了凡之基本的人生觀。

　　「立命思想」本身，在《了凡四訓》中有明確描述，將於下文探討；而
值得注意的是，了凡之「立命」，由「先求科第」始，其立命思想與其舉業之
學，亦可以說是合爲一體的一套學問。了凡的著作中，如《四書刪正》、《增
訂二三場群書備考》、《彙選古今文苑舉業精華》等，在酒井忠夫所整理的書
目中，這類有關科舉的著作，便佔了三分之一強，〔註25〕以至酒井氏對其「舉
業之學」要特別提出探討。〔註26〕然而，明末查繼佐在所著《罪惟錄》中，

家經論二點，說明了凡之靜坐法不獨源於天台止觀，然而了凡「三教合一」
的基本思想下，三教在其心目中，孰爲賓、孰爲主，仍是判然可分的。

〔註21〕《袁了凡先生兩行齋集》卷十，頁26～27。

〔註22〕蕭世勇：《袁黃的經世理念及其實踐方式》，頁114。

〔註23〕蕭世勇對了凡以華嚴會通儒佛，曾詳加辨析而給予高度肯定（同前註，頁114
　　　　～6），就義理本身儒佛究竟是否可作如此會通，或可再議，然而蕭氏站在了
　　　　凡的立場，亦可反映了凡本身之義理型態。

〔註24〕以上見《了凡四訓・立命之學》。

〔註25〕酒井忠夫：《中國善書の研究》所列了凡著作十六種中，有關科舉者有六種。

〔註26〕同前註，第四章〈袁了凡の思想と善書〉第四節〈舉業之學〉。本節頗參考之。

對了凡此類著作卻十分不以爲然，言：「袁黃……有史論及四書，極詆程朱，至盡竄註解，更以己意，坐非儒見黜，焚其書」，〔註27〕將了凡在朝鮮之役與當路不合而被罷黜之事，歸於學術之原因，亦可見了凡的舉業之學與傳統儒學必有所扞格。

　　關於了凡舉業之學之受駁斥，除了明代科舉仍以程朱理學爲正統，自有異於了凡之心學背景之外，更重要的是，了凡用其立命思想——功過格的理念來解釋《四書》，如在《論語・顏淵》「參考」欄言：「前輩以白豆黑豆，自分記善惡，初時黑多白少，後時白多黑少，後來遂不復有黑豆……」，〔註28〕將儒學與民間道德的實踐混而爲一，是其受批判的主要原因。然而，晚明時期針對舉業所編纂的各種類書，在民間書塾與下層讀書人間，皆大爲流行，了凡的立命、舉業之學合一的思想，透過其書，對當時的士人亦有極大的影響力，故了凡之立命思想與舉業之學，可說是促成儒學通俗化的重要原因之一。

二、《了凡四訓》之內容大要

　　《了凡四訓》一書，包括〈立命之學〉、〈改過之法〉、〈積善之方〉、〈謙德之效〉四篇。文前有〈舊序〉對此四篇大要作一提示，曰：「〈改過〉〈積善〉兩篇是正文：〈改過之法〉，發揮諸惡莫作；〈積善之方〉，細講眾善奉行。〈立命之學〉，是現身說法。」「此文以謙始，以謙終，而未明提一謙字，故以〈謙德之效〉爲終篇。」以下分別對四篇內容作一介紹：

（一）立命之學

　　〈舊序〉所謂「〈立命之學〉，是現身說法。」因本篇即是了凡自述如何由一個宿命論者轉而相信「命由我作，福自己求」〔註29〕的「立命」思想，並藉由「功過格」砥礪自己行善去惡，因而改變命運、獲得福報的一篇自傳。這一部分中，改變了凡一生的重要關鍵，便是雲谷與了凡的對話，從中透露出其奉行功過格的理論基礎與思想要點（其中的思想理論雖出於雲谷之口，

〔註27〕查繼佐：《罪惟錄》列傳十八（臺灣商務印書館，《四部叢刊》三編，史部），頁7133。
〔註28〕轉引自《中國善書の研究》，頁331。
〔註29〕《了凡四訓・立命之學》，以下各段引號中語，若未註明，皆出自該篇（〈改過之法〉以下亦同此理），因《了凡四訓》各篇皆不長，且版本眾多，頁數不一，故不加註頁數。

但此後爲了凡深心信仰且切切奉行）；此外，其後奉行功過格的過程與效驗，則亦爲檢視其思想所不可忽視的。以下分別敘述：

1. 雲谷與了凡的對話

了凡由於孔老人爲他算命後，其預言一一應驗，遂認定「進退有命，遲速有時」，而「澹然無求」。至遇雲谷時，方知命數並非不能改變。雲谷破除了凡宿命論之語，首先在於「命由我作，福自己求」八字；其後則在於如何「作」、如何「求」。

（1）一切福田，不離方寸。從心而覓，感無不通

要改變自己的命運，獲得心想的福報，無論所求是富貴、男女、長壽，皆在「返躬內省」，由內心的修養做起。了凡起初對此亦有所疑，他問：「孟子言：『求則得之，是求在我者也。』道德仁義，可以力求；功名富貴，如何求得？」在此雲谷引用六祖「一切福田，不離方寸」之語，對孟子的話作了另一番詮釋：「求在我，不獨得道德仁義，亦得功名富貴。內外雙得，是求有益於得也。若不返躬內省，而徒向外馳求，則求之有道，得之有命矣。內外雙失，故無益。」〔註30〕而所謂「返躬內省」，首先便在於發現自己的過錯。

（2）將向來不發科第及不生子之相盡情改刷

孔老人算了凡不應登科、命中無子，雲谷則要了凡自思其個性及平日所爲，是否應登科生子，了凡自省其「福薄」、「不能容人」、「直心直行」，以及「好潔」、「善怒」……等等習性之後，亦坦承：「不應也。」可知「天不過因材而篤」，命數實乃受各人自身的個性行爲所限制。雲谷告誡了凡：「夫血肉之身，尚然有數，義理之身，豈不能格天。」人固然有命數之拘，但這仍可說是「天作之孽」，只要自己徹底改變以往錯誤的性情行爲，好好修養，自然能改變命運。

（3）力行善事，多積陰德

要擴充自己的德性，改變自己的命運，除了改掉以往的過錯外，最重要

〔註30〕《孟子・盡心上》第 3 章：「求則得之，舍則失之，是求有益於得也，求在我者也。求之有道，得之有命，是求無益於得也，求在外者也。」朱注：「在我者，謂仁義禮智，凡性之所有者。……在外者，謂富貴利達，凡外物皆是。」孟子將富貴利達皆視爲外物，從未表現過追求的興趣，並且視之爲非主觀意願所能求得者，如另一章表示「趙孟之所貴，趙孟能賤之」（〈告子上〉第 17 章），皆可以充分表現孟子對於富貴的態度。故雲谷之說雖可言之成理，實非孟子原意。

的方法，則在於「力行善事，多積陰德」，雲谷引《周易》「積善之家，必有餘慶」，〔註31〕以證積善者自然能得福報。爲了更加保證自己積善去惡的行爲，雲谷出示「功過格」以教了凡：「令所行之事，逐日登記。善則記數，惡則退除。」然而要以何種心態來持用功過格，雲谷又有一番教導：

（4）從無思無慮處感格

雲谷說：「凡祈天立命，都要從無思無慮處感格」，簡單地說便是「不動念」或「無心」，他特引孟子所謂「夭壽不貳」〔註32〕以說明此理：「夫夭與壽，至貳者也。當其不動念時，孰爲夭，孰爲壽？細分之：豐歉不貳，然後可立貧富之命；窮通不貳，然後可立貴賤之命；夭壽不貳，然後可立生死之命。人生世間，惟死生爲重，曰夭壽，則一切順逆皆該之矣。至『修身以俟之』，乃積德祈天之事。曰『修』，則身有過惡，皆當治而去之；曰『俟』，則一毫覬覦，一毫將迎，皆當斬絕之矣。」

因此，既發心要受持功過格，便只能不斷改過積善，而不能「覬覦將迎」任何的福報，不論此後遭遇任何順逆，皆不能改變改過積善的決心。初時恐未能無心，雲谷又教持準提咒：「汝未能無心，但能持準提咒，無記無數，不令間斷。持得純熟，於持中不持，於不持中持，到得念頭不動，則靈驗矣。」

2. 奉行功過格的過程與效驗

了凡奉行功過格的過程主要有三階段：

（1）先求登科

了凡聽了雲谷的一番教訓，十分信服，首先「將往日之罪，佛前盡情發露，爲疏一通」，接著「先求登科，誓行善事三千條，以報天地祖宗之德。」此後「戰兢惕厲」，礪行功過格。至明年禮部考科舉，孔老人算該第三，卻忽考第一，秋闈便中式。

（2）求子

了凡行畢求登科的善事三千條後，庚辰年又起求子願，「亦許行三千善事」，次年辛巳，便生男天啓。

（3）中進士

癸未九月十三，了凡「復起求中進士願，許行善事一萬條。至丙戌登第，

〔註31〕《周易·坤卦·文言傳》。
〔註32〕《孟子·盡心上》第 1 章：「夭壽不貳，修身以俟之，所以立命也。」

授寶坻知縣」。

在奉行功過格的過程中，了凡自述其先難而後易的情況：求登科所許的三千善事，往往「以過折功，日常虛度」，於是「歷十餘年而三千善行始完」。然而求子所許的三千善行，自庚辰年起，三、四年間，「至癸未八月，三千之數已滿」。而求中進士的善行一萬之願，初為「衙中無事可行」而煩惱，後夜夢神人告之：「只減糧一節，萬行俱完矣。」夢醒心頗驚疑：減糧一事，竟為神明所悉；又此一事，焉可當萬行？故又求證於幻余禪師，禪師曰：「善心真切，即一行可當萬善。況合縣減糧，萬民受福乎？」其積德行善的過程，可以說是「漸入佳境」的。

此外，受持功過格的效驗，尚不只於有求必應而已。孔老人曾算了凡壽命僅有五十三年，了凡奉持功過格以來「未嘗祈壽」，而「是歲竟無恙，今六十九矣」，〔註 33〕由此可見「禍福自己求之者」，只要一心行善，無須起念追求，亦自有效驗。

雲谷授功過格，首先告誡了凡的，便是「將向來不發科第及不生子之相盡情改刷」，了凡初行三千善事須歷十餘年，其因亦在於「以過折功，日常虛度」，因此他特別告誡其子：「務要日日知非，日日改過。一日不知非，即一日安於自是；一日無可改過，即一日無步可進。」故以下未言積善，先言「改過之法」。

（二）改過之法

本篇談如何改過，層次井然，以下分別說之：

1. 改過前的三項心理建設

（1）發恥心

了凡言：「改過者，第一要發恥心。」了凡論「恥」，即儒者「不如舜，不如周公，吾之病也」〔註 34〕之惕屬，又引孟子之言強調之：「孟子曰：『恥之於人大矣。』〔註 35〕以其得之則聖賢，失之則禽獸耳。此改過之要機也。」若無恥心，則「傲然無愧」，自不懂改過之要，故可謂改過前的第一項心理建設。

〔註 33〕了凡享壽七十四歲。
〔註 34〕韓愈〈原毀〉。
〔註 35〕《孟子・盡心上》第 7 章。

（2）發畏心

所畏者可分三點來說：

其一在於「天地在上，鬼神難欺」。天地鬼神之所以可畏，又有兩點：一在其無所不知：「雖過在隱微，而天地鬼神，實鑒臨之」；二在其賞罰嚴明：「重則降之百殃，輕則損其現福」，因此「吾何可以不懼！」

其二在於無論如何文過飾非，不但鬼神鑒臨，且亦「終難自欺」，而若「被人覷破」，便「不值一文矣」，故「烏得不懍懍！」

其三則在於「塵世無常，肉身易殞，一息不屬，欲改無由矣」，若喪失了改過的機會，「明則千年擔負惡名，雖孝子慈孫不能洗；幽則千百劫沉淪獄報，雖聖賢菩薩不能援引」，簡單來說，便是造惡終究難逃業報，若不及時悔改，終將後悔無及，故「烏得不畏！」

總之，若了解不能及時改過之可畏，則自有發奮改過的力量。

（3）發勇心

在此了凡透視人所以不能改過的原因，曰：「人不改過，多是因循退縮」，然而惟有「奮然振作，不用遲疑，不須等待」、即知即行的勇氣，方有戒除以往的過錯之一日。

2. 改過工夫之三層次

有了「恥」、「畏」、「勇」三個逢過必改的決心後，尚須知道如何從事改過的工夫。了凡說：「人之過，有從事上改者，有從理上改者，有從心上改者。工夫不同，效驗亦異。」以下分別敘述：

（1）有從事上改者

「如前日殺生，今戒不殺；前日怒罵，今戒不怒」，這便是就事上改之的例子，然而這種改過工夫，只是「強制於外」，故「其難百倍。且病根終在，東滅西生，非究竟廓然之道也。」

（2）從理上改者

了凡曰：「善改過者，未禁其事，先明其理。」戒殺一事為例，若了悟「上帝好生，物皆戀命」，「既有靈知，皆我一體」等道理，自不忍殺生害命。好怒一事，若能思「行有不得，皆己之德未修，感未至也」，而能自反思理，則怒火自熄。此外「其餘種種過惡，皆當據理思之。此理既明，過將自止。」能明其理而後改過，則能自然而無勉強。

（3）從心上改者

了凡曰：「何謂從心而改？過有千端，惟心所造。吾心不動，過安從生？」故「過由心造，亦由心改。」如此則「種種諸過，不必逐類尋求，但當一心爲善，正念現前，邪念自然污染不上」。此自是最究竟之法門。

對此三層工夫，了凡作一分判：「大抵最上者治心，當下清淨。纔動即覺，覺之即無。苟未能然，須明理以遣之。又未能然，須隨事以禁之。以上事而兼行下功，未爲失策；執下而昧上，則拙矣。」總之，學者須了解「治心」方爲究竟，但若尚不能達此境界，則亦不妨作事、理二層之工夫。

〈舊序〉言：「〈改過之法〉一篇中……傳『恥』『畏』『勇』三個方法，講『事』『理』『心』三層難易。又恐人自謂無過可改，再將蘧伯玉改過一段，以證人必有過，自不察耳。」已簡要提示本篇大綱，但筆者以爲所謂「改過者，第一要發恥心」、「第二要發畏心」、「第三須發勇心」，並非三個不同的「方法」，而應是有心改過者，在改過之前必要的「心理建設」；〔註36〕而「事」「理」「心」三層難易，則重在改過有層次之別，而以後者爲究竟。至補敍蘧伯玉事，亦主在強調之前所謂「務要日日知非，日日改過」之意而已，便不贅言。

（三）積善之方

〈舊序〉曰：「〈積善之方〉篇……文分三大段，每段十小股。首敍往事十條，以證因果不爽；……次論精理十六層，以防冒昧承當之錯路；終標十大綱，以統領乎萬德。」亦將本篇大要作一提醒，由此亦可見本篇條目層次亦極清楚井然。所謂「首敍往事十條，以證因果不爽」，皆在舉證說明積善之功。故事人物雖有不同，但大抵皆爲多行善事——或救人性命，或接濟窮困等等——則往往受鬼神庇佑，尤其子孫多能貴顯。主要在以積善而獲福報的實例，加深人們行善的決心，較無深刻的義理探討，因此下文主要對二、三兩段之要義作一介紹：

1. 為善須窮理

了凡曰：「爲善而不窮理，則自謂行持，豈知造孽？」因此要積善須先窮理。在此了凡提出須辯明善之眞假、端曲、陰陽、是非、偏正、半滿、大小、

〔註36〕蕭世勇亦稱之爲「改過前的心理建設」（《袁黃的經世理念及其實踐方式》，頁123）。

難易，並在下文分別說明：

（1）真　假

「人之行善，利人者公，公則爲眞；利己者私，私則爲假。又根心者眞，襲跡者假。又無爲而爲者眞，有爲而爲者假。」

（2）端　曲

「凡欲積善，決不可徇耳目，惟從心源隱微處默默洗滌。純是濟世之心則爲端，苟有一毫媚世之心則爲曲；純是愛人之心則爲端，有一毫憤世之心則爲曲；純是敬人之心則爲端，有一毫玩世之心則爲曲。」

按：「眞假」與「端曲」所強調的，皆在於善心之純粹，不應帶有任何絲毫爲己（無論爲名爲利）的目的性。

（3）陰　陽

「凡爲善而人知之，則爲陽善；爲善而人不知，則爲陰德。陰德天報之，陽善享世名。名亦福也，名者造物所忌，世之享盛名而實不副者，多有奇禍。人之無過咎而橫被惡名者，子孫往往驟發。」

按：此乃強調天地鬼神對善惡之報償。

（4）是　非

「人之爲善，不論現行，而論流弊。不論一時，而論久遠。不論一身，而論天下。現行雖善，而其流足以害人，則似善而實非也。現行雖不善，而其流足以濟人，則非善而實是也。」

（5）偏　正

「善者爲正，惡者爲偏，人皆知之。其以善心而行惡事者，正中偏也；以惡心而行善事者，偏中正也。」

按：由「是非」與「偏正」，可知了凡極看重善行之效果。徒有善心而其行造成流弊，爲了凡所深戒；表面看來不好的行爲，甚至以「惡心」所行之事，若能導致好的結果，了凡仍給予肯定。

（6）半　滿

半滿之說較爲紛歧，其一「如貯物於器，勤而積之則滿，懈而不積則不滿，此一說也。」其二如貧女布施二文與富貴後施錢千金，「千金爲半，而二文爲滿」；呂洞賓出一善言而三千功行已滿，「此又一說也。」其三則「爲善而心不著於善，則隨所成就，皆得圓滿。心著於善，雖終身勤勵，止於半善

而已。譬如以財濟人，內不見己，外不見人，中不見所施之物，是謂三輪體空，是謂一心清淨，則斗粟可以種無涯之福，一文可以消千劫之罪；倘此心未忘，雖黃金萬鎰，福不滿也。此又一說也。」

按：關於「半滿」之三說，第一說強調勤於行善之要，尚無深刻義理；第二說則強調出於真誠的善念，較表面的功行是多是少，更為可貴；第三說則較前文所言善之「真假」與「端曲」，更加強調善的純粹性的問題，必須「不著於善」，重視「忘」的工夫，不單是忘卻功利目的之追求，甚至要忘卻對「善」本身的執著，這樣的善才是圓滿的善。

（7）大　小

「志在天下國家，則善雖少而大；苟在一身，雖多亦小。」

按：此乃強調公利重於私利，以及大公無私的態度。

（8）難　易

「先儒謂：『克己須從難克處克將去』。……難捨處能捨，……難忍處能忍也，故天降之福亦厚。凡有財有勢者，其立德易，易而不為，是為自暴。貧賤作福者難，難而能為，斯可貴耳。」

按：同樣的善行，不同的人實踐起來，其難易不同，了凡在此強調「難而能為」的可貴與福報，自在鼓勵人人皆應盡力行善。

2. 為善十大綱

（1）與人為善

「吾輩處末世，勿以己之長而蓋人，勿以己之善而形人，勿以己之多能而困人。收斂才智，若無若虛。見人過失，且涵容而掩覆之，一則令其可改，一則令其有所顧忌而不敢縱。見人有微長可取，小善可錄，翻然舍己而從之，且為艷稱而廣述之。凡日用間，發一言，行一事，全不為自己起念，全是為物立則，此大人天下為公之度也。」

（2）愛敬存心

「『君子所以異於人者，以其存心也。』君子所存之心，只是愛人敬人之心。蓋人有親疏貴賤，有智愚賢不肖，萬品不齊，皆吾同胞，皆吾一體，孰非當敬愛者。愛敬眾人，即是愛敬聖賢。能通眾人之志，即是通聖賢之志。」

（3）成人之美

「凡見人行一善事，或其人志可取而資可進，皆須誘掖而成就之。或為

之獎借，或爲之維持，或爲白其誣而分其謗，務使之成立而後已。」

按：以上三項皆是儒家道德哲學所強調的觀念。「愛敬之心」是儒者「仁心」的基礎，「與人爲善」則是孟子大力推崇的善行，〔註37〕因爲它表現出君子廓然大公、成功不必在我的胸懷；「成人之美」〔註38〕實即「與人爲善」之一具體表現。了凡除了推崇這樣一種「天下爲公之度」之外，亦因基於對一般人性的了解，而教導人們「處末世」的智慧，使「與人爲善」的善心，得以順利達到其效果。

（4）勸人爲善

「凡與人相處，當方便提撕，開其迷惑。……韓愈云：『一時勸人以口，百世勸人以書。』較之與人爲善，雖有形跡，然對症發藥，時有奇效，不可廢也。」

按：了凡爲善之重視效果，而不拘形式，由此可見。其言勸人爲善，「較之與人爲善，雖有形跡」，然而他重視的是「時有奇效」，故不必以其著於形跡而廢。他著書以勸人行功過格，便是其所謂「勸人爲善」的具體表現了。

（5）救人危急

「患難顛沛，人所時有，偶一遇之，當如痌瘝之在身，速爲解救。或以一言伸其屈抑，或以多方濟其顛連。崔子曰：『惠不在大，赴人之急可也。』蓋仁人之言哉！」

（6）興建大利

「小而一鄉之內，大而一邑之中，凡有利益，最宜興建。或開渠導水，或築堤防患……隨緣勸導，協力興修。」

（7）捨財作福

「釋門萬行，以布施爲先。所謂布施者，只是捨之一字耳。達者內捨六根，外捨六塵，一切所有，無不捨者。苟非能然，先從財上布施。世人以衣食爲命，故財爲最重，吾從而捨之，內以破吾之慳，外以濟人之急。」

按：以上三項皆是十分具體的善行義舉，在古代社會中，對貧苦急難者的救助，以及鄉里間的公共建設，往往要靠如了凡一類的鄉紳階級來推動，在此對於鼓勵鄉紳富豪回饋地方，應有其積極作用。

〔註37〕《孟子·公孫丑上》第8章：「君子莫大乎與人爲善。」
〔註38〕《論語·顏淵》第16章：「君子成人之美，不成人之惡，小人反是。」

（8）護持正法

「凡見聖賢廟貌，經書典籍，皆當敬重而修飭之。至於舉揚正法，上報佛恩，尤當勉勵。」

按：此則強調敬奉三教聖賢經典，亦是善行。如今日世人亦往往以助印善書、捐款修廟為積功德，由此可知此一觀念由來已久。

（9）敬重尊長

「家之父兄，國之君長，與凡年高德高位高識高者，皆當加意奉事。……此等處最關陰德。試看忠孝之家，子孫未有不綿遠而昌盛者。」

按：敬老尊賢是傳統社會所強調的道德規範，自亦是「善行」，在此亦可看出了凡對傳統道德的承繼與維護。

（10）愛惜物命

「凡人之所以為人者，惟此惻隱之心而已，求仁者求此，積德者積此。……前輩有四不食之戒：謂聞殺不食，見殺不食，自養者不食，專為我殺者不食。學者未能斷肉，且當從此戒之。……不特殺生當戒，蠢動含靈，皆為物命。求絲煮繭，鋤地殺蟲，念衣食之由來，皆殺彼以自活。故暴殄之孽，當與殺生等。至於手所誤傷，足所誤踐者，不知其幾，皆當委曲防之。」

按：由了凡戒葷的主張，可看出他雖持三教合一之論，實為一虔誠的佛教徒，因儒家、道教並無此戒律。雖然他基於勸善之心，希望人們皆能愛惜物命，不吃肉類，然而他亦知並非人人皆能做到，因此提出「四不食之戒」，以漸進的方式誘導世人，由此亦可看出其順應世俗的傾向。

當然，「善行無窮，不能殫述」，但「由此十事而推廣之，則萬德可備矣」。故亦可以由此了解了凡道德觀的要旨了。

（四）謙德之效

經〈立命之學〉的現身說法，以及〈改過〉、〈積善〉兩篇正文的演述，本書的主要思想，大抵皆已表明，然而〈舊序〉所謂：「此文以謙始，以謙終，而未明提一謙字，故以〈謙德之效〉為終篇。」故〈謙德之效〉文雖不長，對於全文仍有畫龍點睛的作用，以下簡單介紹其內容：

本篇首先舉數例言「每見寒士將達，必有一段謙光可掬」，以證「此心果謙，天必相之」，「謙」能受益之理；亦點明前文所言「改過」、「積善」，而能獲福報者，皆須有顆謙虛的心靈。〈舊序〉所謂：「惟謙者肯反躬自省，惟反省能自訟

其過，惟自訟庶改過不吝，惟改過斯善事眞切，惟善眞然後可以立命」是也。

其次又藉道者之言曰：「造命者天，立命者我，力行善事，廣積陰德，何福不可求哉。」「善事陰功，皆由心造，常存此心，功德無量。且如謙虛一節，並不費錢……。」再次強調「命由我作，福自己求」，善修此心之理。了凡前已再三強調爲善只要誠心，不拘所施多寡，而此一「不費錢功德例」的提出，更使了凡勸善的對象，不止於有能力「興建大利」、「捨財作福」的鄉紳階級，而更徹底及於貧苦大眾。〔註39〕

最後，再告誡世人：「舉頭三尺，決有神明。趨吉避凶，斷然由我。須使我存心制行，毫不得罪於天地鬼神。而虛心屈己，使天地鬼神，時時憐我，方有受福之基。……況謙則受教有地，而取善無窮，尤修業者所必不可少者也。」一方面點明篇名所謂「謙德之效」，更重要的是強調了本書對於因果報應及天地鬼神的信仰，此將在下文詳加分析。

三、《了凡四訓》之思想要旨

《了凡四訓》人多稱之爲「改變命運之寶鑑」，〔註40〕綜觀其內容，吾人或可歸納其改變命運的關鍵，實在於「積德（善）徼福」四字，環繞此一主題而來的，其主要思想約可分作下列幾點說明：

（一）因果報應觀

對佛教因果報應觀念的深信，可以說是《了凡四訓》一書的思想基礎，若不相信善惡有報，則所謂「積德徼福」，皆爲無根之論矣。因此書中再三強調此一觀念，尤其本著勸導世人勵行功過格的立場，對於積善者必受福報更是多方引證之。除了詳述他本身因勵行功過格而登科、得子、延壽的實例外，在〈積善〉篇中更「首敘往事十條，以證因果不爽」，以強化世人對於「善因必得善果」的信念。而在此一「因果報應」的前提下，尚有兩個特別被強調的觀念，一是「命由我作，福自己求」，二是對天地鬼神的信仰。以下分別說之：

1. 命由我作，福自己求

就佛教的因果觀念來說，所謂「若問前生因，今生受者是；若問來世果，今生作者是。」因此凡人不能不受前世之因果所限，雲谷自不能否認這點。然

〔註39〕了凡不費錢功德例之介紹請參見前第二章第二節。
〔註40〕《了凡四訓》尤雪行注本封面。

而佛教的因果觀，並不等於宿命論，〔註41〕這也是雲谷功過格思想中所要強調的：「今生」不全然只是被動承受前世之因果、只能寄望來世的報償而已，透過自身的努力，「今生」的命運便可改變、福報亦可求得。而努力的方向，一在於自己內心的修養，所謂「善事陰功，皆由心造，常存此心，功德無量」；一在於「力行善事，廣積陰德」，透過功過格的記錄，而能日日遷善改過，積功累行，則「求富貴得富貴，求男女得男女，求長壽得長壽」，「何福不可求哉！」

在《了凡四訓》中，雖然同時言「改過」與「積善」，且未言「積善」，先言「改過」，但就因果報應中所謂「善有善報，惡有惡報」的理念來說，本書強調的實在於前者而非後者。對於人若造過（或有過不改）所得的業報，雖也有「明則千年擔負惡名，雖孝子慈孫不能洗；幽則千百劫沉淪獄報，雖聖賢菩薩不能援引」的警惕，但大部分談改過時，主要用意是在避免「以過折功」，故其重點實在於「積善」。然而其特別強調「命由我作，福自己求」，積善造福的觀念，顯然是較單純的「善有善報，惡有惡報，不是不報，時間未到」的因果報應觀，更加地積極而樂觀些。〔註42〕

2. 對天地鬼神的信仰

所謂「善有善報，惡有惡報」，除了由自身的行為決定之外，《了凡四訓》中尚強調「天地在上，鬼神難欺」，天地鬼神對於人的行為瞭如指掌，「雖過在隱微」，亦鑒臨之；而依據人們行為的善惡，天地鬼神自會給予其相當的報償或懲誡。因此了凡在〈改過之法〉中特別強調對天地鬼神的敬畏，以天地鬼神之無所不知，警惕人們不可心存僥倖，有過不改；然而更積極的方式，則須「存心制行，毫不得罪於天地鬼神」，方能避免天地的懲罰。

然而，與強調「命由我作，福自己求」一貫的，對於天地鬼神的信仰，本書的重點亦在於其「賞善」而非「罰惡」。如〈積善〉篇所言「往事十則」，

〔註41〕張曼濤主編：《佛教根本問題研究（二）》（臺北：大乘文化出版社，1978 年），對佛教因果業報之問題有詳盡的探討。其中如智莘：〈業是什麼〉一文，便對「業」之非「宿命論」之不可變更，提出「自由意志」之觀念，亦即人得以憑自己的努力，改變以往所作之果（頁 22）。

〔註42〕酒井忠夫以為了凡之因果報應思想乃同時以佛、儒之思想為根底（《中國善書の研究》，頁 338），或許便是其更為積極樂觀的原因之一。然此處須分辨的是，儒家思想中雖有《易經》言：「積善之家，必有餘慶」之類，類似因果報應之理論，但後世儒者所強調的，只是「修身以俟命」，並不預期必有善報，因此若說了凡因果報應思想受儒者「積極精神」之啟發而與佛家之說有所不同，是可言之成理，但若說儒家本身有「因果報應」思想給予其影響，則似曲解了儒家精神。

行善者便往往有鬼神之助。而因天地鬼神能知人所不知，因此對其賞善之原則，亦特別強調人所不知之處。如言「凡爲善而人知之，則爲陽善；爲善而人不知，則爲陰德。陰德天報之，陽善享世名。名亦福也，名者造物所忌，世之享盛名而實不副者，多有奇禍。人之無過咎而橫被惡名者，子孫往往驟發」即是。又如人往往就外在表現評其價值，人之誠心，則在內而不易見，其言「貧賤作福者難，難而能爲，斯可貴耳」，「故天降之福亦厚。」所重者亦在其內心之誠而報之。故所謂「不費錢的功德」，亦在天地鬼神對「陰德」的「厚報」上，成爲可貴的善行。因此人須從內心修養作起：「虛心屈己，使天地鬼神，時時憐我，方有受福之基。」

　　綜合以上兩點，《了凡四訓》所強調的因果報應觀可由〈謙德之效〉篇中的兩段話來概括，即：「舉頭三尺，決有神明。趨吉避凶，斷然由我。」原始佛教的因果報應強調的，應是眾生輪迴，皆因其業報所致，惟有勘破生死，方能免於因果輪迴，因此在輪迴之內的眾生，追求所謂「福報」，實亦不明佛教所言之「空理」，故了凡「徼福」的觀念，實表現了其思想中世俗化的傾向。然而佛教所說的因果輪迴，雖不看重「命由我作，福自己求」的觀念，也尚可說涵括此意；但是本書的報應觀中，所強烈表達的、對天地鬼神的敬畏，則不能不說是受道教與民間信仰的影響了。〔註43〕

　　此外，尚可討論的一點是，蕭世勇認爲：「功過格本來是以神權爲後盾的律法，袁黃的功過格也不例外，建基於超自然的報應」，但了凡功過格「承襲雲谷法會的原則，避重就輕的特意加強主體的自律精神，由本於調合宇宙間各種利益的心態，逼迫己身去反省自我人品的問題，透過客觀的觀察，產生『自知罪福』的自我判斷，不必去仰賴於神秘不可知的鬼神力量，其步驟是漸進的。在於穆不已的反省之中，自覺地實踐外在生活規範的要求，以內化本心的道德創造性，逐漸純化自己的生命。……經由加強主體的自律精神，使超自然報應的神性色彩消退。」〔註44〕筆者則以爲，了凡的理論，固然不忘強化主體的自律精神（見下文「對心與無心的強調」），然而在「自知罪福」的過程中，究竟是脫離了對鬼神的依賴，或是其本身便是在深信因果與鬼神的前提下方有此自信？故了凡對「心」或說「主體」的加強，是否便「使超自然報應的神性色彩

〔註43〕釋聖嚴亦指出了凡「分明是以道教的神仙信仰爲基礎而來修學佛法的。」（《明末佛教研究》，頁242）
〔註44〕《袁黃的經世理念及其實踐方式》，頁126。

消退」，以本書對天地鬼神賞善罰惡的必然性的多次強調，筆者恐不能贊同蕭氏之說。然而在主體與神性同時受到重視的情況下，是否代表某些不可避免的矛盾，或有其他的意義，或許在與儒家哲學之比較之後，亦可再作進一步探討。

（二）強調「心」與「無心」

1. 對「心」之強調

了凡本具濃厚的心學傾向，而雲谷引六祖所言「一切福田，不離方寸。從心而覓，感無不通」，以證「命由我作，福自己求」，亦顯示出對於「心」的重視。道德修養須從「心」作起，在〈改過之法〉有明白的表示，所謂「改過者，第一要發恥心」、「第二要發畏心」、「第三須發勇心」，「發心」實是從事改過的第一要務；而改過的究竟法門更是所謂「過由心造，亦由心改。」「過有千端，惟心所造。吾心不動，過安從生？」「大抵最上者治心，當下清淨。纔動即覺，覺之即無。」凡此皆可見了凡對「心」之掌握。

然而如前所說，本書的重點在於「積善徼福」，除了改過須從心上改，積善則更不能不端正其心，所謂「凡欲積善，決不可徇耳目，惟從心源隱微處默默洗滌」是也。而了凡對於積善所重視之「心」，約可分以下數項說之：

（1）公　心

如辨明善之真假，了凡曰：「人之行善，利人者公，公則為真；利己者私，私則為假。」辨明善之大小，則曰：「志在天下國家，則善雖少而大；苟在一身，雖多亦小。」所謂「凡日用間，發一言，行一事，全不為自己起念，全是為物立則，此大人天下為公之度也。」有這樣一種大公無私的精神，才是真正的行善。然而人往往難免私心，了凡則教以布施，以為「最可以蕩滌私情，祛除執吝」，從「始而勉強，終而泰然」的布施過程中，所要培養的便是此廓然大公的胸懷。

（2）誠　心

幻余禪師說：「善心真切，即一行可當萬善。」所謂「真切」，即在於內心之誠，了凡亦在多處闡明發自內心真誠的可貴。如謂善之真假，曰：「根心者真，襲跡者假。」論善之端曲，曰：「純是濟世之心則為端，苟有一毫媚世之心則為曲；純是愛人之心則為端，有一毫憤世之心則為曲；純是敬人之心則為端，有一毫玩世之心則為曲。」謂善之半滿，則舉貧女布施二文與富貴後施錢千金，「千金為半，而二文為滿」，所別即在於「前者物雖薄，而施心

甚眞」也。以誠心來評判所積之善，則行善固不只於富者所能爲，對於鼓勵一般人行善，自有極大的正面效果。

（3）愛敬之心

在「根心者眞」的前提下，了凡更特別強調「愛敬存心」本身即是行善。此處自不脫傳統儒者對「仁」心的闡揚，所謂「『君子所以異於人者，以其存心也。』君子所存之心，只是愛人敬人之心。蓋人有親疏貴賤，有智愚賢不肖，萬品不齊，皆吾同胞，皆吾一體，孰非當敬愛者。愛敬眾人，即是愛敬聖賢……。」若將愛敬之心化爲具體待人處世的行爲，了凡最強調、亦是傳統倫常觀念最重視者，則在於「敬重尊長」而「加意奉事」，了凡且謂「此等處最關陰德」，可見其警惕勸勉之意。而「愛敬聖賢」之具體善行，則在於「凡見聖賢廟貌，經書典籍，皆當敬重而修飭之。至於舉揚正法，上報佛恩，尤當勉勵。」此外，了凡推擴此愛心亦強調「愛惜物命」，雖未要求人人吃素，但其意亦相去不遠，戒殺生的觀念，自亦是從佛教而來。

（4）虛　心

本書以〈謙德之效〉爲終篇，對「謙虛之心」的重視自不言可喻。而謙虛之心不單本身即是「受福之基」，亦是行善時之一重要法門，此即「與人爲善」條所說：「吾輩處末世，勿以己之長而蓋人，勿以己之善而形人，勿以己之多能而困人。收斂才智，若無若虛。見人過失，且涵容而掩覆之，一則令其可改，一則令其有所顧忌而不敢縱。見人有微長可取，小善可錄，翻然舍己而從之，且爲艷稱而廣述之。」若能以此態度待人接物，善行自能圓滿，此亦是「處末世」者了解世情之智慧表現。

了凡對「心」的強調，一方面表現其對行善動機之純粹的重視，另一方面，由於強調誠心、虛心……即是善，即是天地厚報之的「陰德」，亦使其「善」成爲不在乎貧富、人人皆可從事的修行，而擴大其勸善的範圍。

2. 對「無心」之強調

由上所述，可知了凡無論對於改過積善，皆極強調「心」的地位，但此僅是了凡心學觀念之一層次，其對於「無心」之強調，則又是另一層次。

首先，必由對「無心」的強調，方可充分見其對前述所言之「心」的重視。了凡辨明善之眞假有曰：「無爲而爲者眞，有爲而爲者假。」「無爲」便是「無心而爲」，所「無」的對象，即前文所述與「公心」相對的「私心」，

與「誠心」、「愛敬之心」相對的「媚世」、「憤世」、「玩世之心」,「無」掉這
些雜念相纏之心,方能保證其善心善行之純粹。

其次,就眞正圓滿的「善」而言,「無」掉這些雜念相纏之心的境界還不
是究竟之道,必要將想行善積功的心都「無」掉,其心才是眞正的清淨,如
其分辨善之「半滿」所言:「爲善而心不著於善,則隨所成就,皆得圓滿。心
著於善,雖終身勤勵,止於半善而已。譬如以財濟人,內不見己,外不見人,
中不見所施之物,是謂三輪體空,是謂一心清淨。……倘此心未忘,雖黃金
萬鎰,福不滿也。」便充分說明「無心」爲善方爲圓滿之善。

了凡此一觀念,亦自雲谷的教訓而來,所謂「凡祈天立命,都要從無思
無慮處感格」,「無思無慮」便是「無心」。此外他又解釋孟子的「修身以俟之」,
說:「曰『修』,則身有過惡,皆當治而去之;曰『俟』,則一毫覬覦,一毫將
迎,皆當斬絕之矣。」「覬覦」、「將迎」皆是「有心」,皆是雜念相纏,亦皆
是「心著於善」,因此「皆當斬絕之」,而達到「無心」、「不動念」的境界。

此外,以了凡與王門心學的接觸來看,他對龍溪所謂「心是無善無惡之
心,意亦是無善無惡之意,知亦是無善無惡之知,物亦是無善無惡之物」之
「四無說」,亦應有所領會。龍溪之「四無」,可分體、用兩方面來了解:就
體來說,「無」乃表示「超越之體」之不可指認,此「超越之體」既爲善惡之
所以爲善惡之標準,不能再以善或惡名之,故「無」乃遮詮之詞,所謂「無
善無惡」實乃表超越之體之「至善」;就用來說,「無」乃帶動詞性之「無作
無執」之「無」,「無善無惡」則在化除對心、意、知、物之造作執著,使歸
於如實如實。〔註45〕然而,雲谷教導的「無思無慮」,與了凡所稱的「心不著
於善」,則僅著重在「用」之一面,亦即強調在爲善的工夫上,須排除一切念
想造作,主要在工夫上言至善之「境界」;至於儒者尙在「本體」義上建立超
越之體的至善,由於了凡對「心」之體悟,主要得自佛家的「當知此心,畢
竟空寂」,因此「四無」說「體」的部分,似未爲了凡所探討。〔註46〕

牟宗三先生曾謂:「無」的境界是儒釋道三家之「共法」,〔註47〕了凡出
入三教,而與王門心學論者相善,對於「心」的重視與對「無心」境界的體

〔註45〕 王財貴:《王龍溪良知四無說析論》(臺北:臺師大國文所碩士論文,國硏所
        集刊第 35 號,1991 年),頁 48。
〔註46〕 了凡實未能建構其道德主體,在與蕺山之比較後,將再作進一步之探討。
〔註47〕 牟宗三:《中國哲學十九講》(臺北:學生書局,1983 年)五~七講。

悟，自不令人意外。然而在強調「心不著於善」的同時，卻又強調如此方「可以種無涯之福」，在「無心」與「徼福」之間，似乎無可避免地令人感到矛盾。以下便說明了凡對於「善」與「福」的一種講求實利的傾向。

（三）重視實效〔註48〕

前文曾說，《了凡四訓》的主題在於「積善徼福」，因此在探討本書時所不能不探討的兩個觀念，便是了凡對於「積善」所謂的「善」；以及「徼福」之「福」，究竟如何看待，必須作一澄清。由上述可知，了凡強調「誠心」、「愛敬之心」、「虛心」本身即是善行，但綜觀全篇，可發現了凡更重視所行之善所能達到的效果；此外對於積善所得之「福」，更可明顯看出其功利的傾向。以下分別說明：

1. 對「善」一觀念講求實效的傾向

雖然了凡極重視「心」之眞誠，並深信「善心眞切，一行可當萬善」，然而同樣的誠心，則不能不謂其善行所能達到的效果。了凡所以要強調「窮理」的重要，亦正在於了凡對所做善行須能達到具體正面的效果之重視，所謂「爲善而不窮理，則自謂行持，豈知造孽」。徒有善心，並不能保證所行皆善；而心雖不誠，但其行若亦能達到善的效果，了凡也不會全然否定。

如他論善之是非說：「人之爲善，不論現行，而論流弊。不論一時，而論久遠。不論一身，而論天下。現行雖善，而其流足以害人，則似善而實非也。現行雖不善，而其流足以濟人，則非善而實是也。」對於善行所達的效果，尚不只於眼前，而更注意其長久以往有無流弊；又如論善之偏正則說：「善者爲正，惡者爲偏，人皆知之。其以善心而行惡事者，正中偏也；以惡心而行善事者，偏中正也。」有善心仍可能導致壞的結果，惡心則亦可能有善行的效果，在此了凡詳加辨析，除了是對欲行善事者的提醒之外，對惡心者仍許其偏中有「正」，亦可見了凡乃輔之以「效果」，而不止以「動機」論之。（當然，在此了凡自然沒有獎掖惡心而行善事者之意，此處了凡所要提醒的應是

〔註48〕所謂「重視實效」實可用另一個大家更熟悉的專有名詞——「功利主義」來表示。然而在一般的用法中，功利主義往往帶有與道德相對的貶義，有自私自利的意味。了凡功過格思想中最爲人所詬病的，亦即在他對福報的追求上表現出爲功利而行善的傾向；然而「功利主義」做爲倫理學的「目的論」一派，它可以是中性而非貶義的，其理論多以追求「公利」爲其目的，了凡對「善」的要求，頗與目的論相類，在此爲避免混淆，暫捨「功利主義」一詞，而以「重視實效」涵括了凡對「善」的主張與對福報的追求。

吾輩對他人的行為，應從更全面的角度來作評價，此亦「窮理」的態度。）

了凡強調為善須「窮理」，亦可見其對善「心」以外之知識輔助，表現出正面之肯定與重視。雖然若從了凡「窮理」的條目來看，其「真假」、「端曲」等，多仍就「善心」是否純粹來辨明其理，亦即仍在言「德行」之理，而非言「聞見」之知識。然而就現實來看，為善要避免流弊、避免以善心來行惡事，「知識」的判斷，絕對是必要且為博學的了凡所正視的。就其所舉之例來說，如論善之「真假」，言「有益於人，則毆人詈人皆善也；有益於己，則敬人禮人皆惡也」；論善之「是非」，舉孔子贊揚子路救人而受牛、否定子貢救人卻不受金為例，因為施恩不望報雖是，但恐使後人因無賞便不樂救人則為非；論善之「偏正」，以饒恕醉者犯己，之後醉者卻犯死罪入獄之例，顯示寬恕可成姑息，善心可能行惡……，凡此皆可看出徒據「善心」是不夠的，要保證其善行的結果不會扭曲、沒有流弊，對於事理的認知，甚至助人的技巧（是否在恰當時候亦須「毆人詈人」），應皆在了凡所謂「窮理」的範圍之內。勞思光曾評論王陽明「只重視道德意志如何顯現、如何貫注行為等問題，而不重視由道德意志落至具體道德行為上所需之知識或了解問題。陽明自不能否認具體道德行為必涉及所關之事理，否則無由獲得內容，然而陽明不願深究此一段落中之特殊問題，而只認為事理甚簡而易知，似不成為大問題。」〔註49〕然而了凡則顯然十分重視除「道德意志」（就了凡而言為「心」——善心）之外，尚有必「窮」之「理」，且唯真知此類事理，方能保證其道德行為之有效性。

除了多方說明為善不徒論其善心，而必論其結果之外，了凡更詳加舉例如何以具體的行為力行善事，造福他人。如言「與人為善」、「成人之美」，皆強調「務使之成立」的具體效果；又如論「勸人為善」時說：「韓愈云：『一時勸人以口，百世勸人以書。』較之與人為善，雖有形跡，然對症發藥，時有奇效，不可廢也。」「雖有形跡」是就境界言之，似有不足，但了凡重視的是「時有奇效」，只要行善能達到具體的效果，自比境界云云更加重要。不單如此，對於他人具體的需要，能夠予以適時的幫助，更是了凡所強調的善行，如「救人危急」、「捨財作福」皆是，除了對個人急難之救助外，對於鄉里間的「公共建設」，大利所在，若能為之興建，更是善行義舉。

總之，了凡論「善」不僅是就心性而論，如何擴充自己的善心而為善行、且此善行能確實達到助人濟人的實質效果，無疑是了凡更加重視的。

〔註49〕《中國哲學史·三上》，頁 415。

2. 重視科舉功名及後嗣昌盛之福報

對所謂的「福」(或説「幸福」)的定義,應該是因人而異的,但《了凡四訓》所謂的「福」卻很單純,幾乎都是科舉登第(或自身或子孫),以及得賢孝子孫、後嗣不絕一類;還有一個比較次要的(極少被強調),則是延年益壽。

試看了凡自述奉行功過格的效驗,是先求登科、後求子、後中進士,所求與所得的福報都不出科舉功名及後嗣兩類,另外「未曾祈壽」(可見較不重視),而壽命亦得延長。再看「往事十則」所言的積善之效,幾乎都是行善積德,則命中無子者可獲麟兒,更重要的是其子孫都能科舉登第,且任高官顯爵;而〈謙德之效〉所言之「效」,更無一不是登第中式。又如勉人「敬重尊長」,言「此等處最關陰德」,其福報亦是「試看忠孝之家,子孫未有不綿遠而昌盛者」。凡此皆可看出其所謂「福」主要在於功名與後嗣昌盛兩項,皆不脫功利的追求。

在傳統社會中,所謂「不孝有三,無後為大」的觀念本是根深柢固的;而科舉得第則更是「萬般皆下品,惟有讀書高」的時代下,人們所期盼嚮往的。尤其在晚明科舉名額「僧多粥少」的情況下,得第已不是單純的個人才能高下所能決定,因此而有「中全要命,命不該中,文雖工,無益也」〔註50〕的思想,其受民間深信,想亦不是了凡之書出後才有的狀況;而得不得子,在今醫學昌盛的時代,猶不可全然掌握,更何況明代,因此歸之於命,亦為一般普遍的思想。針對一般民眾對科第與子孫的追求,《了凡四訓》以積善則必能獲此福報的保證,來鼓勵人們行善的決心,亦可看出《了凡四訓》世俗化的性格。

當然,為勸善而說之以功利,亦可說此乃是一「方便法門」,〔註51〕並非究竟,則其功利傾向,似亦無可厚非。且雲谷亦強調不可有「一毫覬覦」、「將迎」,亦在破除人們為了功利而為善之心。然而了凡書中再三地將登第生子作為積善的必然保證,且連「敬重尊長」皆同時因「最關陰德」而被強調時,人們奉持功過格而行道德,要如何避免「覬覦」、「將迎」的功利追求,實在

〔註50〕 〈謙德之效〉,道者言。

〔註51〕 〈立命之學〉雲谷曰:「即如生子,有百世之德者,定有百世子孫保之;有十世之德者,定有十世子孫保之;有三世二世之德者,定有三世二世之德者保之;其斬焉無後者,德至薄也。」下尤雪行《集註》曰:「此方便法語。世俗恆情,以無後為可恥之事,雲谷借此意以勵了凡努力修德耳。出世聖賢,以絕欲斷愛為去惑轉智超凡入聖第一修功。」

令人存疑。了凡功過格思想中最受儒者批評的亦主要在此；其中具有代表性的批評者便是劉蕺山，此將於後文探討。

第二節 《菜根譚》之版本、作者及其思想特色

一、《菜根譚》之版本、作者及其寫作背景

（一）《菜根譚》之版本、作者與流傳概況

目前坊間流行的《菜根譚》有兩種版本，一標洪自誠著，是日本內閣文庫昌平阪學問所本，分為前後二集（下文稱之為「前後集本」），內有于孔兼的題詞；一標洪應明著，有乾隆卅二年三山病夫的序，分修省、應酬、評議、閒適、概論五項（下文稱「分類本」）。兩種版本的流傳皆頗為廣泛。

《菜根譚》之得以廣泛流傳，佛教人士的功勞極大。據分類本前三山病夫的序，這本書是佛教徒來琳刻印的。來琳聽教於不翁老人，老人取《菜根譚》授之，並告訴他說：「其間有持身語，有涉世語，有隱逸語，有顯達語，有遷善語，有介節語，有仁語，有義語，有禪語，有趣語，有學道語，有見道語。詞約意明，文簡理詣。設能熟習沉玩而勵行之，其於語默動靜之間，窮通得失之際，可以補過，可以進德，且近於律，亦近於道矣。」而釋聖印刊《菜根譚講話》（前後集本）則稱本書：「集結儒釋道各派的精華，冶於一爐，誠為曠古稀世之奇珍寶訓。」皆對之推崇備至；另外，道教人士亦極推崇本書，如《叢書集成續編》將它列入「道教雜書」中，〔註52〕書前有乾隆五十九年遂初堂主人的序，言：「余過古刹，於殘經敗紙中，拾得《菜根譚》一錄，繙視之，雖屬禪宗，然於身心性命之學，實有隱隱相發明者……」，〔註53〕凡此皆可見《菜根譚》之思想受宗教界之肯定、及其「善書」之性質。除此之外，一般讀者視之為談精神修養的著作，學者則視之為晚明清言小品中的代表性作品，各大書局之翻印亦不計其數。然而，在宗教界、出版界熱烈傳播本書的同時，對於《菜根譚》的作者——洪自誠或洪應明，卻都表示了「無從稽考」的遺憾。

關於《菜根譚》的作者——洪應明與洪自誠之關係，根據《四庫提要》「仙

〔註52〕《叢書集成續編》第 47 冊。

〔註53〕雖然宗教界人士對《菜根譚》皆極為肯定，然其推崇是否過當，甚至有所誤解，則須再商榷，如此處遂初堂主人以之為「禪宗」，便是一大誤解。關於《菜根譚》之思想性格下文將再詳加辨析。

佛奇蹤」一條記載：「明洪應明撰。應明字自誠，號還初道人，其里貫未詳。是編成於萬曆壬寅……」，〔註 54〕可知洪自誠即洪應明，二者實爲一人。〔註 55〕但關於作者的生平事蹟，可查考的史料不多。除了根據《四庫提要》，知作者爲萬曆間人之外，由前後集本中于孔兼的題詞，自言「友人洪自誠者，持《菜根譚》示予，且丐予序。」則亦可知洪自誠與于氏同時。根據《明史》的記載，〔註 56〕于孔兼爲江蘇金壇人，萬曆八年（西元 1580 年）進士，至萬曆廿七年（西元 1599 年）被謫爲安吉判官，遂投牒歸里，此後家居二十年。他的題詞中有「逐客孤蹤，屛居蓬舍」等語，可以斷定爲居家時所爲，因此《菜根譚》大約是萬曆三十年間（西元 1602～1612 年）的作品。〔註 57〕

　　本書流傳到了清朝，先後有石惺齊的《續菜根譚》二卷，劉子載的《吾家菜根譚》二卷等續書，五項分類本也是在清乾隆三十三年時再重新刊刻的。〔註 58〕此後流傳於民間的版本，大都爲分類本，如《叢書集成續編》、《筆記小說大觀》等叢書所收者皆是。然而民國以來，前後集本由學者自日本攜回後，〔註 59〕學者便以之爲正宗，其流傳漸廣，亦較分類本受學者肯定。

　　雖然這兩種版本的作者標示爲同一人，但內容卻十分不同。分類本前三山病夫的序文中，對於重刻的過程，僅言因「紙朽蟲蠹，原版無從稽得」，於是「命工繕寫，重爲刊刻」，並未明白表示對於原來的版本曾作過重新分類整編的工夫；然而分類本除了概論的文句大多出現於前一個本子外，其他在內容、章句上則有很大的差異。〔註 60〕一般學者在研究《菜根譚》之思想內容時，皆以「前後集本」爲準，除了因前後集本有于孔兼的題詞，可證明其來源較古之外，另分類本中羼雜了清朝石惺齊《續菜根譚》中的語句，亦可作

〔註 54〕　《四庫全書總目提要及四庫未收書目禁燬書目》第三冊，總頁 3002，〈子部・小說家類存目二〉，臺灣商務印書館。

〔註 55〕　另外，就名與字的關係來說，《中庸》曰：「自誠明，謂之性。」「自誠」與「應明」，亦應爲同一人之名、字。

〔註 56〕　《明史》卷二三一，頁 649。

〔註 57〕　參見鄭志明：〈菜根譚的時代背景〉，《菜根譚》（臺北：金楓出版社，1988 年），頁 231～232。

〔註 58〕　三山病夫〈重刊菜根譚原序〉：「惜是書行世已久，紙朽蟲蠹，原版無從稽得，於是命工繕寫，重爲刊刻。」文後標明之年月爲「乾隆三十三年中元節後三日」。（《乾隆本菜根譚》，臺北：老古文化事業公司，1992 年）

〔註 59〕　孫鏘：〈校印菜根譚序〉，《菜根譚前後集》（臺北：老古文化事業公司，1986 年）。

〔註 60〕　鄭志明：〈菜根譚的時代背景〉，頁 231。

爲分類本爲後人重新編纂的證據。〔註61〕

由於兩種版本流傳皆廣，因此若要探討其思想與世俗道德之關係，僅憑前後集本爲其原貌而採用之，似乎仍嫌偏頗；然而，因本論文對世俗道德之探討以「晚明」時期爲準，故採用前後集本仍是較合宜的；再者，分類本雖然只有在〈概論〉部分的文句與前後集本大致相同，然而〈概論〉內容約佔全書之半，因此即以前後集本爲準，亦可相當程度地反映分類本之思想，故本論文之研究逕以前後集本的內容爲準據。

（二）《菜根譚》之寫作背景

《菜根譚》之作者生平，既難以查考，無法從其人之生平思想，探討本書之思想源頭，故只能從其成書之時代背景，窺知其書的內容風格。

本書之寫作，時當晚明。晚明之政治狀況與社會風尚，如前所述：政治腐敗，黨爭紛起，知識分子對政壇多有疏離感，甚且多有厭世歸隱之心。一群在科考中失敗，因而遠離政壇的文人，一方面以隱逸自高其志，一方面投仕紳大夫之所好，表現優游山水之趣味；不但受仕紳大夫的推重，且在市民間造成山人崇拜的風潮。而晚明江南社會的富庶繁華與侈靡之風，亦對晚明文人造成影響，使其在厭離政治現實，轉而關注一己之生命後，藉著陽明後學混情識爲良知之說，除了追求生活中的美感趣味，更走向了享樂乃至縱欲之路。然而在這樣遠離塵俗、追求山林之趣的生命型態中，晚明文人亦不能不以傳統儒釋道三教的智慧，作一道德判斷的依據，來指引（或解釋）自己的行爲，並尋求一安身立命之道。因此，處世的智慧，便成爲晚明文人的小品寫作中，經常出現的課題。而揉合三教、反映並反省當時社會狀況，則是這類小品的共同特色。這類作品，曹淑娟稱之爲「清言小品」，〔註62〕鄭志明則稱之爲「處世小品」，〔註63〕而《菜根譚》便是其中具有代表性的一部著作。

《菜根譚》既屬晚明之清言小品，則欲了解《菜根譚》，便不能不從晚明清言小品之寫作風格與特色來理解。曹淑娟分析：

　　（晚明性靈小品）有些作品本起於惕勵心性的動機，而同時極易轉
　　成才性的逞露、美感的追尋，從清言小品中最可見出這種特性。明
　　末清初，在三教合一的風氣下，民間善書大量流通，以勸誡百姓去

〔註61〕見釋聖印之《菜根譚講話·前言》（臺中：國際佛教文化出版社，1965年）頁3。
〔註62〕《晚明性靈小品研究》，頁207。
〔註63〕鄭志明：〈菜根譚的時代背景〉，頁232。

惡從善，文人往往也有類似用意的文字撰作，抒發處世經驗的感悟，自警亦以警人，而形成一系清言作品。它們與民間善書同在勸善警惡的大原則下，有不同的表現：（甲）民間善書不避俚俗直接的陳述方式，清言則有較精緻整鍊的文字形式。（乙）清言並不嚴守德性善惡的判斷，往往偏向生活美感的安排。〔註64〕

故若要詮說「清言」二字的含義，宜同時取其德性之清與才性之清來理解。〔註65〕

由曹文之分析，吾人可知清言小品的寫作，乃明末小品作家因民間善書的影響，另以精緻整鍊的文字，抒發其處世經驗，以勸善警惡；然因易轉成才性的逞露、美感的追尋，故往往並不嚴守德性善惡的判斷，而混雜對才性之品鑑。──此自不脫晚明文人混同性情之影響。

另外，對於清言小品所以受歡迎而作為善書流傳，龔鵬程則分析：

這種小品……基本上正是作者以文字來安撫、指導、教化、觀賞自我的心靈工程。……但從另一方面說，這類文字，既已成為一語言成品，他便不再只是作者的內在獨白，它也具有傳播、表達、以及溝通、指導、影響他人的功能。故發洩感情、或教化、安頓自我者，同時也可以安頓、教化他人。此即《菜根譚》這類書為什麼又被目為『善書』、其文字為什麼又會成為『諺語』的緣故。〔註66〕

雖然「安頓自我」與「教化他人」之動機與目的看似不同，但在傳統士人「獨善其身」不忘「兼善天下」的懷抱中，遠離政壇的士人若能以文字達其「勸善教化」之功，則亦未嘗不是其所以「安頓自我」的方式之一。

以上略述《菜根譚》之時代背景，與其時清言小品之寫作風格，由此可再進一步分析《菜根譚》之思想與風格。

二、《菜根譚》之思想特色

據分類本前三山病夫的序，佛教徒來琳聽教於不翁老人，老人取《菜根譚》授之，可知他們認為本書是合於佛理的。《還初道人著書二種》前逐初堂主人的序則言《菜根譚》：「雖屬禪宗，然於身心性命之學，實有隱隱相發明

〔註64〕《晚明性靈小品研究》，頁161～2。
〔註65〕同前註，頁164。
〔註66〕〈從菜根譚看晚明小品的基本性質〉，頁180～1。

者」，亦將本書視爲禪宗，但所言與道家性命之學相啓發，然而本書屢屢自稱「吾儒」，〔註67〕分明以儒者自居，這可見本書義理之複雜性。

關於本書雜揉三教思想的情況，龔鵬程曾作一解析，他說：

> 此書名爲《菜根譚》，就是因爲宋明儒常說：「得咬菜根即百事成」，所以它基本上是儒家觀點的處世典則，而非空門修行的藝術。故于孔兼的題詞一再說：「屏居蓬舍，樂與方內人遊，不樂與方外人遊」，「有習濂洛之說者牧之，習竺乾之業者關之，爲談天雕龍者遠之」；書裡也自稱「吾儒」。企圖站在儒家的立場，兼採或消納佛道，對人生做些指點。〔註68〕

> 它主要採取了程朱一系黜人慾以存天理的路子，……但這種性天、天理的說法，洪自誠立刻又把它跟陸王一系對心體的解說混揉了，……他採用道家的，只是老莊「居無不居有，處缺不處完」、「寧拙勿巧」、「損之又損」、「知身不是我，煩惱更何侵」，不爭、退的一面。……因爲順著存天理去人慾的路子講，所以論佛家也偏於息妄修心，而不是直顯本心。……不但如此，揉合三教，談何容易？《菜根譚》對此，當然會顯出內部義理的矛盾。〔註69〕

龔氏以爲《菜根譚》基本上是儒家的思想，大抵是不錯的，作者洪應明確以儒者自居，而不翁老人亦說「其間有持身語，有涉世語，有隱逸語，有顯達語，有遷善語，有介節語，有仁語，有義語」，遷善仁義等等，皆是儒者本懷。本書內容亦大都是入世的，而不是出世的；所談主要在於如何持身、涉世，縱談隱逸，亦往往只是手段而非目的。如：

> 把握未定，宜絕跡塵囂，使此心不見可欲而不亂，以澄吾靜體；操持既堅，又當混跡風塵，使此心見可欲而亦不亂，以養吾圓機。（後105）

〔註67〕如《菜根譚後集》第125則「吾儒之口耳，釋氏之頑空」，及第135則「釋氏隨緣，吾儒素位」等皆是。案：《菜根譚》之版本眾多，在此主要參考老古文化事業公司之《菜根譚前後集》（下文簡稱「老古本」）與金楓出版社、鄭志明導讀之《菜根譚》（下文簡稱「金楓本」），因前者無章節標號，爲標示方便，故採用後者之分章，在正文引述時，《前集》部分逕標第幾則之號數，《後集》則加一「後」字。又：由於本文主旨不在版本之比較，故若內容無太大歧異，或無所謂優劣，則逕以金楓本爲準，不另標示老古本之異文；若筆者以爲老古本較優者，亦逕註明「據老古本改」，而不另註明金楓本之原文。

〔註68〕〈從菜根譚看晚明小品的基本性質〉，頁150。

〔註69〕同前註，頁151。

可見其所謂隱逸（絕跡塵囂），亦只是修身之一過程而已。

關於本書入世而似出世的精神，龔鵬程曾引牟宗三先生說宋明理學家之精神來作了解，而言：「牟宗三先生曾說宋明理學家，大抵順著顏孟之路而發展，而又與佛老宗趣相頡頏，故益特顯其天地精神之境界，而客觀精神則總隱伏不顯，客觀精神不彰顯，仁教便擴不出，他們所欣趣的天地精神遂只成一副清涼散而已，故理學家大都帶山林氣（荀學大略）……洪自誠是個頗有理學家氣味的文人，其用心多集中在如何收攝心氣，涵養大和，並澆熄妄念。……顯天地精神這一面，確是他的用力的所在。……既著眼天地精神，迴看人世，遂不免覺得人間的一切都是非眞實的存在，只有吾心上通的天機，才是唯一可以信據的。這就牽引出他對人生空虛性的感悟來了。這種空虛感，大抵是因客觀精神不顯之後，就生命的限制、現實的困境中體會來的。……就其不執著於世界而言，是出世的；但就其化銷名利慾念來說，又彷彿是積極的。」〔註70〕

總之，《菜根譚》主要關注所在，既是現實人間，其基本生命情調，自近於儒而不近於佛老。然而因其主要關懷乃在於個人如何在此世間「持身」、「涉世」，故其思考，亦環繞於此一主要關懷而展開。因此，兼採或消納佛道，是爲了能對此一關懷做些指點；其採用儒家學說，實亦不免基於同樣的理由，而呈現世俗化的傾向，與正統儒者學說有段距離。

其實，《菜根譚》作者洪應明，基本上是個遠離現實政治，歸隱山林的士人，因此傳統儒者以天下爲己任的胸襟，對他們而言，已嫌太遙遠。而因在現實政治中處於一種旁觀的立場，他們亦能培養出一種冷靜的智慧，在黑暗的政治、腐敗的社會風氣中，找尋一安身立命之道。這類處世的智慧，自然可以自傳統三教中得到啓發；而三教義理，他隨手拈來，未必顧及義理之安，只因他們的最終目的並不在鑽研三教義理，而在於身處世間，如何能圓融無礙。〔註71〕欲身處世間而圓融無礙，則亦不可避免地投世人所好，受當時風尚——如三教合一、好談心性、隱逸風氣、奢靡縱欲——之影響；這類影響，或許又與其自身性格思想不盡相同，於是益顯得矛盾駁雜。

〔註70〕同前註，頁 153～4。

〔註71〕如鄭志明言：「就思想本質而言，《菜根譚》只是雜採儒釋道三教思想，轉化爲通俗性人格涵養的社會化角色模式，基本上是社會人際活動在儒釋道三家教化價值下所形成一套能規定行爲且加以執行的社會規範。」（〈菜根譚的社會思想〉，收入《菜根譚》，臺北：金楓出版社，1988 年，頁 17）

雖然全書有許多矛盾駁雜之處，但仔細分析其內容條文，亦可看出其思想之特色所在，如鄭志明指出其「冷」與「退步」之思想本質：「一為遠離現實的情境，以冷靜的心思，旁觀其發展。一為暫時妥協現實的情境，作合理的退步，以等待良機。」〔註72〕龔鵬程則更點出其「審美」的態度：「《菜根譚》或明人小品，是從歷史人生空虛性的感悟中，生出了審美的態度。」〔註73〕二位學者皆著重《菜根譚》之「退步」原則，如鄭志明申述，《菜根譚》主要在於「遠離與退步的處世法則」，而「企圖將個人與社會之間的網絡結構加以疏遠，形成一種置身事外的處世態度，著重在『冷』的涵養上。」〔註74〕筆者頗受二位學者之啟發，然而換個角度看，筆者以為唯有「冷」而後能「退」、能「遠」。故本文以「冷眼」作為《菜根譚》對待人事之基本態度與首要之思想特徵，而將其思想特色再分作三點：冷眼看世情、審美的態度與退步的原則，以下分別細述：

（一）冷眼看世情

有關《菜根譚》一書所表現的處世智慧，首先吾人不能不注意的是所謂的「冷眼」、「冷情」、「冷心」、「冷腸」。書中處處可見這一「冷」字，茲舉二例，如：

> 冷眼觀人，冷耳聽語，冷情當感，冷心思理。（206）

> 君子宜淨拭冷眼，慎勿輕動剛腸。（144）

《菜根譚》一書，一再地表示對待外在事物的態度以及修養的方向，在培養這種「冷」靜的智慧。這一「冷」的智慧，在本書的主要思想中，幾乎可說處於核心的地位。所謂「冷」，是以旁觀的立場，與現實保持距離，以不介入世事的心境來面對人事，這樣一種冷漠的情緒，其實是由對現實人事的不滿與失望，而生起的一種對人生空虛性的了悟。因此，它點出人事變幻的本質來指示我們為何要「冷」、「冷」的重要，以及進一步告訴我們如何以「冷」應世接物，以下分別說之：

1. 冷眼觀人

《菜根譚》所以發展出「冷」的智慧，是基於作者對人事的觀察後，所得的結論。首先，是他對歷史興亡，世事無常的感慨：

〔註72〕同前註，頁4。
〔註73〕〈從菜根譚看晚明小品的基本性質〉，頁160。
〔註74〕〈菜根譚的社會思想〉，頁4。

> 狐眠敗砌，兔走荒臺，盡是當年歌舞之地；露冷黃花，煙迷衰草，
> 悉屬舊時爭戰之場，盛衰何常，強弱安在？念此令人心灰。（後 69）
>
> 權貴龍驤，英雄虎戰，以冷眼視之，如蟻聚羶，如蠅競血；是非蜂
> 起，得失蝟興，以冷情當之，如冶化金，如湯消雪。（後 73）

歷史上的繁華盛衰，在時過境遷之後，一切的勝敗得失又有何意義？看透了這一層，不單是朝代更迭，乃至一切競爭，俱屬無謂，自然都以冷漠對待。

由讀史而來的智慧，迴看現實人事之爭名奪利，自然更覺其愚昧與不值，不能不出言點醒，以破世人之執迷：

> 優伶傅粉調朱，效妍醜於毫端，俄而歌殘場罷，妍醜何存？奕者爭
> 先恐後，較雌雄於著子，俄而局盡子收，雌雄安在？（後 100）
>
> 晴空朗月，何天不可翱翔？而飛蛾獨投夜燭；清泉綠卉，何物不可
> 飲啄？而鴟鴞偏嗜腐鼠。噫，世之不為飛蛾鴟鴞者，幾何人哉？（後
> 71）

類此感慨，在書中俯拾即是。一切榮華富貴、虛名浮利，皆如過眼雲煙，不可長久；當時快意，時過境遷，便毫無意義。既然一切成敗得失，都將歸於虛妄無聊，智者自然視之為夜燭腐鼠，不再介入、亦不再動心。

對歷史興衰無常之觀察，使作者消減奔競之心；而對人際交往之觀察，更澆熄了作者對世人的熱情。如：

> 炎涼之態，富貴更甚於貧賤；妒忌之心，骨肉尤狠於外人。此處若
> 不當以冷腸，御以平氣，鮮不終日坐煩惱障中。（135）
>
> 我貴而人奉之，奉此峨冠大帶也；我賤而人侮之，侮此布衣草履也，
> 然則原非奉我，我胡為喜？原非侮我，我胡為怒？（172）
>
> 熱鬧中著一冷眼，便省許多苦心思。（後 59）

人際關係中，許許多多使我們或喜或悲、勞神傷感的人情世故，揭露其本質，卻往往充滿了虛偽矯情。平日令我們投入一切的諸般情愛，當利害衝突時，其短暫無常與不堪一擊，比起歷史之興亡給予人的感受，更加地令人痛心。當此情景，唯有冷卻一切熱情，以「冷眼」來看清人際交往中虛偽的本質，才能免除情緒激盪與一切煩惱。

2. 冷情當感

由於看透了人世間無論功名富貴、人際情感，事事皆不可常守，於是對

於他人乃至自己種種欲望的追逐與情感的癡迷，亦能以冷靜的態度去面對分析，進而消減破除。如：

> 生長富貴叢中的，嗜慾如猛火，權勢如烈燄，若不帶些清冷氣味，其火燄若不焚人，必將自爍矣。（100）

> 人生福境禍區，皆念想所構造，故釋氏云，利慾熾然，即是火坑；貪愛沉溺，便爲苦海。（後 109）

> 當怒火慾水正騰沸處，明明知得，又明明犯著；知的是誰，犯的又是誰？此處能猛然轉念，邪魔便爲眞君。（119）

將人心中無窮的七情六慾，視爲猛火烈燄，事實上是意識到：追逐那些不可常保的功名富貴、以及受那些人事間的愛恨糾纏的，皆是自己心中之情慾作祟；若對自己的感情欲望，亦能冷靜視之，自能免除外在事物對自我的傷害。

3. 冷心思理

經由「冷眼觀人，冷情當感」，作者體悟到「耳目口鼻皆桎梏，情慾嗜好皆機械」，[註75] 除了以冷眼冷情觀之當之，更想盡辦法破除這類執迷，而破除之鑰，主要仍是在一「冷」字：

> 試思未生之前有何象貌；又思既死之後作何景色？則萬念灰冷，一性寂然。（後 98）

> 以幻跡言，無論功名富貴，即肢體亦屬委形。（103）

> 知成之必敗，則求成之心不必太堅；知生之必死，則保生之道不必過勞。（後 62）

> 恩裡由來生害，故快意時，須早回頭。（101）

> 趨炎附勢之禍，甚慘亦甚速；棲恬守淡之味，最淡亦最長。（後 22）

> 以事後之悔悟，破當時之癡迷。（26）

> 從冷視熱，然後知熱處之奔走無益。（後 16）

能夠由成之必敗、生之必死、恩之生害……破除當時之癡迷，自然追逐之心澆熄冷卻。消減了人生中錯誤的執迷，更進一步要思考的，則是如何以正確的態度面對人生，以及什麼才是值得人一生追求的價值。

在此，作者首先要告誡我們的，是掃除一切外物的障蔽，回歸到一己的

〔註75〕《菜根譚》第 146 則。

生命，體認一己生命本然的價值：

> 誇逞功業，炫耀文章，皆是靠外物做人，不知心體瑩然，本來不失，
> 即無寸功隻字，亦自有堂堂正正做人處。（183）

> 彼富我仁，彼爵我義，君子固不為君相所牢籠；人定勝天，志壹動
> 氣，君子亦不受造物之陶鑄。（42）

其次，要能保有生命之純粹，不受外物之侵擾，則須保持心地之澄淨：

> 一念清淨，即烈燄成池；一念警覺，即船登彼岸，念頭稍異，境界
> 頓殊，可不慎哉？（後109）

然而，要如何能保持心性澄澈，體認真理呢？作者提示：

> 靜中念慮澄澈，見心之真體；閒中氣象從容，識心之真機；淡中意
> 趣沖夷，得心之真味。觀心證道，無如此三者。（87）

「靜」、「閒」、「淡」三者，是書中再三提示的修身之道；唯有了解「靜」之真
體，方能免除躁動之傷神；了解「閒」之真機，方能避免忙碌之勞形；〔註76〕
了解「淡」之真味，方能體認濃艷之不可久，〔註77〕故唯有如此，才能了除一
切妄念，回歸一己之生命本真。

當所有對外物的欲望追逐皆已解消，心靈已不再為外物所牽引時，自然
能以冷靜的心思，來思考處世之道：

（1）順逆一視

所謂：

> 子生而母危，鏹積而盜窺，何喜非憂也；貧可以節用，病可以保身，
> 何憂非喜也，故達人當順逆一視，而欣戚兩忘。（後120）

> 天之機緘不測。抑而伸，伸而抑，皆是播弄英雄，顛倒豪傑處。君
> 子是逆來順受，居安思危，天亦無所用其伎倆矣。（68）

人皆好「喜」而避「憂」，然而何者為喜、何者為憂，實非一定。看透世事不
可常，便無須執著於某一境界之追逐，能夠將順逆皆看作一事，自然不會有
得失之心；以順逆一視之心，面對一切命運的作弄，皆不可能再被打倒，自

〔註76〕如：「閒中不放過，忙處有受用；靜中不落空，動處有受用。」（85）「此身常
　　　放在閒處，榮辱得失，誰能差遣我；此心常在安靜中，是非利害，誰能瞞昧
　　　我。」（後42）又如「靜躁稍分，即昏明自異」（後38）等皆強調「閒」與「靜」。
〔註77〕如「醲肥辛甘非真味，真味只是淡」（7），「濃處味常短，淡中趣獨真」（後34），
　　　「濃夭不及淡久，早秀不如晚成」（224）。

能無入而不自得了。

（2）中庸為尚

既然「順逆一視，欣戚兩忘」，吾人無須刻意地求順避逆，然而亦非一味地「無可無不可」，而當尋一恰當而不偏頗、無過無不及的「中庸之道」〔註78〕以應事接物：

> 有一樂境界，就有一不樂的相對待；有一好光景，就有一不好的相乘除，只是素位風光，尋常家飯，纔是個安樂的窩巢。（後 60）

> 清能有容，仁能善斷，明不傷察，直不過矯，是謂蜜餞不甜，海味不鹹，纔是懿德。（83）

「素位風光，尋常家飯」無甚特別，也正因如此，可避免過與不及之弊；所謂「懿德」，亦在於凡事不過分、不走極端而已。

（3）了無分別

能「順逆一視，欣戚兩忘」，故一切皆無分別，自無須執著，如前已說順逆、憂喜、欣戚、苦樂等，皆相對而非絕對，即使之前提倡之「靜」的修養，亦不應執而不變，故曰：

> 靜中靜非真靜，動處靜得來，纔是性天之真境；樂處樂非真樂，苦中樂得來，纔是心體之真機。（88）

> 喜寂厭喧者，往往避人以求靜。不知意在無人便成我相，心著於靜便是動根。如何到得人我一視，動靜兩忘的境界。（後 106）

甚至其所強調的「冷」，似乎也非絕對不可移，因此作者說：

> 熱鬧中著一冷眼，便省許多苦心思。冷落處存一熱心，便得許多真趣味。（後 59）

在此，吾人可說《菜根譚》之作者，由「冷眼」的觀察、「冷心」的思考後，經辯證的過程，由萬事之不可執著，提昇至「理」亦不可執著，使得先前絕對的理（「冷眼」「冷心」），亦轉而可與「熱」相對，在不同的時機，作交互運用。然而，這究竟是一種「辯證」的方式，或實為其義理之矛盾，或許吾

〔註78〕 在此所謂「中庸之道」與儒家所崇尚之中庸，或許不能相提並論。儒家之中庸，是在「義以為上」的前提下，權衡事物輕重後，所採行之一種「不偏不倚」的道德抉擇。而《菜根譚》則是泯除對一切相對事物的執著後，選擇一種平凡、平淡的方式以自處；然而其不走極端的性格，在表面上與儒者之中庸有類似之處，故借用之。

人尚須從其他角度觀察，方能作出判斷，此角度即是下節所論《菜根譚》「審美」之特徵。

（二）隔離地審美

《菜根譚》另一個思想特色，則是它審美的態度，這原是前文所說晚明清言小品的共同特色之一，而《菜根譚》之審美，無疑與其對世事之「冷」眼旁觀的態度相關連。如龔鵬程分析：「唯有冷眼閒情，才能看透歷史興衰之無常，也才能領略天地間風花雪月的清趣，凡事退後一步，拉開一個美感的距離，故能形成一種審美的姿態，……空靈的美感，即生於人生與歷史的無常悲感之中。」〔註79〕此即充分說明「冷眼」與「審美」的關係。蓋由於「冷」，故其與世事保持一適當的距離，外在之得失利害不再與己產生衝突，自能以超然的立場欣賞看待世間人事；同時由於對世事之「冷」，將關注點回歸於一己之生命，而以自放於山水之間、對自然萬物的賞玩，作為陶養性情的不二法門；又由於對事物抱著一審美賞玩的態度，便往往逞其談鋒之美，而或不當於理。以下分別說之：

1. 萬物靜觀皆自得

看透了世俗間的機心巧詐，使人更加嚮往自然的風光，《菜根譚》往往藉自然與人世之對比，流露出對前者之賞愛與對後者之厭離：

> 山肴不經世人灌溉，野禽不受世人豢養，其味皆香而且冽，吾人能不為世法所點染，其臭味不迥然別乎？（後124）

> 蘆花被下，臥雪眠雲，保全得一窩夜氣；竹葉杯中，吟風弄月，躲離了萬丈紅塵。（後39）

對自然山水的賞玩，不單能夠使人忘懷世俗之得失，更有助於心性之修養，自然景物之變幻，往往能給予學道者意想不到的啟發：

> 寵辱不驚，看庭前花開花謝；去留無意，隨天外雲卷雲舒。（後70）

> 水流而石無聲，得處喧見寂之趣；山高而雲不礙，悟出有入無之機。（後36）

> 孤雲出岫，去留一無所係；朗鏡懸空，靜躁兩不相干。（後33）

由這樣一種靜觀而來的欣趣，使得作者更有一層體會：

> 鳥語蟲聲，總是傳心之訣；花英草色，無非見道之文，學者要天機

〔註79〕〈從菜根譚看晚明小品的基本性質〉，頁154～155。

清澈，胸次玲瓏，觸物皆有會心處。(後 7)

人情聽鶯啼則喜，聞蛙鳴則厭；見花則思培之，遇草則欲去之，俱
[註80] 是以形氣用事，若以性天視之，何者非自鳴其天籟，自暢其
生意也。(後 50)

若能「觸物皆有會心」，自然不論鶯啼蛙鳴，花容草色，皆可賞玩，皆可有美
之感受；如此看待生活中之事物，自然處處皆能自得其樂。

2. 品評世事，月旦人物

居於冷眼旁觀的角度，《菜根譚》對於當時的社會風尚、士人習氣，亦往
往有所品評，如：

居軒冕之中，不可無山林的氣味。(27)

有浮雲富貴之風，而不必嚴居穴處。(後 17)

這是對當時身居政壇，心懷山林者的肯定。

袞冕行中，著一藜杖的山人，便增一段高風。(後 40)

這是對當時遠離政壇，歸隱山林者的賞愛，由其中亦表示出對當時仕紳大夫
接引山人之風氣的認同。

宴飲之樂多，不是個好人家；聲華之習勝，不是個好士子；名位之
念重，不是個好臣工。(203)

此則對當時社會風氣之批評。

栽花種竹，玩鶴觀魚，亦要有段自得處，若徒留連光景，玩弄物華，
亦吾儒之口耳，釋氏之頑空而已，有何佳趣？(後 125)

此乃對於晚明士人之流連於生活美感之安排，而流於虛華不實之批評。

除了對當時社會風尚有所評論，對於人世間各類人物之言行、修養，亦
有所賞鑑，如：

交市人，不如友山翁；謁朱門，不如親白屋；聽街談巷語，不如聞
樵歌牧詠，談今人失德過舉，不如述古人嘉言懿行。(前 157)

涉世淺，點染亦淺；歷事深，機械亦深。故君子與其練達，不若朴
魯；與其曲謹，不若疏狂。(2)

好利者軼出於道義之外，其害顯而淺；好名者竄入於道義之中，其
害隱而深。(193)

[註80] 據老古本改。

> 憂勤是美德，太苦則無以適性怡情，澹泊是高風，太枯則無以濟人
> 利物。（29）
>
> 儉，美德也；過則爲慳吝，爲鄙嗇，反傷雅道。讓，懿行也，過則
> 爲足恭，爲曲謹，多出機心。（201）
>
> 勢利紛華，不近者爲潔，近之而不染者爲尤潔；智巧機械，不知者
> 爲高，知之而不用者爲尤高。（4）

類此對各類人物及修養境界之品題，在書中隨處可見，大抵以自然質樸者爲
上，中庸不偏者爲高。在破除執著上，往往更著力於一般較難覺察之患，故
強調好名較好利之害深；亦提醒即便是美德（如憂勤、澹泊），亦不應執而太
過；即使是令人墮落之勢利機巧，若能近而不染，亦較一味遠之者爲上。

　　凡此批評，不論是肯定或否定，作者事實上皆是以旁觀的角度、審美之
心態作一評鑑賞玩，並不牽涉個人究竟處於社會的那一層級，究竟達到修養
之何種境界；而只是隔離地賞玩，隔離地審美。然而隨事而發的感受，往往
是隨興所致，並不認眞的，因此矛盾便由此產生。

3. 求美尚奇，或失其真

　　《菜根譚》有云：「人情世態，倏忽萬端，不宜認得太眞。」〔註81〕看透
人情世故之變幻無常與虛僞機巧，有「不必認眞」的心態，方能免於苦惱。
由此「不必認眞」的態度對待外在事物，故著重其美感趣味，而不重其當理
與否，此所以《菜根譚》會以審美的態度面對外物，而又多矛盾扞格之因。

　　如前文所說，《菜根譚》從「冷」的觀照中，由世事之無常而有「順逆一
視」、無須執著的體悟，所有相對之一切，亦可了無分別，故書中每就破除執
著與分別之妄見作一指引，且往往著力於一般較難覺察處。因此，書中對各
層次之「理」的執著之破除，常較對欲望追求等「事」之執著的破除更加不
遺餘力；而對「理」與「事」亦往往過於強調其無分別之處，這不能不說是
其爲逞談鋒之美而刻意講求者，其最明顯之弊病莫過於強調理慾之不二與對
縱欲之寬容，如：

> 了心之功，即在盡心內，不必絕欲以灰心。（後41）
>
> 無風月花柳，不成造化。無情欲嗜好，不成心體。只以我轉物，不
> 以物役我，則嗜欲莫非天機，塵情即是理境矣。（後116）

〔註81〕《菜根譚後集》第58則。

> 利慾未盡害心，意見乃害心之蟊賊。聲色未必障道，聰明乃障道之
> 藩屏。（34）
> 縱慾之病可醫，而執〔註82〕理之病難醫。事物之障可除，而義理之
> 障難除。（190）

單看此類話頭，自亦與晚明肯定人情即是物理之理論相合，然若參合本書其他章節，原以「情欲嗜好悉機械，耳目口鼻皆桎梏」、「嗜慾如猛火，權勢如烈燄」，此處卻強調理慾不二之論，以為意見聰明較利慾聲色之害為大，甚至強調執理之病甚於縱慾，對照之下，則矛盾頓生。所以如此，除了因其一味逞其談鋒之美，故不能顧及義理之安外，其審美的心態，亦自然地會有「士君子不可不抱身心之憂，亦不可不耽風月之趣」〔註83〕、「雖不玩物喪志，亦常借境調心」〔註84〕之類，將耽於風月合理化的文句，由耽於風月、借境調心的欣賞品味人生，很容易變成享受人生，而走向隨順情慾之路。如龔鵬程分析：「《菜根譚》雖然一再主張消除妄念，豁顯真心，以得性天之真機；可是由於它的審美態度，由於它的冷眼靜觀，卻不可避免地肯定了慾望，化轉了天理人慾的思考架構，不僅認為理慾不二，甚至強調執理之病甚於縱慾。」「隔離的智慧與美感，卻終究可能只是讓他們走上隨順情慾嗜好的路子。由欣賞品味人生，變成了享受人生。」〔註85〕

除了對情欲的態度前後不一，甚至演變為享樂縱欲，為明顯之弊病外，其他為強調破除執著與分別，而前後矛盾的文句，亦屬不少，知其為逞談鋒之美，則亦「不宜認真」；然而《菜根譚》求美尚奇，而不當理之病，尚不只於如此，作者品評人事，往往有如歐陽修所謂「立異以為高，逆情以干譽」〔註86〕的傾向，舉例來說，如對施恩與報恩的主張，他告誡施恩者說：「恩宜自淡而濃，先濃後淡者，人忘其惠」，〔註87〕是熟知人情者傳授如何使人知恩的技巧；告誡受恩者曰「人有恩於我不可忘」〔註88〕、指責不報恩的人「刻之極、薄之尤、宜切戒之」，〔註89〕皆是勸人知恩必報，然而他卻又強調「施恩務施

〔註82〕據老古本改。
〔註83〕《菜根譚後集》第 118 則。
〔註84〕《菜根譚後集》第 45 則。
〔註85〕〈從菜根譚看晚明小品的基本性質〉，頁 162，頁 160。
〔註86〕歐陽修〈縱囚論〉。
〔註87〕《菜根譚》第 170 則。
〔註88〕《菜根譚》第 51 則。
〔註89〕《菜根譚》第 194 則。

於不報之人」，〔註90〕顯然徒逞言談之美而標新立異，過於矯情。

倘若只是自身的行為偶而標新立異、矯情干譽，那倒也不算大病，但當評論他人也以此悖離人情而逞其談鋒的立論作為準則時，其提倡之道德，恐不免成為一種壓迫，如他說：

> 聲妓晚景從良，一世之胭花無礙；貞婦白頭失守，半生之清苦俱非。
> （92）

對聲妓之包容，當有勸人為善之積極意義，但對貞婦的嚴格標準，便不禁令人想起五四時代對傳統所謂「吃人的禮教」之控訴了。

龔鵬程分析《菜根譚》，曾提到「美與道德的辯證性」的問題，他說：

> 從「隔的觀照」通往「教的言說」，……這樣的美感，卻可能跟真實的存在脫離，形成文字的玩耍與賣弄，……但畢竟它仍強化了原有的道德規制，使人不致成為惡。〔註91〕

然而，由「貞婦」句中讓我們感受到的，是它對道德規範的強化，其強制性已泯滅了對孤弱寡婦的同情。如鄭志明亦言：「如此的輿論標準頗不公允，但在傳統社會中形成一股強而有力的社會控制，迫使個人的言行不能偏離出這種社會規範。」〔註92〕類似這種傳統社會中標榜「貞節牌坊」、甚至演成如《儒林外史》鼓吹自己女兒殉節的父親之類扭曲的價值觀，所表現出的對道德規範的強化，或許「使人不致成為惡」（不會「不貞」），但其本身是否為更大的「惡」？雖然，《菜根譚》或許只是反映既有的社會價值觀，──但即使只是反映既有的社會價值觀，《菜根譚》在此亦表明了肯定與強化這類價值判斷的態度──而這一明顯違反惻隱同情之道德情操的價值觀，在《菜根譚》中，卻或許只是由此玩賞境界、「逆情干譽」之立言方向而來──甚至僅是基於與「聲妓」之對偶與映襯之美感而來的？故美之品鑑、境界之分判與道德的強制之間的關係，亦值得吾人再加思考。

審美的態度，可說是《菜根譚》一書思想駁雜之一重要原因，然而就朱陸異同、儒佛異同等學術標準而言雖顯其駁雜，但就其「不宜認真」的態度而言，或許此駁雜方能凸顯其「不宜認真」之精義所在。故書中一些看似前後矛盾的句子，若以「審美」之角度來作理解，便無須吹毛求疵；然而，由

〔註90〕《菜根譚》第 156 則。
〔註91〕〈由菜根譚看晚明小品的基本性質〉，頁 181。
〔註92〕〈菜根譚的社會思想〉，頁 20。

「審美」的心態，其品鑑人事成為「立異」、「逆情」地逞口舌之快，其不當理之病，恐亦不能等閒視之。

（三）退步的原則

除了冷眼旁觀、隔離審美，《菜根譚》的處世之道，主要還在於一「退」字。所謂「退」的精義，除了對人事採取退離的態度，主要還在於「事事留個有餘不盡的意思」，〔註93〕避免處盈履滿、鋒芒太露。這自然是受老莊哲學的啟發，但也仍是由冷眼旁觀而來的智慧。可分作三點來說：

1. 無事為福

既已看透一切榮華富貴之轉瞬即逝，爭名奪利之虛妄無聊，自然不願做無意義的追逐，而造成身心之累。因此他說：

> 矜名不若逃名趣，練事何如省事閒。（後 31）

> 我不希榮，何憂乎利祿之香餌；我不競進，何畏乎仕宦之危機。（後 44）

> 福莫福於少事，禍莫禍於多心。（49）

> 爭先的徑路窄，退後一步自寬平一步；濃艷的滋味短，清淡一分自悠長一分。（後 25）

唯有「少事」「省事」、不希榮競進，退離世間名利場中，免除外物對身心之干擾，才是智者所為。

然而，縱然能以冷眼靜觀社會人情世故，但身處世間，卻不可能完全地置身事外，不與社會接觸。那麼，如何避免在與社會人情的交往中受到干擾、甚至傷害，依然需要「退」的智慧。消極地說，退一步處，可避免不必要的糾葛；積極地說，退步只是一手段，由此而能達到「進步」的目的。這仍要歸功於「冷眼看世情」所體悟的智慧。

2. 避免衝突

《菜根譚》對於人性中虛矯黑暗的一面無疑是有深刻的體悟的，在應事接物的過程中，若要避免受到傷害，首先就要韜光養晦，避免成為眾矢之的。所謂「君子當存含垢納汙之量，不可持好潔獨行之操」，〔註94〕「持身不可太

〔註93〕《菜根譚》第 20 則：「事事留個有餘不盡的意思，便造物不能忌我，鬼神不能損我。若業必求滿，功必求盈者，不生內變，必召外憂。」
〔註94〕《菜根譚》第 76 則。

皎潔，與人不可太分明」，〔註95〕便是此意。無論是什麼事，太過凸出，皆容易遭到傷害，因此作者認爲凡事應留一餘地，一切皆以謙退爲上：

> 陰謀怪習，異行奇能，俱是涉世的禍胎，只一個庸德庸行，便可以完混沌而召和平。（181）

> 爵位不宜太盛，太盛則危；能事不宜盡畢，盡畢則衰；行誼不宜過高，過高則謗興而毀來。（137）

> 澹泊之士，必爲濃艷者所疑；檢飾之人，多爲放肆者所忌，君子處此，固不可少變其操履，亦不可露其鋒芒。（98）

> 標節義者，必以節義受謗；榜道學者，常因道學招尤，故君子不近惡事，亦不立善名。（178）

> 徑〔註96〕路窄處，留一步與人行；滋味濃的，減三分讓人嚐，此是涉世一極樂法。（13）

> 處世不退一步處，如飛蛾投燭，羝羊觸藩，如何安樂？（43）

> 進步處有退步之思，庶免觸藩之禍。（後29）

「庸德庸行」方能「完混沌而召和平」，除了受老莊物極必反、守柔不爭的智慧之啓發外，實乃對人性中的陰暗面——如疑心、妒忌等——的警惕。因爲「人情反覆，世路崎嶇」，要在這反覆無常的世間全身而退，則必須知退讓之要；〔註97〕否則將如「飛蛾投燭，羝羊觸藩」，自陷於危機之中。

《菜根譚》又云：「飽諳世味，一任覆雨翻雲，總慵開眼；會盡人情，隨教呼牛喚馬，只是點頭。」〔註98〕看清了世味人情的本質，凡事退讓不爭，「只是點頭」，自然能避免衝突、避免傷害。

3. 以進爲退

《菜根譚》的作者，既已「飽諳世味」，充分了解社會人際交往的本質，消極地能夠謙退自守，積極地則更懂得「以退爲進」的要領，他說：

> 處世讓一步爲高，退步即進步的張本。（17）

〔註95〕《菜根譚》第188則。

〔註96〕據老古本改。

〔註97〕《菜根譚》：「人情反覆，世路崎嶇，行不去處，須知退一步法；行得去處，務加讓三分之功。」（35）

〔註98〕《菜根譚後集》第81則。

　　藏巧於拙，用晦而明；寓清於濁，以屈爲伸。眞涉世之一壺，藏身
　　之三窟。（116）

　　敧器以滿覆，撲滿以空全；故君子寧居無不居有，寧處缺不處完。
　　（63）

在避免成爲眾矢之的、避免介入世人的爭逐之餘，《荣根譚》的作者所要教
導世人的，實不以謙退自守爲足，「退」只是避禍的手段，「進」才是最終的
目的。

　　由上文的探討，吾人可以看出，《荣根譚》並不是一本純粹談道德修養之
書，在它的處世觀念中，尚有強烈的功利主義的傾向，亦即它的道德並非目
的，而只是手段；因此亦可明顯看出他與正統儒者確有距離，它的眞正性格，
亦須重新了解。

三、《荣根譚》之基本性格

　　以上分析《荣根譚》的思想特色，可知其「冷眼看世情」，乃一基本的
態度；隔離退卻，乃其基本立場：由冷眼旁觀，洞悉了人世間的一切虛妄本
質，而將一切外逐的欲望解消，回歸到一己的生命本眞，再以一種審美的心
態，重新觀照外在事物；對於社會人情的交往，則由冷眼旁觀，而採取一種
隔離退卻的立場，以避免人事的紛擾糾葛。但在這樣的一種思想脈絡下，它
的主張卻往往有前後矛盾之處，若用傳統儒釋道的思想去分析，是很容易感
到困擾的。然而，《荣根譚》的思想是否眞是一部前後矛盾，無其中心思想
的雜書呢？卻又不然，在「冷眼」、「審美」、「退步」的主張下，他的目的其
實是很清楚的：便是如何能夠明哲保身，在這紛亂的世間「無入而不自得」。

　　這一目的，其實說穿了就是一種「自我保護」的心態，這種心態，或許
不成其爲什麼思想主義，卻正是龔鵬程所謂的「安撫、指導、教化、觀賞自
我的心靈工程」，對於晚明時期的士人而言，這一需求是很眞切的。可以說，
《荣根譚》一書思想的基本性格，即是這樣一種「自我保護」的需求，由「自
我保護」的要求而來，爲避免與社會產生衝突並獲得應有的利益，《荣根譚》
又有鄉愿及功利主義的傾向。前輩學者對《荣根譚》的鄉愿性格與功利主義
傾向早有論述，如鄭志明曰：「……是一種近乎鄉愿的技術性處世法則，將教
化的理想性淪落爲謀求利益的手段，以表現在群性活動中的功利性格，取代
向上超越的道德精神。……表面上其行爲近於道德，實則在於避災求福，隱

藏其內心的情意，迎合他人的心意，建立良好的人際關係。」〔註99〕筆者則以爲，就《菜根譚》作者身處亂世而語多消極的特色來說，「自我保護」方是他最基本且切實的目標（此點則是前輩學者雖曾點出而未多加注意的），鄉愿與功利同在此自我保護的前提下而有此表現，二者自亦彼此關聯，但仍有其不同之處，因此下文分說之。

（一）自我保護之心態

　　處於晚明政治黑暗、黨爭紛紜的環境下，士人對於面對人際關係的衝突以及調適，無疑是備感壓力的。《菜根譚》的成書，明顯地受到這一時代背景的影響，而特別注意到外在環境刺激與反應的調適行爲。〔註100〕所謂「調適」，包括對社會及人際間相處的方式與態度，以及自我心態的調整，這樣一種調適的過程，事實上便是一種自我保護的方式。以下略舉數例說明之：

　　首先，吾人可清楚地看出，《菜根譚》在指示處世之道時，往往伴隨著遠害避禍的目的，如：

> 不責人小過，不發人陰私，不念人舊惡，三者可以養德，亦可以遠害。（105）

> 完名美節，不宜獨任，分些與人，可以遠害全身；辱行污名，不宜全推，引些歸己，可以韜光養德。（19）

> 士君子處權門之路，操履要嚴明，心氣要和易，毋少隨而近腥羶之黨，亦毋過激而犯蜂蠆之毒。（177）

> 念頭起處，纔覺向慾路上去，便挽從理路上來，一起便覺，一覺便轉，此是轉禍爲福，起死回生的關頭，切莫輕易放過。（86）

「不責人過」、「完名美節」、「操履嚴明」等，固是應有的德行，但「可以遠害」一節，無疑是同樣重要的目標；天理人欲之抉擇，更是由「轉禍爲福，起死回生」的利害比較而來。在保持德行之餘，如何能避免成爲被妒忌、陷害的對象，可說是更須謹愼從事的一件事。再看下一條所說：

> 遇沉沉不語之士，且莫輸心；見悻悻自好之人，應須防口。（122）

由此可看出，在人際的交往上，《菜根譚》對於如何保持適當的「防人之心」以保護自己，避免受傷，其重要性恐較了解他人或誠懇相待要高得多。

〔註99〕〈菜根譚的社會思想〉，頁14。
〔註100〕鄭志明說，同前註，頁4。

又如《菜根譚》每每要我們破除對欲望的追逐，另一方面卻又肯定欲望之存在，乍看似乎有所矛盾，但它其實還有一折衷的指示：

> 爽口之味，皆爛腸腐骨之藥，只五分便無殃；快心之事，悉敗身喪德之媒，只五分便無悔。（104）

「五分」對「縱欲」來說是一種否定，對「絕欲」來說又是另一種否定。由此我們可以了解到：《菜根譚》中，主張絕欲或縱欲，實皆不是重點，重要的是在「自我保護」的前提下，如何面對欲望，才能夠「無殃」、「無悔」。

了解到《菜根譚》「自我保護」的基本性格，以下再就前文所談《菜根譚》之思想特色，分別談其如何達到「自我保護」的目標：

1.「冷眼」與自我保護

《菜根譚》由「冷眼」而來的智慧或可簡單歸納爲下列幾點：

（1）功名富貴等一切爲人所艷羨追逐的事物，究其本質，皆不可長久，因此消除一切外逐的欲望，才是智者所爲。

（2）人際間的情感，往往充滿了利害衝突，若能冷淡視之，則可免於煩惱。

（3）由於世間一切事物，皆短暫無常，故亦無須執著，若視一切相反的概念如順逆、苦樂等皆無分別，則無執著，亦無煩惱。

《菜根譚》的「冷眼」，究其要在破除人世間的價值觀念，使人們在一切看淡之後，自然擺脫外逐的欲望與情感的糾葛。消極地說，可消除妄念所帶來的身心干擾；積極地說，沒有分外的追求，自能「知足常樂」，達到「無入而不自得」的境地。所謂「世路茫茫，一念求全，則萬緒紛起，惟隨遇而安，斯無入而不自得矣。」〔註101〕無欲望、能知足（則不「一念求全」），確是能夠「隨遇而安」的不二法門。不論處於何等境地，心靈皆能免於受到傷害，皆可說是「冷眼」洞悉世事本質之功。

在科舉時代「書中自有黃金屋，書中自有顏如玉」的誘惑下，讀書人莫不以功名富貴爲一生追求的目標，然而因科舉之錄取名額有限，大量被拒於宦門之外的士人，又將如何自處？由無法求得轉而視功名富貴如糞土，雖然不免如阿Q式的自欺欺人，但卻不失爲一種自我安慰的良藥。若說《菜根譚》的作者洪自誠便是一位阿Q式的文人，恐怕太過不敬；但這類思想足以安慰、治療失意文人的創傷，應也是本書之所以受歡迎的原因、或亦可說是本書的

〔註101〕《菜根譚後集》第135則，據老古本改。

價值之一吧。

2.「審美」與自我保護

「冷眼」是消極地使自己身處世間能隨遇而安，而「審美」的態度則更積極地能使自己在隨遇而安之餘更能自得其樂。所謂：

> 此心常看得圓滿，天下自無缺陷之世界；此心常放得寬平，天下自無險側之人情。（97）

> 嗜寂者，觀白雲幽石而通玄；趨榮者，見清歌妙舞而忘倦。唯自得之士，無喧寂，無榮枯，無往非自適之天。（後32）

> 士君子持身不可輕，輕則物能撓我，而無悠閒鎮定之趣；用意不可重，重則我爲物累，而無瀟洒活潑之機。（106）

這時的「心」，自然不是「冷眼」「冷心」，而是以美感的欣趣面對外物的心。以這樣一顆審美的心去面對萬事萬物，時時悠閒鎮定、瀟洒活潑，則不爲物累，無往而不自適，心靈又怎會有受傷之時？《菜根譚》「不必認眞」的美感欣趣，在某個程度來說，實正是避免心靈受傷的最佳良方。

3.「退步」與自我保護

《菜根譚》自我保護的心態在其「退步」的原則中可說表現得最爲明顯。《菜根譚》思想中退步的原則，有一主要目的在於避免衝突，所謂「君子當存含垢納汙之量，不可持好潔獨行之操」，正因「有潔必有污爲之仇」，因此「我不好潔，誰能污我」，〔註102〕其自我保護的心態是十分清楚的。又如：

> 人生減省一分，便超脫了一分。如交遊減便減〔註103〕紛擾，言語減便寡愆尤，思慮減則精神不耗，聰明減則混沌可完。（後132）

> 福莫福於少事，禍莫禍於多心。（49）

> 競逐聽人，而不嫌盡醉；恬淡適己，而不誇獨醒。（後18）

省事少事的退離世間，寧可「不嫌盡醉」地避免與世人衝突，皆是怕得罪招禍，亦皆是本於「自我保護」的心態而選擇之處世方針。

（二）鄉愿性格

在晚明混濁的亂世中，以冷漠退離的態度明哲保身，確也是無可厚非的，

〔註102〕《菜根譚》第134則。
〔註103〕據老古本改。

曹淑娟說:「在退的姿態下,可以留出一段迴旋的空間,讓自己與接觸的人事減少磨擦,為人世增幾分詳和,有寬容不爭的教化意義。」〔註104〕在退離人事、避免摩擦的前提下,《菜根譚》強調的依然是「不可少變其操履」,自然是傳統儒者「窮則獨善其身」的襟懷,不容否定。然而,當「自我保護」的情緒太過強烈,《菜根譚》卻往往成為一種鄉愿式的人生哲學。

愿人本義為謹厚之人,而孔子稱:「鄉愿,德之賊也。」〔註105〕便曾引起孟子弟子萬章的懷疑:「一鄉皆稱愿人也,無所往而不為愿人,孔子以為德之賊,何哉?」〔註106〕由此而引發孟子的一番議論,孟子的這番話,很可以表現出所謂「鄉愿」的行為特質:

> 非之無舉也,刺之無刺也;同乎流俗,合乎污世;居之似忠信,行
> 之似廉潔,眾皆悅之,自以為是,而不可與入堯舜之道。

簡單來說,「鄉愿」處世雖然亦以「忠信廉潔」為準則,但其目的乃求「眾皆悅之」,然而要達到「眾皆悅之」的目的,「鄉愿」所採用的方式,並不是積極地去成就什麼來得人讚賞或欽佩,而是消極地以不做錯事、不與人產生衝突、不得罪人(亦可說是另一種「非之無舉,刺之無刺」)的方式來討好人,所謂「處世不必與俗同,亦不宜與俗異;作事不必令人喜,亦不可令人憎」,〔註107〕便是這樣一種消極的態度。而在不得罪人的前提下,他的道德行為,往往取決於對世俗人情的配合,亦即取決於外在人事,因此是因人因事而做調整,而無一定原則的。《菜根譚》的鄉愿性格,便是這樣一種從「自我保護」的要求而來,而形成的行為模式。因此所謂「鄉愿」的行為模式,在待人處世時,大抵來說有兩個特徵:第一、它是因時因地因人制宜的,故沒有一定的標準;第二、處世以無過為上,強調消極地不遭人怨怒,甚於積極地得人讚賞。另外,在遭受外來刺激時自我的調整,它所強調的則是以不動於色,以避免更大的傷害。以下分別舉例說明:

1. 因時因地因人制宜

如:

> 士大夫居官不可竿牘無節,要使人難見,以杜倖端;居鄉不可崖岸

〔註104〕《晚明性靈小品研究》,頁212。
〔註105〕《論語‧陽貨》第13章。
〔註106〕《孟子‧盡心下》第37章。
〔註107〕《菜根譚》第198則,據老古本改。

太高，要使人易見，以敦舊好。（213）

大人不可不畏，畏大人則無放逸之心；小民亦不可不畏，畏小人則
無豪橫之名。（214）

遇欺詐之人，以誠心感動之；遇暴戾之人，以和氣薰蒸之；遇傾邪
私曲之人，以名義氣節激厲之，天下無不入我陶冶中矣。（179）

處治世宜方，處亂世宜圓，處叔季之世，當方圓並用；待善人宜寬，
待惡人宜嚴，待庸眾之人，當寬嚴互存。（50）

本來儒者處世，是亦有所謂「因時制宜」、「守經從權」之說，在人際間的相
處上，本亦難執守一定的法則而不求變通；然而《菜根譚》的隨時變通，卻
往往是帶有目的性之功利計算，如為了「敦舊好」或避免所謂「豪橫之名」
等等，是故他的「因人制宜」，有時便不免「見人說人話，見鬼說鬼話」了，
凡此，皆充分表現其欲使「眾皆悅之」，而不願得罪人的鄉愿性格。

2. 無過為上

這可說是不願得罪人最明顯的一種心態，如：

處世不必邀功，無過便是功；與人不求感德，無怨便是德。（28）

喜事不如省事之為適，多能不若無能之全真。（後2）

《菜根譚》不斷表示「無過」「無能」，較有功有善更值得追求，這除了也是
前文所謂「審美」的態度所表現出的一種言談的趣味之外，事實上是基於不
願因凸出的表現而遭人妒忌、或稍有錯誤即遭人責怪的一種自我保護的心
理。所謂「十語九中，未必稱奇，一語不中，則愆尤駢集；十謀九成，未必
歸功，一謀不成，則訾議叢興」，〔註108〕這確實是世俗社會常見的狀況，但這
樣一種態度發展到極致，自然就是為人詬病的所謂「多做多錯，少做少錯，
不做不錯」的因循苟且了，孔子稱鄉愿為「德之賊」，不亦宜乎？比較特別的
是他也曾說出「曲意而使人喜，不若直躬而使人忌」〔註109〕這樣不怕遭忌的
話，但若明白他「不宜認真」的審美心態，及「見人說人話」的鄉愿性格，
對於他也會說這類快人心目的話頭，就也不至於太意外了；在此筆者絕對沒
有以偏見曲解之：當看過書中更多「持身不可太皎潔，與人不可太分明」之
類，與「直躬」矛盾的提醒，就會知道《菜根譚》無論如何是不會讓自己成

〔註108〕《菜根譚》第71則。
〔註109〕《菜根譚》第112則。

爲箭靶的。

這樣一種以無過爲上而不求功的處世態度，自然也是從作者對人性的了解而來的，如他說：「當與人同過，不當與人同功，同功則相忌；可與人共患難，不可與人共安樂，安樂則相仇。」〔註110〕與人同功尚且相忌，若較他人之功大豈不更加受謗？相反地，與人同過、共患難，則令人推心置腹、引爲知己，兩相比較之下，利害的抉擇就更爲清楚了。

3. 受人之侮，不動於色

如果因自己的謙退自守，不以凸出的行爲遭人怨妒，便能與社會和諧相處，自然最好，但別人要如何對待我們，實非我們所能決定，當遇到他人的無理對待時，《菜根譚》仍舊有自我保護之道：

> 休與小人仇讎，小人自有對頭。（189）

> 覺人之詐，不形於言；受人之侮，不動於色，此中有無窮意味，亦有無窮受用。（126）

對於他人的無理，能夠不與之計較，當然是一種修養，無論儒、道、佛亦都有類似的教導，然而這種「以屈爲伸」的修養，《菜根譚》強調的卻是它的「無窮受用」與「藏身」的功能，這樣一種以不與人正面衝突來自我保護的方式，甚至到了「會盡人情，隨教呼牛喚馬，只是點頭」的程度，若不論外在的刺激合理與否皆「只是點頭」，事實上只能變成姑息養奸，而造成道德虧負，這自然也是孔孟所以要批判鄉愿的原因之一。

關於《菜根譚》的鄉愿性格，前輩學者也多有評述，如曹淑娟說：「抽身退離，只能明哲保身而已。……但同時也可能在『那管人是人非』的風氣中，形成鄉愿式的人生哲學。」〔註111〕鄭志明則分析：「（《菜根譚》）考慮到個人的自我利益時，必須減弱個人與社會的連繫與互動的價值，退縮到個人行爲的自我禁制上，降低人格的行動標準，以獲得個人在社會內部的生存機會。」〔註112〕即說出鄉愿消極性的行爲與自我保護及功利主義間之關係。然而，「在任何情境中得到暫時的安寧，以容忍與退步來取代激情與紛爭」；「接近道家處下不爭守柔常和的人生態度，……（但）較重視人生與社會背景結合的壓迫情境」，然而，「不從內在的精神上去涵融外在的衝突，只想以一套謀生技

〔註110〕《菜根譚》第 141 則。
〔註111〕《晚明性靈小品研究》，頁 212
〔註112〕〈菜根譚的社會思想〉，頁 9。

能沒有個性地隨世順俗」〔註113〕一味地自我保護而害怕得罪別人,《菜根譚》確只能淪爲「沒有個性地隨世順俗」的鄉愿了。故龔鵬程以強烈地語氣批判:「這本書眞正有問題的,是它的處世哲學,在本質上根本即是鄉愿。」〔註114〕然則其勸善教化之重點,與儒者之道德操守間,自有其根本的距離。

(三)功利主義

前文已略提過《菜根譚》處世態度的抉擇往往基於功利的考量,以下將就此功利主義的趨向作進一步的分析。

若說本書談道德皆帶有功利的目的,只怕是不公平的,如他也說:「父慈子孝,兄友弟恭,縱做到極處,俱是合當如此,著不得一絲感激的念頭。如施者任德,受者懷恩,便是路人,便成市道矣。」〔註115〕很明顯地強調純粹的道德(合當如此),而反對如袁了凡的功過格將行善視之爲「功」的功利主義。然而,或許是因作者在勸世人爲善的過程中,不得不以功利作爲勸誘的手段,《菜根譚》往往透過利害的比較,來勸導讀者選擇道德以獲得較好的生存機會;此外,由於「自我保護」的情緒太過強烈,亦使得「功利」變成必然的傾向:在「自我保護」的前提下,「鄉愿」較類似消極地避免與人群發生衝突;而功利主義的思想則是更積極地使其在社會中獲得生存的利益,以趨福避禍。因此,《菜根譚》一書的功利主義傾向,或可分兩點來說明:其一是在於它勸善的目的,其二則亦源於「自我保護」的心態,而欲求「趨吉避凶」。

1. 勸善

如:

> 棲守道德者,寂寞一時;依阿權勢者,淒涼萬古。達人觀物外之物,
> 思身後之身,寧受一時之寂寞,毋取萬古之淒涼。(1)

> 富貴名譽,自道德來者,如山林中花,自是舒徐繁衍;自功業來者,
> 如盆檻中花,便有遷徙興廢;若以權力得者,如瓶缽中花,其根不
> 植,其萎可立而待矣。(59)

> 德者事業之基,未有基不固而棟宇堅久者;心者後裔之本,未有根
> 不植而枝葉茂榮者。(158,159)〔註116〕

〔註113〕〈菜根譚的社會思想〉,頁14~15。
〔註114〕〈從菜根譚看晚明小品的基本性質〉,頁152。
〔註115〕《菜根譚》第133則。
〔註116〕據老古本合爲一章。

爲善不見其益，如草裡東瓜，自能暗長；爲惡不見其損，如庭前春雪，勢必潛消。（164）〔註117〕

公平正論，不可犯手，一犯，則貽羞萬世；權門私竇，不可著腳，一著，則點污終身。（111）

在此作者之選擇道德固是無庸置疑的，但卻是由權勢與道德相比較之下，顯現出道德的長久；提倡修德爲善，亦爲了它是「事業之基」，其益「自能暗長」；反之，警惕人不可爲惡，則是基於接續而來「貽羞萬世」、「點污終身」的後果，皆是出於功利的考量而作的抉擇。然而在此我們並不能說《菜根譚》的作者提倡爲了利益而實行道德，事實上他勸人爲善的目的是很明顯的；在世俗社會中，「積德徼福」普遍存在的現實下，《菜根譚》以利害的權衡來誘人爲善去惡，實亦有其苦心在。

2. 趨吉避凶

若說《菜根譚》僅是積於勸善的目的而說功利，學者或許較能諒解；然而本書的功利主義傾向實不只於此。由「自我保護」的防禦心態，進一步成爲謀求生存利益的善巧方便，《菜根譚》實已大大違背儒者「義以爲上」的態度。其「冷眼」、「退步」的智慧，往往運用於「趨吉避凶」的問題上，在之前的探討已可明顯看出，因此受到學者嚴厲的批評，如龔鵬程所說：

《菜根譚》之所以叫人冷卻人世奔競之心，採取「退」的方式，來冷眼旁觀，主要是爲了明哲保身，所謂：「處世讓一步爲高，退步即進步的張本；待人寬一分是福，利人實利己的根基。」它處處避免激怒別人，以圖自利。這是深諳世味的人才能有的作法，什麼「處世不必邀功，無過便是功」、「處世不退一步，如飛蛾投燭」、「一事起，則一害生，故天下常以無事爲福」、「君子當存含垢納汙之量，不可持好潔獨行之操」、「陰謀怪習、異行奇能，俱是涉世的禍胎」、「持身不可太皎潔，與人不可太分明」、「飽諳世味，一任覆雨翻雲，總慵開眼；會盡人情，隨教呼牛喚馬，只是點頭」，無一語不違背儒者開務濟物的義理，無一語不乖戾成己成德的大道；把儒家中庸之學，化作人世應酬時的功利善巧；藉退讓不爭，以保持全身遠禍的利益，成全置身事外的瀟灑。〔註118〕

〔註117〕據老古本更易數字。
〔註118〕〈從菜根譚看晚明小品的基本性質〉，頁152。

由「自我保護」而演成功利與鄉愿，《菜根譚》之道德，實已喪失了自我實現之能力，而不能不隨俗浮沉了。

以上分析《菜根譚》之思想，吾人可知本書的義理是駁雜的，單看書中任一章節，其說理之妙，固足以快人心目，但綜合觀之，卻往往前後不一，自相矛盾。僅以三教義理來說，它自稱「吾儒」，卻往往引用老莊消極不爭的處世哲學；既採用佛家息妄修心的工夫，又批評「釋氏曰觀心者，重增其障」，〔註119〕因此若眞要認眞地採用書中的三教思想來修身處世，只怕未見其融合無礙，反而感到無所適從。近年來學者研究《菜根譚》，每對之有所批評；然而幾百年來，讀者於其中卻能深有所得，不斷讚美書中智慧，且廣爲宣傳翻印，不能不令人感受到學者與一般世人的距離，確實存在。實則，作者所要教導世人，與一般讀者所深有會心的，恐不在於三教義理，而另有其關注所在，此關注點，亦即《菜根譚》之眞正性格。

關於《菜根譚》之思想本質，前輩學者早已有所分析，如鄭志明說：

> 《菜根譚》與一般人生哲學的書不同，不是純粹站在人性的觀點上去理解人生，而是關連著人格與社會間的互動結構，在符合社會結構脈絡下設計行爲模式，以疏導人生的困頓。……《菜根譚》即是一本學習他人經驗以約制自己行爲的書，即是一本學習行爲如何社會化的文化教導書。尤其偏重在如何化解緊張的挫折感作適當的調整，正確地認識與分析當前的現實狀況，依情況的變化，採用容易爲社會所接納的方式來解決存在的問題，化除逐漸高漲的不安情緒。〔註120〕

簡單來說，《菜根譚》的作者，對哲學的思惟興趣恐怕不大，他所要指導的人生，主要在於個人與社會的互動關係，個人與社會是相關連而不可分割的，分析並認清現實的狀況，較分析此一應世法則是儒是佛更爲重要。

然而《菜根譚》所要面對的，是晚明政治混濁、黨爭紛起、人人自危的環境，士人或多或少都抱著隱逸的心態，《菜根譚》隱逸的心態，從他的冷眼旁觀、隔離退步，在在皆顯示出來。鄭志明認爲：「隱逸的心態，是一種應世的疏離方法，避開黑暗的政治環境與污濁的人事背景，追求不爲世法所拘泥的人生境界，亦有其時代的悲情。」〔註121〕且如龔鵬程所言：「這種觀

〔註119〕《菜根譚後集》第 103 則。
〔註120〕〈菜根譚的社會思想〉，頁 3。
〔註121〕〈菜根譚的時代背景〉，頁 234。

賞，亦非絲毫不關痛癢如缸外觀魚、檻外觀獸，它自有來自歷史與人生興滅之感所帶生的悲憫之情。」〔註 122〕這樣一種悲情，若從正面來看，可以解消世人對成敗的執著、欲望的追逐，迴看世人之癡迷與紛紜擾攘，亦可多些包容與同情，故未嘗不能成為一種提昇心靈的力量，未必沒有積極的價值。可惜《菜根譚》在悲情之外，所表現的卻是「避開政治的參與以及玄學的遐思，在行動上未有積極的抗議活動（包括政論的對抗與禮法的解脫），反而與世情作消極的退讓妥協，重視現實生活中技術性的人生體驗……培育出一種退縮的處世法則……冷卻了一切悲憤與激情，只就個人的明哲保身，來解脫塵俗的各種桎梏。」〔註 123〕因此，總體而言，「《菜根譚》所顯示出疏離的人生態度，基本上是由衰世的社會經驗提煉出來的技術性法則，對感受人世紛擾時的應世態度特別管用。」〔註 124〕終究只能成就一鄉愿人格而已。然而，在晚明以降泰半處於衰世的中國社會中，《菜根譚》得以廣受歡迎，自亦有其內在之因素。

　　《菜根譚》流傳在社會上的幾百年間，社會上都一直將它視為融合了三教真理的寶典，但當代的學者自分析它的思想性格後，相當程度地否定了傳統的看法；筆者亦以為，三教義理在本書的交雜出現，事實上只是在作者欲達到處世的圓融無礙而隨機應用的，或許作者確實有心融合三教，但他所做到的，其實只是在他關注的焦點──如何明哲保身──的問題上，吸取了三教類似的教導而已。

　　個人的明哲保身，的確是《菜根譚》一書真正要教導世人的，所謂儒道佛的思想，事實上皆是在這一前提下的隨機應用；在明哲保身的前提下，儒道佛的隨機應用，非但不顯其矛盾，反而更能夠無往不利。若以較同情的眼光看待，這固然可以說是明朝末年知識階層處在政治危局中不得不如此的措施，但由「明哲保身」這一自我保護的心態，演變為不論是非，「只是點頭」的鄉愿，以及以功利取向的計較，代替道德的自我實現，則未免與其談修養及勸善的本意相矛盾了。因此，若真要給予《菜根譚》適當的價值與推崇，恐怕還是如龔鵬程所說：「《菜根譚》，是應該拿來作文學作品讀的。」〔註 125〕

〔註 122〕〈從菜根譚看晚明小品的基本性質〉，頁 156。
〔註 123〕〈菜根譚的時代背景〉，頁 234。
〔註 124〕〈菜根譚的社會思想〉，頁 23。
〔註 125〕〈從菜根譚看晚明小品的基本性質〉，頁 153。

或許還使中國社會能少一些和稀泥的鄉愿吧！

第三節 《了凡四訓》與《菜根譚》之異同

　　以上分析《了凡四訓》與《菜根譚》二部晚明世俗道德的代表作品，吾人可發現二書的思想有異有同，若不加以比較分析，則不能明顯看出晚明世俗道德之特徵所在，因此下文略作疏解：

一、二書之性格差異

　　《了凡四訓》與《菜根譚》在過去數百年來，雖然同被視為善書而廣泛流傳，但經由以上分別的討論，吾人可看出二書的人生觀、價值觀有些根本的歧異；所以造成這些歧異，自然與作者本身的思想背景有莫大關係。

　　《了凡四訓》之作者袁黃，祖先世代從醫，在鄉里間則屬士紳階級，因此與下層民眾之關係較為密切，並在其中居於領導地位；在其聽孔老人之言走上仕途，而又從雲谷禪師奉行功過格以求登第的過程中，他對仕宦的態度一向是肯定而積極的；在他任官的七年之間，身為地方父母官，他得以盡其力量為百姓興利除害，因此雖然終被罷黜，但以其經歷，作為地方鄉紳，他所能從事的善行義舉，亦較一般人多得多。因此，在這一背景下，《了凡四訓》對世俗事務的投入是積極的，除積極鼓勵有能力者多布施、多為地方興利等，參與社會事務之外；對仕宦的態度，亦表現出積極求取的熱情，且以之作為鼓勵人們行善之最佳報償。

　　《菜根譚》的作者洪自誠則不然。吾人沒有足夠的資料可推知其生平，亦不知其是否亦曾仕宦，在史料缺乏的狀況下，吾人只能大膽推測其為一未曾仕宦的隱士；至少，《菜根譚》所顯露出的自覺意識，乃同於晚明許多棄舉子業而以隱逸自任的山人作家們。晚明山人厭離政治的傾向已如前述，由厭離政治進而厭離世事，他們對世俗事務缺乏積極的興趣，這是《菜根譚》的作者與了凡處世態度上基本的不同。

　　再者，以了凡習醫而又為一愛民之父母官的背景，他對下層民眾是有其同情與關懷的；然而晚明的山人們對下層民眾似乎較缺乏實際的接觸。在《了凡四訓》提倡的道德中，對貧苦民眾的布施與照顧，以及對鄉里間攸關人民生活之公共建設的投入，皆是道德實踐的重要項目；但在《菜根譚》的內容

中，縱然偶而提到下層民眾的生活，也僅是隔離賞玩的對象，他讚美田野村夫的純樸自然，毫無機心，但對於農夫漁樵實際生活的困苦，他似乎並無體驗，亦無所感。

這當然不能說《菜根譚》的作者對下層民眾缺乏同情，但作爲一個隱者，未能如了凡之親身參與政治及社會事務，故他的關注點便不放在社會民生，而在於一己的生命，因此他的道德實踐，亦是偏於內省的。即使在他與世疏離的心態下，並無法真正脫離世俗，但對於世俗人事的處理，他多半只有消極的回應，以求在人際的交往上能夠明哲保身，而缺乏積極爲社會造福的熱誠。相對的，了凡對一己的關懷，則關聯著功過格的實踐，亦即其行善積功之福報，因此，了凡雖然亦強調個人的修養，但如何從事具體的善行，對社會有積極的貢獻，則是《了凡四訓》所言之道德實踐的重點。

簡單地說，以上二書言道德基本的差異是：《菜根譚》的道德偏重於「修己」，其重點在人際關係的處理；《了凡四訓》的道德偏重在「利人」，重點在社會公益的付出。它們所代表的是晚明社會中，不同階層人士的道德觀，前者是晚明厭離政治的文人們，在冷卻一切熱情之後，藉由三教思想的教導，回歸一己的生命，並重新理解人際往來之藝術，以明哲保身爲目標；後者則是晚明的士紳階級，無視於政治的黑暗，仍舊懷抱仕宦的理想，追求富貴仕祿的傳統價值，而以奉行功過格、行善積福作爲達到理想的方式，而在行善的過程中，與下層民眾有更多的交流，因而對道德、對善的要求，亦與下層民眾的需求有更大的一致性。

雖然以上二書反映晚明不同階層的價值觀，對道德的要求與關懷的對象亦有所不同，然而同屬於晚明世俗道德發展上之一面向，基本觀念仍有相似之處，此將於下文說之。

二、二書之共同特徵

（一）「謙」與「退」

乍看之下，由於二書之性格差異，似乎要找出其共同點不多；然而在晚明混濁的政治社會中，其實已提煉出二書相同的處世智慧，這份處世的智慧，在《了凡四訓》中稱之爲「謙德」，《菜根譚》則以「退步」來表現。

《了凡四訓》談謙德，著重在強調謙能受福，本身即是不費錢的功德，故鼓勵大家「善修此心」；與《菜根譚》強調「退步」時，多著重在遠害避

禍之類消極地自我保護的目的，似乎有所不同。然而，這樣一種處世的智慧，除了它確實是待人接物應有的修養之外，事實上亦是二書作者在面對晚明污濁的政治社會環境時，一種韜光養晦的措施。如《了凡四訓》曰：「吾輩處末世，勿以己之長而蓋人，勿以己之善而形人，勿以己之多能而困人。收斂才智，若無若虛。……」與《菜根譚》中所謂「爵位不宜太盛」、「行誼不宜過高」，「不可少變其操履，亦不可露其鋒芒」……之類的教導，其實是一致的，在混濁的世間，謙退的處世方式，才能夠明哲保身，爲世人所接受。

二書對「謙」與「退」的強調，接近道家的處世哲學；然而與其說二書作者的處世思想源自道家，倒不如說晚明的時代背景，迫使他們皆自道家守柔不爭的教導中，汲取處世的智慧。

（二）「無」的智慧

除了同樣強調謙德以外，《了凡四訓》與《菜根譚》亦皆強調「無」的智慧（在此所謂的「無」，或可以簡單地以「破除執著」解釋之）。然而二書闡明「無」的道理，乍看之下其著眼點亦屬不同：《了凡四訓》談「無」，主要著重在「無心」，亦即祛除一切雜念相纏之心，進一步連執著於爲善之「心」盡皆破除，以達到圓滿而純粹之善；《菜根譚》的「無」，除了與了凡「心不著於善」之精神類似的「縱做到極處，俱是合當如此」之外，主要則著重在境界的破除，強調一切了無分別，「無」掉學者對於任一境界之追求與執著。因此，同樣談「無」，二者所要「無」的事物，並非一致。

然而，前文已說過，《了凡四訓》的重點在「利人」，故「爲善」是其道德實踐的首要目標，而使其爲善之心得以圓滿純粹，自是其道德修養之最高境界；《菜根譚》則並不強調積極地從事善行義舉，其道德偏重於「修己」，自我的修養精進，是一永無止境向上超拔的歷程，故對於任一境界之耽溺與自滿，皆非究竟之道，因此破除對境界的執著，則成爲本書對從事於道德修養者的重要提醒。

「無」是三教的共法，王龍溪倡「四無說」更對之有充分的發揚，二書處於晚明時期三教合一、王門心學遍天下的時代氛圍中，對「無」的境界多所闡發，自不令人意外，亦可說是時代環境的影響。同時，二書對「無」的境界的強調，實皆表現了對其所倡導的道德（無論是修己或利人），有其純粹性的要求，亦即道德修養或道德實踐，其本身即是目的，亦是當然，不應雜有其他念頭，即有所得亦不值得矜喜。然而，令人感到矛盾的是，在強調「無」

的同時，二書卻又有濃厚的功利主義傾向。

（三）功利主義

二書的處世觀中，皆含有濃厚的功利主義色彩，這在之前對二書的個別討論中，皆曾詳加辨析，然而其追求功利的方式或目的亦有區別，以下再分述之：

《了凡四訓》強調爲善，不徒論其善心，更著重其具體的效果，將此效果與動機一併納入對整個道德行爲的評價中，這一部分傾向功利主義（或說目的論）的主張，與其對「無」的強調並不屬於同一層次，亦無所謂矛盾；矛盾的是，了凡一方面強調「心不著於善」，但其奉行功過格的目的，卻在於積德徼福，並不斷以爲善者必獲天地鬼神之佑助而得富貴世祿，作爲其勸人爲善的重要保證，因此其爲善便不可避免地帶有追求功利的目的性。

《菜根譚》亦有濃厚的功利主義傾向，然而他的「利」，則非了凡之富貴世祿，此外，他亦不強調爲善要有具體效果的功利。與了凡相同的是，他也以功利的考量來勸人爲善：他本意在破除人們對世俗價值的錯誤執著，進而提出道德才是人生正確的選擇，然而他卻往往藉道德的長久與權勢功業之不可久恃等這類「說以利害」的比較，來告誡人們選擇道德，使得他的教化，蒙上功利主義的色彩。同時，除了勸善而誘人以利，《菜根譚》的處世方式更往往成爲趨利避禍的手段，他的「利」，較了凡來說是消極的，由於他的厭離世事，冷眼旁觀，對世俗的價值缺乏追逐的興趣，因此他的「利」乃限於個人的明哲保身，在晚明混濁的環境中，能夠遠離禍端，避免成爲眾人怨妒的焦點，是其處世方式的基本原則。

簡單來說，二書的功利追求之所以不同，亦源於其性格之基本差異，由於了凡對世俗價值的肯定，富貴世祿亦成爲其主要追求；而《菜根譚》厭離世事的性格，則使得如何在此濁世中能「全身而退」，成爲其關注的目標，因此二書所追求的重點雖有區別，但其道德實踐混雜了功利追求的目的則無二致。此外，二書作爲世俗道德的教導書，同樣皆以「功利」作爲誘人爲善之方式，亦可看出功利的考量實爲世俗道德之一基本特質。

然而，二書的作者皆是知識分子，雖然他們一方面迎合世俗大眾的心理，以功利的獲得來達到勸善教化的目的，本身亦不免溺於以功利的考量作爲道德行爲的準則，但一方面卻能體悟三教哲理中所謂「無」的智慧，以此作爲道德行爲之最高境界，「無」的境界與功利追求，便無可避免地構成矛盾。此

一矛盾本身，或亦可說是二書另一相同之處了。究竟談道德能否避免功利、以及功利取向的世俗道德是否能夠完成道德自我之建立，在對照儒者的道德哲學之後，或許吾人對此問題可有更深入的思考。

（四）順應世俗

　　二書的功利主義傾向，實即表現出一種順應世俗的態度。但此處要探討的，則是二書對其提倡之道德規範，若與世俗之價值或習慣有所不同甚或對立時，他們往往有降低或改變其要求以順應世俗的傾向，甚至亦可能產生屈從之的矛盾。

　　如《了凡四訓》談改過，有「事上改」、「理上改」、「心上改」之三層次，明顯地唯有自心上改方是「究竟廓然之道」，然而他體諒一般人善惡交雜之心，勢必不易作到，便鼓勵眾人不妨先「明理以遣之」、「隨事以禁之」，其道德要求是漸進式地勸誘，而非嚴格的要求；又如為善十綱言「愛惜物命」，依其佛教的信仰，應該是戒葷茹素，才是嚴格的道德實踐，但他考慮一般人的口腹之欲，恐怕「未能斷肉」，亦僅以「四不食之戒」，作為道德實踐的規條。其他如為善不能一切皆捨，則先從財上布施；勸人以善雖有形跡，亦不可廢……，凡此皆可看出了凡對道德行為之要求，往往考慮一般人是否易行，故其準則並非單一不可變，而有一定的彈性；此外，對於世俗的喜惡，即使違背其道德原則，亦不會斷然否定，充分表現出他順應世俗人情的一種寬容與勸誘的態度。

　　《了凡四訓》的這種態度，簡單來說便是《菜根譚》所說的「教人以善毋過高，當使其可從」。〔註126〕此外，《菜根譚》對道德修養的要求，本是在掃除一切外物的障蔽、欲望的執著，而回歸一己生命的本然，然而因其審美的心態，在表現言談的趣味時，又往往順應了世俗之人情，如他說「道得酒中，仙遇花裡，雖雅不能離俗」，〔註127〕「不能離俗」實是身處世間的文人一個基本的處世態度。同時，在其鄉愿的性格與功利的要求下，凡事皆無可無不可，使他終究不能夠堅持其對於道德的理念，而必造成與世俗之妥協；自我保護的心態，更使他在面對道德與世俗產生的矛盾緊張時，表現出一種妥協與讓步，故為免「謗興毀來」、「以節義受謗」，則行誼不能過高，亦不能立善名，那麼對道德是否還能堅持不移，頗令人存疑。另外一方面，如前引冀

〔註126〕《菜根譚》第 23 則。
〔註127〕《菜根譚後集》第 86 則。

鵬程所說，《菜根譚》基本上所面對的、以及他所要安慰、勸導的人是自己，因此從某方面來說，我們或者不能說他是順應「世俗」，而應該說是因爲他在自我保護的前提下，對於「世俗」的自己，也不知不覺地採取順應和包容。因此，以外物、欲望爲害道的他，終又肯定「無風月花柳，不成造化。無情欲嗜好，不成心體」，認同世俗的慾望享樂，同時亦造成其道德要求的自我矛盾。由此可知，《菜根譚》對欲望的寬容、對道德理想的模擬兩可，實充分表現出其自身從事道德修養時，終難以擺脫內在欲望與外在人事的糾纏。

　　從以上的敘述，吾人可以看出二書順應世俗的方式與目的亦有所不同：了凡的順應世俗，除了基於功利的考量，尚有一大部分是基於勸善的目的，亦即以一種較低的標準，鼓勵尚有許多欲望情緒交結的個人，皆可據以從事道德修養，然而同時亦不可避免地使其道德不能成就絕對地善；《菜根譚》的順應世俗，除了與了凡同樣基於使人易於接受的勸善目的外，就外在來說，往往限於避免與世俗衝突的目的上，就內在自我來說，則不免有隨順情欲的傾向，造成對道德的要求，每有前後不一的矛盾。雖然二書「順應世俗」在內涵上有如此的不同，然而皆可讓吾人思考的是：順從世俗的情欲如《菜根譚》，必將違背其道德的原則，然則面對雜念相纏的個人，以降低標準的方式接引之，是否適宜？然而，從事道德修養，是否能夠無視於世俗人情？或者，拋卻世俗之影響與糾纏的道德，是否同樣能達到勸善教化的目的？相對於以上二書之順應世俗，理學家表現出截然不同的態度，劉蕺山的《人譜》便是一個很好的例子。

第四章　劉蕺山之思想與《人譜》

第一節　劉蕺山之思想概述

　　劉蕺山名宗周，字起東，號念臺，講學於蕺山，故學者稱為蕺山先生。生於明神宗萬曆六年（西元 1578 年），福王弘光元年（西元 1645 年），杭州失守，絕食凡二十三日而卒，年六十八歲。

　　蕺山生當明末，其時朝政腐敗，風俗隳壞，蕺山思索時代的問題，認為：「今天下大患，第一在學術不明。」〔註1〕蕺山一生，便是為闡明學術而努力，而其思考的重點，自是當時風行天下的陽明學說；由對陽明學說之檢討，他更進一步建構了一套思想理論，使得儒家的道德哲學，更加趨於嚴密，身為宋明理學的殿軍，蕺山在學術史上自有其不可磨滅的地位。以下便簡單介紹其學說大旨：

一、對陽明學說之檢討

　　蕺山一生中，對陽明學說的態度，與思考之歷程，據《年譜》之記載，有如下之轉變：

> 先生於陽明之學凡三變：始疑之，中信之，終而辨難不遺餘力。始疑之，疑其近禪也；中信之，信其為聖學也；終而辨難不疑餘力，謂其言良知以孟子合大學，專在念起念滅用工夫，而於知止一關全未勘入，失之粗且淺也。〔註2〕

〔註1〕《劉子全書》卷二十，〈復朱平涵相公〉，頁 1452。
〔註2〕《劉子全書》卷四十，《年譜》，頁 3666。

蕺山師事許孚遠，許乃承朱熹之說者，故其治學原不自陸王心性論入手。黃宗羲歸納蕺山學說要旨曰：「先生宗旨爲愼獨。始從主敬入門，中年專用愼獨工夫。」〔註3〕對於其學說中心「愼獨」與陽明「致良知」說的關係，蕺山開始認爲：「聖學要旨攝入在克己，即大中之旨攝入在愼獨，更不說知說行。」〔註4〕這是「始疑之」的階段；但中年以後則認爲：「孔門約其旨曰愼獨，而陽明先生曰『良知只是獨知時』，可謂先後一揆。愼獨一著即致良知」，〔註5〕對陽明之「致良知」教推崇備至；〔註6〕然而對於王學末流之流弊大起，亦使蕺山對陽明學說本身再作更深入的檢討，言：

> ……特其急於明道，往往將向上一機輕於指點，啓後學躐等之弊有之。天假之年，盡融其高明踔絕之見而底於實地，則範圍朱陸而進退之，有不待言矣。〔註7〕

以爲「後學」之「躐等之弊」，實與陽明輕易點出「向上一機」有關。換言之，蕺山認爲，王門後學的流弊，實亦由陽明本身的教法未妥所致。所謂「躐等之弊」，所指正是只重最高境界之體悟，而不肯確立踐履工夫之病。〔註8〕因此，蕺山對陽明學說的檢討，主要重點亦在彌補其工夫論的不足。

　而後，由對工夫論的探討，又引發他對陽明更進一步的不滿，所謂「專在念起念滅用工夫，而於知止一關全未勘入」是也，然而陽明何以如此「錯用工夫」，蕺山亦因之反省陽明四句教關於良知心體的詮釋是否有誤：

> 「有善有惡意之動，知善知惡知之良」，二語決不能相入，則知與意分明是兩事矣。將意先動而知隨之邪？抑知先主而意繼之邪？如意先動而知隨之，則知落後著不得爲良；如知先主而意繼之，則離照之下，安得更留鬼魅？〔註9〕

蕺山在此對陽明之說「知」與「意」，表現了不滿的態度，以爲如此說「知」、「意」，則道德實踐工夫必有不能解決的疑點，即：第一，如「意先動而知隨

〔註3〕　《劉子全書》卷三十九，《子劉子行狀》，頁3465。
〔註4〕　《劉子全書》卷十九，〈與陸以建一〉，頁1305～1306。
〔註5〕　《劉子全書》卷十三，〈證人會約書後〉，頁773。證人會乃成立於蕺山五十四歲時。
〔註6〕　如《年譜》曰：「先生讀陽明文集，始信之不疑，……自孔孟以來，未有若此之深切著明者也。」（《劉子全書》，頁3543～3544）
〔註7〕　同前註，頁3544。
〔註8〕　勞思光《中國哲學史・三下》，頁569。
〔註9〕　《劉子全書》，卷十二，〈學言下〉，頁703。

之」，則是在意念形成後，「良知」才發用，那麼對於惡意念縱有否定能力，亦不過是「落後著」（即所謂「專在念起念滅用工夫」），只能事後補綴，而無法發揮徹底改過的功效；如果在人慾已重，或是已經形諸行動之後才去知過改過，實際上已經太遲了。第二，如「知先主而意繼之」，那麼在良知的洞察下，將如何解釋惡意念的產生？如果「有善有惡」的意竟能逃脫良知的鑑察，則良知亦不可說是全然「知善知惡」了。〔註 10〕

　　雖然劉蕺山因王學的流弊而對於陽明良知教的批評未必恰當，其對陽明多有誤解，一味依據《大學》而難陽明，故其批評亦多有不如理處，前輩學者已論之甚詳。〔註 11〕然而縱然蕺山對陽明的質疑事實上是不存在的問題，但這問題本身對蕺山來說卻是極其真切的，故蕺山雖以己意來誤解陽明，然而對陽明之疑，卻正是蕺山理論建構之重要關鍵，以下即以蕺山對於陽明「有善有惡意之動，知善知惡是良知」的反省作一探討：

（一）反省陽明之「意」

　　蕺山反對陽明以「有善有惡意之動」來解釋意，他認為此說將與《大學》誠意之教相矛盾：

　　第一，「誠意」若是「誠有善有惡之意」，那麼其「誠意」的結果只能成為「半個小人」，他說：

> 陽明既以誠意配誠身約禮惟一，則莫一於意，莫約於誠意一關。今云有善有惡意之動，善惡雜揉，向何處討歸宿？抑豈大學知本之謂乎？如謂誠意即誠其有善有惡之意，誠其有善，固可斷然為君子；誠其有惡，豈不斷然為小人？吾不意良知既致之後，只落得做半個小人。〔註 12〕

因此，陽明既然也承認「大學之道，誠意而已矣」，〔註 13〕那麼所誠之「意」，必然不能解作「有善有惡」、只能成就「半個小人」的「意」。〔註 14〕

　　第二，在《大學》八目中，格物、致知、誠意、正心乃一貫的工夫，然

〔註 10〕 參見王汎森〈明末清初的人譜與省過會〉，頁 694～697。

〔註 11〕 牟宗三《從陸象山到劉蕺山》第六章。

〔註 12〕 〈學言下〉，頁 700。

〔註 13〕 「陽明先生古本序曰：大學之道，誠意而已矣。」（〈學言下〉，頁 699）。

〔註 14〕 在此蕺山自然不無誤解陽明之處，依陽明本旨，「意之動」有善有惡乃「未誠之意」，當「意」能「誠」時，即成為純化之意志，亦即全歸於「良知」之方向（勞思光：《中國哲學史‧三下》，頁 589），如此，則亦無所謂「半個小人」之譏。

而在陽明致良知教的系統下，心爲身的主宰、知能分辨善惡，屬於超越層；意爲心之所發、物爲意之所在，屬於經驗層，如此心、意、知、物交錯地分屬於超越與經驗兩個層次，則八目次序顯然有所顛倒混亂，因此正心之「心」既屬於超越層，則比心更根本的意、知、物必然同屬於超越層，〔註15〕「意」亦斷然不可爲「有善有惡」！

因此，透過《大學》反省陽明對「意」的解說，蕺山以爲陽明之過乃「以意爲蠱根」，〔註16〕將超越層的、至善的意誤置於經驗層，經驗層之善惡倘屬之於意，則「誠意」必無法克盡聖學之功。然而惡從何而來？蕺山則將之歸之於「念」，而陽明以「有善有惡」屬意，在蕺山看來，則又是「以念爲意」〔註17〕之過了，由反省陽明對「意」的解說，「嚴分意念」亦成爲蕺山理論建構中的一項重要工作。

（二）反省陽明之「知」

除了對陽明以「有善有惡」解釋意感到不滿外，蕺山對陽明以「知善知惡」解釋良知，同樣感到有所不足。他認爲：

> 知善知惡與知愛知敬，相似而實不同。知愛知敬，知在愛敬之中；知善知惡，知在善惡之外。知在愛敬中，更無不愛不敬者以參之，是以謂之良知；知在善惡外，第取分別見謂之良知，所發則可，而已落第二義矣。且所謂知善知惡，蓋從有善有惡而言者也。因有善有惡而後知善知惡，是知爲意奴也，良在何處？又反無善無惡而言者也，本無善無惡而又知善知惡，是知爲心祟也，良在何處？〔註18〕

在此，蕺山認爲陽明之「知善知惡」，落於「有善有惡」之意念生出後，只有事後的省察，而無法發揮主導的作用，如此，則亦無法從根源處阻止惡意念的產生，如勞思光之分析：「所謂『知善知惡』，倘只指對已成立之意念作價值判斷言，則意念成立後，良知方發用。意念如惡，良知可否定之，但此種惡意念之生出，似乎即非良知所能照管。倘良知果不能使自覺不生惡意念，則所謂『致良知』之工夫，皆只在意念成立後之省察上講。……則『致良知』

〔註15〕 曾錦坤：《劉蕺山思想研究》，臺北：臺師大國文所碩士論文，1983 年，頁 161。

〔註16〕 〈學言下〉，頁 712。

〔註17〕 〈學言下〉：「念近意，識近知。以識爲知，賴王門而判定，以念爲意，錮日甚焉。」（頁 711）。

〔註18〕 《劉子全書》卷八，〈良知說〉，頁 507。

之『自我』，固未能眞實轉化，不過意念出現後追加判斷而已。」〔註19〕亦即所謂「知落後著不得爲良」，因此蕺山以爲以「知善知惡」說良知或說改過，是絕對不夠的，欲從更根源處將惡意念化除，蕺山的理論架構則是「攝知於意」，將陽明心學之顯教，歸于「意根最微」之密教。〔註20〕

　　由於以上的疑慮，蕺山重新思考「意」的地位，以及如何從更根源處把惡念化除的省過改過工夫。重新思考「意」的地位，而將其學說歸之於「誠意」；欲從更根源處把惡念化除，則將其工夫歸之於「愼獨」與「治念」、「化念」，而終於形成一種道德嚴格主義。

二、蕺山學說要旨〔註21〕

　　蕺山之學說，始於其工夫論。蕺山對工夫的重視，從他與陶石梁的爭辯中便可充分看出，根據黃宗羲的記載：

> 石梁言，識得本體，不用工夫。先生曰：工夫愈精密，則本體愈昭燊；今謂既識後遂一無事事，可以縱橫自如，六通無礙，勢必至爲無忌憚之歸而已。〔註22〕

另外《年譜》崇禎五年條亦記載：

> 石梁先生……曰：識得本體，則工夫在其中，若不識本體，說恁工夫？
> 先生曰：不識本體，果如何下工夫；但既識本體，即須認定本體用工夫。工夫愈精密，則本體愈昭燊。今謂既識後遂一無事事，可以從橫自如，六通無礙，勢必至猖狂縱恣，流爲無忌憚之歸而後已。〔註23〕

勞思光詮釋這段爭論曰：石梁以悟得主體性爲唯一工夫，蕺山則不僅認爲石梁

〔註19〕《中國哲學史‧三上》，頁 513。誠然，在此蕺山對陽明之所謂「知善知惡」，亦未有恰當的了解。陽明之「知」，非觀察認知之意，而指肯定及否定的能力，「知善知惡」與蕺山強調「好善惡惡」之義實一同成立，故其「知」與「意」發用不二，亦所謂「知行合一」之根據所在（詳見勞書，頁 513～515、頁 581～587）。故就蕺山本身學說發展而言，此類疑問固有其意義，但就其評論陽明而言，顯然並不切當，牟宗三甚且斥以上蕺山之辯難「無一是處」（《從陸象山到劉蕺山》，頁 462）。

〔註20〕《從陸象山到劉蕺山》，頁 453。

〔註21〕在此針對本論文之需要，僅著重於蕺山有關道德實踐之本體與工夫理論的介紹，其他理論如其形上理論——理氣觀等，則不獨立討論。

〔註22〕《子劉子行狀》，頁 3471。

〔註23〕《年譜》，頁 3579～3580。

之說不能肯定「主體性之客觀化」，而且認爲此主體性本身之建立，亦不可專恃一悟，而必須在踐履中完成。蕺山所持之觀點可分兩層，第一是：不能只在悟得本體處言工夫；第二是專就本體言，亦不可專靠「識認」或內悟。〔註24〕

石梁爲龍溪一脈之傳，而其重體悟而忽視踐履工夫之病，正爲蕺山所不滿，故工夫論的建構，實爲蕺山學說的重心，而「愼獨」「誠意」，則爲其工夫所在。

「愼獨」在蕺山學說之地位，即如其子伯繩曰：「先君子學聖人之誠也者，始致力於主敬，中操功於愼獨，而晚歸本於誠意。」〔註25〕黃宗羲則曰：「先生宗旨爲愼獨。」〔註26〕可見「愼獨」之工夫理論，乃蕺山學說之重心。就工夫論而言，「誠意」與「愼獨」實無分別，所不同的是，蕺山論「誠意」還有屬於本體理論的部分，〔註27〕曾錦坤詮釋：「就內容上說，誠意即是愼獨。然就實際詞語使用說，當誠意愼獨並舉時，蕺山顯然偏就性體義本體義說誠意，偏就心體義工夫義說愼獨。」〔註28〕這一部分由「愼獨」轉到「誠意」，重新詮釋「知」、「意」、「念」之內涵，便可說是出自前述對陽明的反省，基於救正陽明的意圖而來。〔註29〕

以下首先概述「誠意愼獨」之旨，再分別就其「攝知於意」與「嚴分意念」，探討其道德主體之建構，而「化念歸心」則是其道德實踐之最終目標，亦即道德嚴格主義之極致表現，由此大略可窺蕺山學說之大要。

（一）誠意愼獨

1. 誠意即愼獨

「愼獨」爲蕺山工夫論的中心，「誠意」則爲其晚年講學的重點，就其本質而言，二者並無眞正的不同，蕺山的言論中，便清楚地表示：「獨即意也。」〔註30〕又曰：

〔註24〕《中國哲學史・三下》，頁572。
〔註25〕《年譜》，頁3718。
〔註26〕《子劉子行狀》，頁3465。
〔註27〕《中國哲學史・三下》，頁580。
〔註28〕《劉蕺山思想研究》，頁98。
〔註29〕古清美：〈劉蕺山的誠體思想與其實踐工夫〉，《明代理學論文集》（臺北：大安出版社，1990年），頁281。另詳同書前篇〈劉蕺山對陽明致良知說之繼承與發展〉，頁237～248。
〔註30〕《劉子全書》卷十九，〈答史子復〉，頁1413。

故欲誠其意者，必先致其知，而其功歸於愼獨。〔註31〕

大學之道，誠意而已矣。誠意之功，愼獨而已矣。意也者，至善歸宿之地；其爲物不貳，故曰獨。……必言誠意先致知，正示人以知止之法，欲其止於至善也。「意」外無善，「獨」外無善也。……大學之道，愼獨而已矣。〔註32〕

凡此皆可看出蕺山之「誠意」即「愼獨」，「意」之善即如「獨」之善，二者並無分別。

此外，曾錦坤更就蕺山言愼獨與誠意，皆兼備性體義與心體義，來論證二者實無區別。〔註33〕首先是愼獨之旨，蕺山曰：

獨是虛位，從性體看來，則曰莫見莫顯，是思慮未起，鬼神莫知時也。從心體看來，則曰十目十手，是思慮既起，吾心獨知時也。然性體即在心體中看出。〔註34〕

大學言心，到極至處便是盡性之功，故其要歸之愼獨。中庸言性，到極至處只是盡心之功，故其要亦歸之愼獨。〔註35〕

在此可看出愼獨既可就客觀面的性體說，也可以就主觀面的心體說。其次再看誠意之說：

天一也，自其主宰而言謂之帝；心一也，自其主宰而言謂之意。〔註36〕

在此之「意」與「天」——客觀面之性體相對，僅有心體義。

靜中養出端倪，端倪即意、即獨、即天。〔註37〕

在此則以意屬天，且等同於獨，可見意亦涵性體義，與獨無別。

由上可知，誠意即愼獨，故單言誠意或單言愼獨，或兼說誠意愼獨，就蕺山之意旨來說，皆可相互涵蓋；唯一差別是：愼獨與誠意雖然皆可涵心體義與性體義，但蕺山在使用時偏就性體義本體義說誠意，就心體義工夫義說愼獨罷了。因此，以下單就愼獨言蕺山之工夫論旨趣，而「意」之觀念，則

〔註31〕《劉子全書》卷三十七，〈大學古記〉，頁3329。
〔註32〕《劉子全書》卷二十五，〈讀大學〉，頁2055。
〔註33〕《劉蕺山思想研究》，頁95～98。
〔註34〕《劉子全書》卷十，〈學言上〉，頁598。
〔註35〕〈學言上〉，頁612。
〔註36〕〈學言下〉，頁695。
〔註37〕《劉子全書》卷十三，〈會錄〉，頁804。

留待後文討論。

2. 慎獨之旨

　　《大學》、《中庸》皆說慎獨，其義本甚簡明：《大學》言慎獨乃承「毋自欺」而來，乃強調不爲他人所見所知時亦須嚴正自守；《中庸》由「不睹」「不聞」言慎獨，則注重在隱微處的反省，然而後世言慎獨時，則皆與某種工夫理論與自我境界相連而說。〔註38〕如蕺山理解《學》、《庸》之慎獨，則以爲《大學》之言慎獨是從心體說，《中庸》之言慎獨是從性體說，所謂「大學言心不言性，心外無性也；中庸言性不言心，性即心之所以爲心也。有說乎，曰：善非性乎？天非心乎？故以之歸宗於慎獨一也。」〔註39〕而蕺山之言慎獨，重在「獨體」之觀念，亦包涵心體與性體之雙重涵義。

　　蕺山所謂「獨」之意涵，如前文所引：「獨是虛位，從性體看來，則曰莫見莫顯，是思慮未起，鬼神莫知時也。從心體看來，則曰十目十手，是思慮既起，吾心獨知時也」，因此「獨」具有「心」與「性」兩重特色：一方面是天命的性體，純然至善；一方面具有心的靈明知覺，可以發爲戒慎恐懼、喜怒哀樂的自然流行。〔註40〕簡單來說，則如勞思光所詮釋：「所謂『獨體』，即是主宰，亦即指超越意義之自我或主體。」〔註41〕而「慎獨」之工夫，「即在於此靈明主宰之無所走失上如實建立。」〔註42〕蕺山以此主宰爲唯一之體，亦以存此靈明主宰爲唯一工夫。故曰：

> 君子之學，慎獨而已矣。無事，此慎獨即是存養之要；有事，此慎獨即是省察之功。獨外無理，窮此謂之窮理；而讀書以體驗之。獨外無身，修此謂之修身；而言行以踐履之，其實一事而已。知乎此者之謂復性之學。〔註43〕

> 不慎獨，如何識得天命之性？〔註44〕

> 慎獨之功，全用之以立大本，而天下之達道行焉。此亦理之易明者也。乃朱子以戒懼屬致中，慎獨屬致和。兩者分配動靜。豈不睹不

〔註38〕勞思光：《中國哲學史·三下》，頁576。
〔註39〕〈學言下〉，頁722。
〔註40〕古清美：〈劉蕺山對陽明致良知說之繼承與發展〉，《明代理學論文集》，頁220。
〔註41〕勞思光：《中國哲學史·三下》，頁576。
〔註42〕同前註。
〔註43〕《劉子全書》卷二十一，〈書鮑長孺社約〉，頁1668。
〔註44〕〈學言上〉，頁621。

聞與獨有二體乎？戒懼與愼獨有二功乎？致中之外復有致和之功
乎？〔註45〕

在此蕺山再三強調的便是：道德修養的任何工夫，皆可（或説「皆應」甚至
「皆須」）歸之於愼獨。不論言「戒懼」、言「致中」，或是就「無事」言「存
養」、就「有事」言「省察」（所謂「無事」、「有事」，即指意念行爲等活動之
未生及已生），〔註46〕其實皆「愼獨」工夫，並非二事。所謂「修身」亦即修
此「獨體」，故曰：「君子之學，愼獨而已矣。」

　　由前引文可清楚地看出，經由對「愼獨」的理解，蕺山將常識中「靜」
的「存養」與「動」的「省察」皆統攝爲一了。而其理論發展，則是：先將
工夫收歸「靜存」一面，然後再將「動察」收入「靜存」，更提出「靜存之外
無動察」之說，是其工夫理論超越先儒之處。〔註47〕以下便作一介紹。

3. 靜存之外無動察

　　蕺山於工夫論中，深有得於周濂溪「主靜立極」之說，對之推崇備至，
曰：

周子之學以誠爲本，從寂然不動中抉誠之本，故曰主靜立極；本立
而道生，千變萬化皆從此出，化吉凶悔吝之途而返復其至善之體，
是主靜眞得力處。靜妙於動，動即是靜；無靜無動，神也，一之至
也，天之道也，嗚呼至矣。〔註48〕

因此，蕺山「愼獨」之工夫，亦本於濂溪「主靜」之精神，而歸於靜之存養。
劉汋言：「先儒以愼獨爲省察之功，先生以愼獨爲存養之功。」〔註49〕可見蕺山
將愼獨工夫攝入「靜存」的態度。然而，所謂的「靜」，並非守靜滯寂、喜靜惡
動，蕺山解釋「靜」曰：「循理爲靜」，〔註50〕又曰：「動而無妄曰靜。」〔註51〕

〔註45〕〈學言上〉，頁582。
〔註46〕勞思光：《中國哲學史・三下》，頁579～580。
〔註47〕見〈中庸首章說〉：「識得心一性一，則工夫亦一。靜存之外更無動察，主敬
　　　　之外更無窮理，其究也工夫與本體亦一，此愼獨之說。」（《劉子全書》卷八，
　　　　頁479）黃宗羲以爲「靜存之外無動察」實爲蕺山「發先儒所未發者」（《子劉
　　　　子行狀》，頁3465）。
〔註48〕〈學言上〉，頁570。
〔註49〕《年譜》，頁3540。
〔註50〕〈學言上〉：「或曰：周子既以太極之動靜生陰陽，而至於聖人立極處，偏著
　　　　一靜字，何也？曰：循理爲靜，非動靜對待之靜。」（頁629）
〔註51〕〈學言上〉，頁564。

若一言一動皆能循理，而無一毫私慾作祟，即可謂「靜妙於動，動即是靜」；反之，若涵養不於靜中得力，則動時亦無從用工夫。〔註52〕故惟有存此養此靈明之獨體，使此靈明獨體得以朗照，方能發揮「省察」之功能。

蕺山再三說明其慎獨，乃以「靜存」爲主而括「動察」之工夫理論，曰：

> 獨無動靜者也，其有時而動靜焉，動亦慎，靜亦慎也。而靜爲主。使非靜時作得主張，則動而馳矣。如挽逝波，其可及乎？動而常知常止焉，則常靜矣。周子曰：主靜，立人極，是也。〔註53〕

> 問未發氣象從何處看入？曰：從發處看入。如何用工夫？曰：其要只在慎獨。兼動靜否？曰：功夫只在靜，故云主靜立人極，非偏言之也。然則何以從發處看入？曰：動中求靜是眞靜之體，靜中求動是眞動之用。體用一源，動靜無端，心體本是如此。〔註54〕

> 問：慎獨專屬之靜存，則動時工夫果全無用否？曰：如樹木有根方有枝葉。栽培灌溉工夫都在根上用，枝葉上如何著得一毫。如靜存不得力，纔喜纔怒時便會走作，此時如何用工夫？苟能一如其未發之體而發，此時一毫私意著不得，又如何用工夫？若走作後便覺得，便與他痛改，此時喜怒已過了，仍是靜存工夫也。〔註55〕

由以上幾節之說明，可清楚地看出蕺山將「靜存」作爲根本工夫的論據所在：惟有在靜中涵養靈明之本體，動用時方能無走作之失。然而這並不是說蕺山只重視存養，而看輕省察之功；他尤其反對分靜存與動察爲二之說，且評朱子「至解慎獨又以爲動而省察邊事，先此更有一段靜存工夫，則愈析而愈支矣。」〔註56〕又曰：

> 意誠則心之主宰處止於至善而不遷矣。止善之量雖通乎身心家國天下，而根據處只主在意上，蓋謹其微者而顯者不能外矣。知此，則動而省察之說可廢矣。省察只是存養中最得力處。不省不察，安得所爲常惺惺者？存又存箇何物？養又養箇何物？今專以存養屬之靜一邊，安得不流而爲禪？又以省察屬之動一邊，安得不流而爲僞？

〔註52〕 《年譜》：「獨只在靜存。靜時不得力，動時如何用工夫？」（頁3539～40）
〔註53〕 《劉子全書》卷三十八，〈大學古記約義‧慎獨〉，頁3364。
〔註54〕 〈學言上〉，頁586。
〔註55〕 〈學言上〉，頁583。
〔註56〕 〈大學古記約義‧慎獨〉，頁3363。

〔註57〕

在此，所謂「動而省察」乃指「動後之省察」，蕺山以為，若靈明或良知皆只能在吾心活動後方有功用，則活動由未有至有時，豈非一片混沌乎？倘若心是在混沌中活動，則如何能說「存養」？因此，倘有所存養，則所存所養者即當是此心之靈明，存得靈明，則即能省察；靈明愈得存養，愈能朗照，亦愈有省察之功能，故說「省察只是存養中最得力處」，由此而將存養與省察通而為一。而「省察只是存養中最得力處」一語，即可說是蕺山工夫論樞紐所在，亦即「慎獨」宗旨之確解所在。〔註58〕

　　以上介紹蕺山「慎獨」之工夫理論，其重點在將「存養」與「省察」通而為一，而以「靜存」為主，若能時時存此養此靈明獨體，則不待事後之省察，亦無所謂「落後者」之弊，如此，道德修養之工夫，自能較先儒精密而切實。然則此「獨體」──或曰「意體」、「誠體」──之內涵，蕺山亦不以先儒之說為已足，針對陽明而作的檢討，亦使蕺山進一步建構其本體論。

（二）攝知於意

　　陽明之良知兼具體用，一方面良知為心之體；另一方面就用而言，良知兼具有知能與好惡二義。然而蕺山以《大學》為準據，對陽明致良知教多有不滿。首先，蕺山以為陽明之良知乃知用而非知體，因為「《大學》言致知，原以工夫言，不特致字以工夫言，并知字亦以工夫言」，〔註59〕因而剝落良知之本體義；其次，蕺山所理解陽明良知之功用，據四句教「知善知惡是良知」一語而來，亦以為其功用只有「知善知惡」一義，而無「好善惡惡」之功。如此，在蕺山眼中的良知，既不具本體義，且徒「知善知惡」而不能「好善惡惡」，則「致良知」自不足以為聖學宗旨。

　　因此，蕺山根據《大學》，另立誠意教以對治致良知教，則必兼賅體用，且兼具知能與好惡二功。蕺山之誠意教，在本體與工夫兩面，皆以意為中心。一方面意即意體，為超越之本體，另一方面意能「好善惡惡」，此在蕺山理解皆為陽明良知所未具備者；而陽明良知之「知善知惡」，蕺山則透過「離意無知」與「意即是知」二步驟之論證，而收攝良知於意中。〔註60〕

〔註57〕《年譜》，頁3638。
〔註58〕勞思光：《中國哲學史・三下》，頁578～9。
〔註59〕《劉子全書》卷十九，〈答史子復二〉，頁1422。
〔註60〕曾錦坤：《劉蕺山思想研究》，頁113。

1. 離意無知

　　就蕺山而言，「意」爲本體，「知」是工夫，工夫自不能離開本體：

　　　　明善之善，不外一誠，明之所以誠之也。致知之知，不離此意，致
　　　　之所以誠之也。本體工夫，委是打合。〔註61〕

除了本體工夫不可分離，即就工夫而言，「好善惡惡」與「知善知惡」，亦實
是一體兩面：

　　　　及攷之修身章，好而知其惡，惡而知其美，只此便是良知。然則致
　　　　知工夫不是另一項，仍只就誠意中看出。如離卻意根一步，亦更無
　　　　致知可言。予嘗謂好善惡惡是良知，舍好善惡惡，別無所謂知善知
　　　　惡者。好即是知好，惡即是知惡，非謂既知了善，方去好善；既知
　　　　了惡，方去惡惡。審如此，亦安見其所謂良者。乃知之與意只是一
　　　　合相，分不得精粗動靜。〔註62〕

「舍好善惡惡，別無所謂知善知惡」，便充分說明知能與好惡二用之不可分。
而「離卻意根一步，亦更無致知可言」，則正謂離意無知，將良知收攝於意中。

2. 意即是知

　　除了消極地言離意無知，蕺山更積極地表明意即是知，他說：

　　　　知善知惡之知，即是好善惡惡之意。好善惡惡之意，即是無善無惡
　　　　之體。此之謂無極而太極。〔註63〕

　　　　又從意中指出最初之機，則僅有知善知惡之知而已，此即意之不可
　　　　欺也。故知藏於意，非意之所起也。〔註64〕

由「舍好善惡惡，別無所謂知善知惡」，進而推論「知善知惡之知，即是好善
惡惡之意」當是十分自然的。「知藏於意」，意即涵攝知，即知即意，於是意
可充分涵攝「知善知惡」的功能。

　　以上簡述蕺山「攝知於意」之過程，就本體與「好善惡惡」之用而言，
爲蕺山之「意」所具備而陽明良知所未具者，故蕺山之重點在於就「意」亦
涵「知善知惡」之用，而就離意無知、意即是知兩方面，來以意攝知。然而
此處較令人混淆的，是蕺山一方面以爲陽明之「良知」只指「知善知惡」言，

〔註61〕〈學言下〉，頁715。
〔註62〕〈學言下〉，頁700。
〔註63〕《劉子全書》卷十一，〈學言中〉，頁646。
〔註64〕〈學言上〉，頁611。

另一方面卻又強調「好善惡惡」應屬「良知」，於是「好善惡惡」之「意」與「好善惡惡」之「良知」又似不可分別。〔註65〕在此吾人或可推測蕺山之用心，即：若要立一超越之道德根源，必兼賅體用，而其超越功用亦須兼涵知能與好惡二義，蕺山理解之良知，僅具知能之用，則不足以爲道德根源，故蕺山另立誠意教，以「意」兼賅本體與二用；而倘以良知爲工夫，則工夫亦必兼涵知能與好惡始備，故又有「好善惡惡是良知」之說。蕺山語言雖有交代不清之處，然其「攝知於意」，以「意」爲主之本旨，仍然清晰可辨。以下即說明蕺山之「意」所涵之內容。

（三）嚴分意念

1. 意之本旨

蕺山之誠意教以「意」爲中心，據曾錦坤之分析，其內容包含以下四點：〔註66〕

（1）心之存主

蕺山曰：「意者，心之所存，非所發也。」〔註67〕「心之主宰曰意，故意爲心本。」〔註68〕「說意仍是說心，意不在心外也。心只是個渾然之體，就中指出端倪來曰意，即惟微之體也……意者，心之所以爲心也。」〔註69〕「心渾然無體，而心體所謂四端萬善，參天地而贊化育，盡在意中見。」〔註70〕凡此，皆表示心之內容即是意，此亦意之本體義。

（2）意能覺照

意爲心之內容，蕺山說心曰：「此心一眞無妄之體，不可端倪，乃從覺地指之。覺者，心之主也。心有主則實，無主則虛，實則百邪不能入，無主焉反是。」〔註71〕又說意曰：「人心徑寸耳，而空中四達，有太虛之象。虛故生靈，靈生覺，覺有主，是曰意，此天命之體，而性道教所從出也。」〔註72〕凡此皆可看出能「覺」乃意之重要性能。

〔註65〕勞思光：《中國哲學史・三下》，頁587。

〔註66〕《劉蕺山思想研究》，頁105～107。

〔註67〕〈學言上〉，頁613。

〔註68〕〈學言下〉，頁705。

〔註69〕《劉子全書》卷九，〈問答〉，〈商疑十答史子復〉，頁544。

〔註70〕〈學言下〉，頁698。

〔註71〕《劉子全書》卷六，〈證學雜解〉，頁424。

〔註72〕〈學言中〉，頁641。

（3）意能好惡

由於蕺山以陽明良知僅說知善知惡，故意之「好善惡惡」之功能格外為其所重，其另立四句曰：「有善有惡者心之動，好善惡惡者意之靜，知善知惡者是良知，為善去惡者是物則。」〔註73〕又如：「意為心之所存，則至靜者莫如意。乃陽明子曰：有善有惡意之動，何也？意無所為善惡，但好善惡惡而已。」〔註74〕皆以「好善惡惡」界定意。此外蕺山更詳加說明意之好惡，曰：「好惡二端最微……所好在此，所惡即在彼，非實有好惡兩念對偶而發也。此幾一動，纔授之喜怒哀樂四者，而刑賞進退生焉。依然只是此意之好惡而已。」〔註75〕「如惡惡臭，如好好色，蓋言獨體之好惡也，原來只是自好自惡……好在善即惡在不善，惡在不善即好在善。故好惡雖兩意而一幾。」〔註76〕在此充分顯出蕺山以「好善惡惡」說意，乃指「純粹意志」，以與「經驗意志」互別者。

（4）意為至善

陽明四句教曰「無善無惡心之體」，本在確立主體性之最高自由，故不能以經驗界相對之「善惡」描述之，蕺山亦知：「如以善惡屬意，則好之惡之者誰乎？」〔註77〕然而「無善無惡」之說引起後學虛玄之弊，而有「近禪」之譏，因此蕺山確立「意」為價值根源，則以「有善無惡」之「至善」義說之。〔註78〕曰：「意者，至善之所止也……自中之好惡，一於善而不二於惡，一於善而不二於惡，正見此心之存主有善而無惡也。」〔註79〕「抑善惡者意乎？抑好善惡惡者意乎？若果以好善惡惡者為意，則意之有善而無惡也明矣。」〔註80〕凡此皆可看出蕺山以「意」為價值根源之至善義。

蕺山據《大學》「誠意」之教，確立「意」屬超越層之至善本體，針對陽

〔註73〕〈學言上〉，頁 614。
〔註74〕〈學言上〉，頁 613。
〔註75〕《劉子全書》卷三十八，頁 3381，〈大學雜言〉。
〔註76〕〈學言下〉，頁 696。
〔註77〕〈答史子復〉，頁 1412。
〔註78〕實則蕺山對陽明「無善無惡心之體」之旨未嘗不知，如前引蕺山曰：「知善知惡之知，即是好善惡惡之意。好善惡惡之意，即是無善無惡之體。」亦曰「無善無惡」。至《人譜》起首則曰：「無善而至善，心之體也。」要皆在表明其超越而無對待之絕對義。
〔註79〕〈學言上〉，頁 612～613。
〔註80〕〈學言下〉，頁 696。

明「有善有惡意之動」之說，除了一方面確立「意」之「有善無惡」與「好善惡惡」，再方面則須對於經驗層之「有善有惡」作一說明，於是蕺山提出「念」的觀念，解釋現實生命中惡的由來，而陽明說「有善有惡意之動」，顯爲「以念爲意」，故蕺山亦必強調「意」、「念」之分。

2. 意念之分

蕺山解釋念的由來與其特質曰：

> 心、意、知、物是一路，不知此外何以又容一念字？今心爲念，蓋心之餘氣也；餘氣也者，動氣也。動而遠乎天，故念起念滅，爲厥心病，（原注：新本下云：還爲意病，爲知病，爲物病。）故念有善惡，而物即與之爲善惡；物本無善惡也。念有昏明，而知即與之爲昏明；知本無昏明也。念有眞妄，而意即與之爲眞妄；意本無眞妄也。念有起滅，而心即與之爲起滅；心本無起滅也。故聖人化念歸心。〔註81〕

「今心爲念」在文字學上雖不合造字本義，但可表明蕺山之論旨：「念」爲現實生命種種經驗意識之活動，故旋起旋滅，僅爲「心之餘氣」、「動氣」，而「動而遠乎天」，方造成經驗世界之「有善有惡」，陽明說「意之動」，或先儒以意爲「心之所發」，皆是以念爲意，〔註82〕故蕺山分別之曰：

> 一念不起時，意恰在正當處也。念有起滅，意無起滅也。今人鮮不以念爲意者。嗚呼，道之所以嘗不明也。〔註83〕

> 意者，心之所存，非所發也。或曰：好善惡惡非發乎？曰：意之好惡與起念之好惡不同，意之好惡，一幾而互見，起念之好惡，兩在而異情。以念爲意，何啻千里。〔註84〕

簡單來說，意屬超越，念屬經驗；意爲先天心體，念出於後天人爲。意爲純粹意志，道德主體，故其好善即見惡惡，惡惡即見好善，當機而發，而不隨物遷流，更無一毫私意造作，故曰「一幾而互見」；念受經驗層面感性與物欲之影響，其所好所惡未必當理，且可能因現實情境而改變，因此所好未必爲善，所惡亦未必爲惡，今日所好，亦可能成爲明日所惡，念起念滅之間，並無常準，故其好惡乃「兩在而異情」。

〔註81〕　〈學言中〉，頁 655～656，案：原注：歸，新本作「還」，下云：「要于主靜」。
〔註82〕　〈學言中〉：「朱子云：意者心之所發，是以念爲意也。」（頁 661）
〔註83〕　《劉子全書》卷九，〈問答〉，〈答董生心意十問〉，頁 541。
〔註84〕　〈學言中〉，頁 646。

現實生命之善惡既由「念」之造作而來，道德修養之功則在如何克治此念，蕺山因有「化念歸心」之說。

（四）化念歸心

蕺山對於「念」之態度，或可分爲以下數點說之：

1. 無念之說

蕺山曰：

> 予嘗有無念之說，以示學者。或曰：念不可無也。何以故？凡人之欲爲善而必果，欲爲不善而必不果，皆念也，此而可無乎？曰：爲善而取辨於動念之間，則已入於僞，何善之果爲？然則爲善去惡奈何？曰：欲爲善，則爲之而已矣，不必舉念以爲之也。欲去惡，則去之而已矣，不必舉念以去之也。舉念以爲善，念已焉，如善何？舉念以不爲惡，念已焉，如惡何？〔註85〕

> 起一善念，吾從而知之。知之之後，如何頓放此念？若頓放不妥，吾慮其剜肉成瘡；起一惡念，吾從而知之，知之之後，如何消化此念？若消化不去，吾恐其養虎遺患。總爲多此一起。纔有起處，於善亦惡，轉爲多此一念。纔屬念緣，無滅非起。〔註86〕

> 一切好歹念都著不得，可知凡有念皆不是道。〔註87〕

經驗層之念頭，總不免有染污與執著，即使動念爲善，亦不免私欲造作，故若僅在念起念滅間求爲善去惡，實不足以爲聖學，因此「動念」本身即屬多餘，蕺山因而有「無念」之說。然而「無念」僅可說是蕺山強調經驗層之念起念滅，不足以爲道德修養之眞工夫，實則念頭焉可完全斷絕，但道德修養則可透過自我之眞正轉化，使得其爲善去惡不再只是在念起念滅間的浮面表現，而能提昇至超經驗之純粹意志，自能發念皆善，此一轉化的過程，蕺山以「化念歸思」說之。

2. 化念歸思

蕺山〈治念說〉繼「無念之說」後續曰：

〔註85〕 《劉子全書》卷八，〈治念說〉，頁505。
〔註86〕 〈學言下〉，頁722～723。
〔註87〕 《劉子全書遺編》（《劉子全書及遺編》，京都：中文出版社，1981年），卷十三，〈陽明傳信錄三〉，頁1155。

然則不思善不思惡可乎？曰：思者，心之官也。思則得之，得無所得，此謂思善。不思而得，失無所失，此謂至善。……然則念與思何別？曰：念有起滅，思無起滅也。或合之，或離之，一而二者也。慎思者，化念歸思；罔念者，轉引思以歸念，毫釐之差，千里之謬也。然則念可屏乎？曰：不可屏也。當是事，有是心，而念隨焉，即思之警發地也。與時而舉，即與時俱化矣。〔註88〕

夫學所以治念也。與思以權，而不干之以浮氣，則化念歸思矣。化念歸思，化思歸虛，學之至也。夫思且不可得，而況於念乎？此爲善去惡之眞法門也。〔註89〕

對於蕺山此處「化思歸思」之說，牟宗三先生以爲「思」字太通泛，「夫思且不可得，而況於念乎？」亦嫌玄巧，因爲在內涵上，此處之「思」字，實即蕺山所說之「意」，故不若言「誠意以化念」更有其系統之一貫性。〔註90〕「化念歸思」即指道德修養之工夫，在使念皆歸於「思」（意）之主宰，凡舉念皆爲「思」（意）之功能所貫注，則念雖流逝無定，而主宰功能則不隨念之起滅而有起滅。道德修養惟有使念念歸「思」，亦即使道德主體之自覺（思、意）超越經驗意識（念），方能成其根本切實之功，而可避免逐念而永爲「落後者」。由此亦見前所謂「無念」仍是權說，僅在強調工夫不在念上，自我不應自繫於經驗意識之中而已。〔註91〕

雖然，「化念歸思」可以「誠意以化念」之義代換，然而若仔細玩味蕺山之用語，吾人亦可進一步感受蕺山工夫論之特徵所在。蕺山解釋「思」曰：「當是事，有是心，而念隨焉，即思之警發地也」，故「思」與「意」之本體義略有區別，其所強調的，應爲合存養、省察爲一之「慎獨」的工夫義，「慎獨」即「慎思」，而蕺山所以言「思」字，顯然即著眼於「思」字之動詞性所展現之工夫義；而由蕺山之慎獨工夫將動察攝入靜存的特色，吾人亦可進一步推知所謂「化念歸虛」之「虛」，即「靜存」之「靜」，故蕺山治念之工夫亦歸於「化念還心，要於主靜」，「主靜」乃成爲蕺山工夫論之最大特色。

〔註88〕〈治念說〉，頁 505～506。

〔註89〕同前註。

〔註90〕牟宗三：《從陸象山到劉蕺山》，頁 516。勞思光亦以爲此「思」字依蕺山意應合指「意」與「知」（《中國哲學史・三下》，頁 592），前已說過蕺山之「攝知於意」，故一「意」字可括其義。

〔註91〕勞思光：《中國哲學史・三下》，頁 592。

3. 化念還心，要於主靜

念為「心之餘氣」、「動氣」，「動而遠乎天」，因而善惡混雜；欲化念還心，則在於收攝心氣之浮動而歸於心體之靜。一方面，唯有從靜中涵養心體，使「此心有主」，然後動念所起之喜怒哀樂，方無偏至走作之失，蕺山曰：

> 如喜之過便是淫，又進之以樂益淫，淫之流為貪財、為好色。……
> 然使一向在財色上止截，反有不勝其扞格者，以其未嘗非性也；即
> 使斷然止截得住，纔絕得淫心，已中乖戾心，便是傷。學者誠欲拔
> 去病根，只教此心有主，使一元生意周流而不息，則偏至之氣自然
> 消融，隨其所感而順應之，凡為人心之所有，總是天理流行。〔註92〕

另一方面，能證得性體、獨體，則在日常應物起念之間，亦能隨起隨復心體之靜，如「言語既到快意時，自當既之以忍默；意氣既到發揚時，自當繼之以收斂；憤怒、嗜欲既到沸騰時，自當繼以消化；此正一氣之自通自復，分明喜怒哀樂相為循環之妙，有不待品節限制而然。……學者但證得性體分明，而以時保之，則雖日用動靜之間，莫非天理流行之妙。」〔註93〕因此唯有歸於靜中「化念還心」，方可謂為道德修養之真工夫。

蕺山將陽明四句教中屬於經驗層之「意」提昇至超經驗層而為「意體」、「獨體」，將其工夫歸於靜中之存養；而將經驗層之善惡歸之於「念」，其工夫亦在於歸於心體之靜，以超越之心體收攝起滅無定之念，而終於「化念」「無念」。在此可充分看出蕺山工夫論中純重內斂，喜言主靜等特色所在，亦可見其與陽明之不同，如勞思光曰：

> 依陽明本意……「致良知」必至於「誠其意」而獲全功。當「意」能
> 「誠」時，此意即是「好善惡惡」之意，正相當於蕺山所謂之「主宰」。
> 然其不同處是：純粹意志在陽明乃工夫之成處，亦可說是「歸宿義」，
> 而在蕺山則似認作「根源義」。陽明說「良知」取「根源義」，說誠意
> 則取「歸宿義」……今蕺山則先將主宰性歸於「意」，以「好善惡惡」
> 為「意」之定向能力，則「意」是「根源義」。……然則工夫……遂
> 不得不落在「念」上說……所謂「念」仍不外陽明所說之「意之動」，
> 不過蕺山強執「純化意志」之義，故不得不分別意念耳。〔註94〕

〔註92〕 《劉子全書》卷六，〈證學雜解十六〉，頁428。
〔註93〕 〈學言中〉，頁650。
〔註94〕 《中國哲學史·三下》，頁587～588。

依陽明本旨，「意之動」有善有惡，乃「未誠之意」，而致良知工夫
正落實在意志之純化上，故「致知」之功即落在「誠意」上……此
即致知誠意之一貫性……陽明之工夫，在於使「意之動」能全以「良
知」之定向爲方向，並無消除此「動」之意。蕺山既分「意」與「念」
爲二，遂以念之生起爲一病，而有「化念歸心」之說。換言之，蕺
山宗旨在於「無念」，則與陽明對「意之動」的態度又大不同。而蕺
山工夫論之純重內斂，喜言主靜等等特色，皆可在此關鍵上顯出矣。
〔註95〕

據勞氏之說，吾人可看出蕺山對道德「根源」之確立十分重視。就陽明之理
論而言，「誠意」取歸宿義，因此「誠」字在陽明有對治之實功義，但在蕺山
之理解中，則只取貫徹之義，〔註96〕蕺山對陽明之不滿即在於：若意有善有
惡，而良知又僅能知善知惡，則所謂致知以誠意，一方面只是「專在念起念
滅用工夫」的「落後著」之事；而「誠」此有善有惡之「意」，更是根本錯用
工夫，只能成就「半個小人」，自我之道德主體無從建立。因此蕺山所要確立
的，即是「意」之爲超越層的道德根源義，其誠意愼獨之工夫，亦在根源處
存養其意體、獨體，惟有自根源處保此靈明本體，方能眞正成就道德。而對
念之看法亦然，之所以「以念之生起爲一病」而主「無念」，亦在於在經驗層
上動念爲善或不爲惡，皆所謂在念起念滅間用工夫，其道德修養皆屬浮面表
現而非切實之功，故其非眞欲「消除」念，而亦在歸於心體、意體，以超越
之價值根源作一主宰，終使經驗層之念皆合於天理之流行。

　　故綜合蕺山學說大旨，可以發現蕺山對道德修養工夫思考之方向，實即
在於針對陽明良知說的反省，亦即所謂「落後著」之說。無論是以「意」爲
「好善惡惡」之至善本體，以「靜存之外無動察」說誠意愼獨之工夫，或是
主張「無念」與「化念歸心」，其用心皆是在免除所謂「落後著」之弊。就蕺
山而言，在經驗層面用工夫，乃至事後的反省改過，永遠是「落後著」，故其
必在道德根源處用力，使得成德的工夫，眞正能由「自我轉化」來達成。

　　以上簡要說明蕺山學說要旨，而其「愼獨」、「治念」之工夫歷程，則具
體展現在其《人譜》一書中，透過《人譜》，吾人可充分了解蕺山道德哲學的

〔註95〕同前註，頁589。
〔註96〕參見牟宗三：《從陸象山到劉蕺山》，頁466，及勞思光：《中國哲學史‧三下》，
　　　　頁585。

建構，是如何地嚴密與切實。

第二節　《人譜》之思想要旨

一、《人譜》之內容大要

（一）《人譜》略說

　　《人譜》是蕺山具體展現其工夫理論之作。蕺山作此書的動機，可說是受到了凡功過格思想成為儒者據以作為道德修養的方式的刺激而作。崇禎六年他在與秦弘祐（履思）的信中，便已提出一種「不落了凡窠套」的儒者修養方式，曰：

> 幸交勉之功過冊條件，僕意先書一圓圈當太極，象未發之中，以靜
> 坐法當之，此則為元善；此外推之動念卜吉凶，為動而生陽；又推
> 之視聽言動，以卜悔吝，為靜而生陰；又推之五倫百行之是非得失，
> 以當五行，與萬物化生，而其要歸於主靜以立人極，庶不落了凡窠
> 套。大抵立教不可不慎，若了凡功過之說，鮮不以功為過，以過為
> 功，率天下而歸於嗜利邀福之所，為吾道之害，有不可言者。〔註97〕

亦可說是對《人譜》一書的構想；而次年秦弘祐又做了凡功過格善惡對舉的方式作「遷改格」，更使蕺山感到確立一套儒者道德修養法門之重要性，於是而有《人譜》之作。〔註98〕為展現儒者道德修養之切實工夫，蕺山對《人譜》一書極為重視，據其子伯繩的記載，他曾多次加以刪定，至卒前仍在修訂此書，〔註99〕且命伯繩續成《人譜雜記》，〔註100〕可見本書在其心目中的重要性；故董瑒編《劉子全書》亦將《人譜》置於篇首，由此可顯出《人譜》在以工夫論為中心的蕺山學術中之地位。

〔註97〕《劉子全書遺編》卷四，頁1000，〈答履思十〉，下註「癸酉」，即崇禎六年。
〔註98〕《劉子全書》卷四十，《年譜》，頁3585；及《人譜‧自序》，《劉子全書》卷一，頁159。已見第一卓註19引。
〔註99〕《劉子全書》卷一，頁190：「按：《人譜》作於甲戌（崇禎七年），重訂於丁丑（十年），而是譜則乙酉五月之絕筆也，一字一句，皆經再三參訂而成。」
〔註100〕《年譜》，頁3699：「先生於譜中未當者再加改正，是書凡三易稿始定，又取古人言行，從紀過格諸款，類次以備警，名《人譜雜記》。」下註：「《雜記》尚未畢草，先生臨絕，命汋補之，敬受命成書。」《人譜雜記》載於《遺編》，顯與《人譜》各自成書，且以古人言行為主，不涉理論，故不列入討論。

　　《人譜》前有〈自序〉，內容則分〈正篇〉、〈續篇〉，〈人譜正篇〉包含〈人極圖〉與〈人極圖說〉，〈人譜續篇一〉是〈證人要旨〉，〈人譜續篇二〉則包含〈紀過格〉、〈訟過法〉以及三篇〈改過說〉，〔註101〕其中〈紀過格〉對六層過惡的分析，與〈證人要旨〉之六步成聖的工夫歷程，正成正反兩面的對照。

　　蕺山《人譜》之作，實針對了凡功過格而來，因此在書前的〈自序〉中，他便明白表明了對了凡功過思想的批判，以為其篤信因果，實出於功利，而本書傳儒者聖學，與了凡之最大不同，便在於「言過不言功，以遠利也」，因此，除了〈正篇〉提綱挈領地展現儒家道德哲學之建構，〈續篇一〉〈證人要旨〉正面展示成聖的工夫歷程之外，〈續篇二〉完全在探討「過」與訟過、改過的問題。〈紀過格〉與了凡之「功過格」恰成對比，充分表明其「言過不言功」的立場，對於六層過惡的分析，其精密之程度，前所未見；〈訟過法〉亦與了凡訴諸因果與天地鬼神之報應意識不同，而以超越的道德實體之鑒臨，作為其獨自面對自我時，能戒慎恐懼自承其過的監察者；至於〈改過說〉三篇之要旨，亦再三闡明其治念與化念之工夫論，使其改過，真能根本徹底，而非如了凡之功過可相抵，「則過終無改時」。〔註102〕

　　蕺山以為：「論本體，決其有善無惡；論工夫，則先事後得，無善有惡可也」，〔註103〕因此〈人極圖說〉發揮「無善而至善，心之體也」，「萬性一性也，性一至善也」等義——亦即儒者對道德主體「至善」的肯定，以及據此建構之道德的形上學〔註104〕——是論本體之「有善無惡」，而〈證人要旨〉便是隨處體會、葆任此至善之本體，方「證」其所以為「人」的工夫歷程；然而在步步實踐道德修養之工夫時，卻惟有時時「紀過」、「訟過」、「改過」的過程，而無絲毫的「善」可稱述，可以說是一方面強調對人性皆善之樂觀肯定、另

〔註101〕　《人譜》各篇如〈人極圖說〉、〈訟過法〉以及三篇〈改過說〉俱不長，〈證人要旨〉（頁164～171）、〈紀過格〉（頁172～181），各分六步歷程，每段文字亦不過一、二頁，查考甚易，故以下若言明出於某篇某段之引文，不再加註頁數。

〔註102〕　《劉子全書》卷十九，頁1330，〈與履思九〉：「今善惡並書，但准多少以為銷折，則過終無改時。」

〔註103〕　同前註；又見《年譜》甲戌八月條（頁3585）。

〔註104〕　牟宗三：《心體與性體》說明儒家「道德的形上學」之完成，包涵道德理性之三義：一、意志之自律——即性體心體之主宰性；二、將性體心體直透至其形而上的宇宙論的意義，而為天地之性；三、性體心體必通過具體生活實踐之體現，即所謂「盡性」之工夫（臺北：正中書局，1989年，第一冊，頁138）。蕺山之《人譜》可包涵三義，就其〈證人要旨〉與〈紀過格〉之二層工夫，著重者乃在一、三兩點，「天地之性」一層主要表現在〈人極圖說〉。

一方面則表現出若一不善，則墮禽獸的道德緊張，這是許多晚明理學家皆有
的道德嚴格主義之心態，而蕺山道德嚴格主義之特徵，透過他〈證人要旨〉
與〈紀過格〉對成聖歷程與其間過惡的對照分析，更可明顯的看出。

〈人譜正篇〉的〈人極圖〉有六圖，〈證人要旨〉與〈紀過格〉分別從正
反兩面展現其成聖之工夫理論，皆依此六圖而作發揮；〔註105〕這兩篇可說是
本書之重點所在，亦爲歷來討論《人譜》者所最看重的部分，透過二篇之對
照，儒者道德修養之工夫理論，於焉完備，因此以下針對此二篇作一介紹。

（二）成聖的正反兩面工夫——〈證人要旨〉與〈紀過格〉

〈證人要旨〉依〈人極圖〉所表明之成聖的六步實踐歷程，分別爲：「凜閒
居以體獨」、「卜動念以知幾」、「謹威儀以定命」、「敦大倫以凝道」、「備百行以
考旋」，以及「遷善改過以作聖」六項；所表現之工夫境界則是所謂「無極而太
極、動而無動、靜而無靜、五行攸敘、物物太極、其要無咎」六層。〈紀過格〉
則是相對於〈證人要旨〉，而自負面呈現道德修養上步步檢視其過的歷程，分別
爲一、「微過，獨知主之」，二、「隱過，七行主之」，三、「顯過，九容主之」，
四、「大過，五倫主之」，五、「叢過，百行主之」，六、「成過，爲眾惡門，以克
念終焉」；相對於〈證人要旨〉之工夫境界，此六層過惡所代表的則是「物先兆」、
「動而有動」、「靜而有靜」、「五行不敘」、「物物不極」與「迷復」。曾錦坤將此
兩篇要旨製成一表，〔註106〕可充分看出二者正反相對之關係：

染　淨	性　　質	項　　目	範　圍
＋	無極而太極	凜閒居以體獨	誠　意
－	物先兆	微過，獨知主之	
＋	動而無動	卜動念以知幾	正　心
－	動而有動	隱過，七行主之	
＋	靜而無靜	謹威儀以定命	修　身
－	靜而有靜	顯過，九容主之	
＋	五行攸敘	敦大倫以凝道	齊　家
－	五行不敘	大過，五倫主之	

〔註105〕 關於此六圖，牟宗三評曰：「此人極之譜當然十分精練而切實，但畫圖則顯得
　　　　　無趣味。」（《從陸象山到劉蕺山》，頁519）故不對六圖本身多作介紹。
〔註106〕 《劉蕺山思想研究》，頁127。

+	物物太極	備百行以考旋	治　平
−	物物不極	叢過，百行主之	
+	其要無咎	遷善改過以作聖	改　過
−	迷復	成過，爲眾惡門	

正面工夫以體認此超越至善之「獨體」爲首要，有此「獨體」作一主宰，甫動念即能「知幾」，如此則「當下廓清，可不費絲毫氣力」；誠於中而後形於外，其容貌辭氣則亦無所失，而皆合於「當然之則」，是爲「謹威儀以定命」；以上僅是由內而外之個人表現，進而面對人際之交往，最基本之人際關係是所謂「五倫」，亦依「獨體」而能「根心生色，暢於四肢，發於事業」，則五倫各得其敘；由此再推極於個體與群體間之種種關係，皆能「知之明，處之當」，則百行皆敘，物物付極；然而人作爲一現實的存在，在步步的實踐中，隨時可能有過惡的產生，故立第六步「遷善改過以作聖」，點明成聖過程中，遷改工夫之無窮，由此進而提出負面省過紀過之工夫。負面之工夫，亦從個人獨知中之一點妄念處反省，進而有七情之過，爲個人偏離獨體、「動而遠乎天」之不當情緒，若發之於外，則有九容之過；若以此七情九容待人應事，則有大過、叢過，有過不改，即成「眾惡」，若欲改過，則亦以「克念」爲工夫之則。

曾氏對此正反兩面工夫有一簡要的解說，曰：「六組工夫，兩兩相對。有善，便可能有惡；改過，仍復歸於善。正面工夫推到百行已經至極，然現實存在不可能無氣質之雜，故立第六項遷善改過工夫，以爲負面工夫先導。負面過惡凡六，既經改過，仍復歸正面，故以克念終之。」〔註107〕可見蕺山正反兩面工夫之嚴密完備。故牟宗三先生贊曰：

〈證人要旨〉依圖所說的六步實踐即是成聖底歷程，即，通過格致誠意使心意知物順適調暢地一體呈現也。然於六步實踐中必隨時有反面之過惡以隨之。化此反面者，正面始顯。故紀過格即依圖而檢查六重過惡。……此一正反兩面所成之實踐歷程爲從來所未有，而蕺山獨發之。此大類於佛家之修行位次斷無明也；而獨體處之微過即有類於同體無明所謂根本惑也。蕺山於此微過體會甚深，言之最切。斷無明不易，化此微過亦不易。此足見蕺山誠意慎獨工夫之深

〔註107〕同前註，頁 128～129。

也。儒家內聖之學成德之教之道德意識至此而完成焉。〔註108〕

綜上所述，可見蕺山之正面工夫，皆以「獨體」作爲超越根據；而負面工夫，則謹其「妄念」爲其根本，故蕺山正面之工夫歸本於「愼獨」；負面之工夫則追根於「治念」，蕺山愼獨與治念之工夫論，即具體而詳盡地展現於《人譜》中，以下再詳說之。

二、愼獨與治念

（一）愼　獨

1. 工夫只在靜

前已說過，蕺山所謂「愼獨」，重在「獨體」一觀念，故其「愼獨」可說是「愼養其獨體」之義；然而「獨體至微，安所容愼」，惟有在獨處之時（亦即《大學》所謂「閒居」），至靜至寂，沒有外在人事的干擾，學者可藉此摒除諸般雜念，涵養此靈明之本體，因此「愼獨」又有「愼其獨處時」之另一層涵義，合此二層「愼獨」之義，道德修養之第一層、亦是最根本的工夫，即在於「凜閒居以體獨」（囉嗦一點說，即：謹愼地在獨處時來涵養、體認獨體）。蕺山曰：

> 自昔孔門相傳心法，一則曰愼獨，再則曰愼獨。夫人心有獨體焉，即天命之性，而率性之道所從出也，愼獨而中和位育，天下之能事畢矣。然獨體至微，安所容愼，惟有一獨處之時，可爲下手法。
> 君子曰：閒居之地可懼也，而轉可圖也。吾姑即閒居以證此心，此時一念未起，無善可著，更何不善可爲，止有一眞無妄在不睹不聞之地，無所容吾自欺也。吾亦與之毋自欺而已，則雖一善不立之中，已具有渾然至善之極，君子所爲必愼其獨也。

以上乃說明涵養此靈明獨體，惟有在一獨處之時，眞誠地面對自我，摒除一切外在經驗層之善惡分別與氣質私欲的干擾，而證得心體之渾然至善；此亦蕺山愼獨之工夫論必歸於「主靜」，以靜之存養爲根本的工夫。然而獨處時之靜存工夫如何切實而有效，蕺山則提出「靜坐」的方式，他說：

> 靜坐是閒中喫緊一事，其次則讀書。朱子曰：每日取半日靜坐，半日讀書，如是行之，一二年不患無長進。

〔註108〕《從陸象山到劉蕺山》，頁 520。

獨處之時，若能採取靜坐的方式，必有益於收攝心神，而更能體此至微之靈明獨體。蕺山極重靜坐之工夫，保任獨體固須此靜坐工夫，省過訟過更須以靜坐，以助一己之念慮澄澈，故蕺山之訟過法亦即靜坐法，將於下文詳之。

2. 動念即知幾

獨處靜坐之時、一念不起之時，能慎養其獨體，只是道德修養之初步工夫，念起之時、言語行動表現於外、與人交接之時，能使此獨體一如其獨處之時而發用，才是道德修養之真工夫所在。然而當吾人念慮紛起，在外界人事的影響下，要能保持獨體之靈明，顯然較閒居之時更為困難，故道德修養之工夫，尤在步步檢查吾人舉心動念以下，由內而外之種種行為。而檢查之方式，若只是就念頭、行為產生之後再來端正其心、端正其行，則是所謂「動後之省察」，為蕺山所以為不足者。欲避免「動後之省察」，惟有將動念以下所有工夫亦皆歸本於慎獨，而「動念」是所有行為產生之始，自動念處慎其動，使「念如其初」（「初」即靈明獨體），則是首須把握之功，故成聖之第二層工夫在於「卜動念以知幾」，蕺山曰：

> 獨體本無動靜，而動念其端倪也。動而生陽，七情著焉，念如其初，則情返乎性，動無不善，動亦靜也。轉一念而不善，隨之動而動矣。是以君子有慎動之學。

獨體屬超越層，本無所謂動靜，必言主靜，乃因「道德言動，皆翕聚為主，發散是不得已事」，〔註109〕故以靜言。落於經驗層，勢必有動靜之對待分別，而所謂靜者，則是「循理為靜」、「動而無妄曰靜」，動念之際，若能使七情立返於性體獨體，則「動無不善，動亦靜也」，此乃吾人從事道德行為時必先把握者，蕺山曰：

> 七情之動不勝窮，而約之為累心之物，則嗜慾忿懥，居其大者。損之象曰：君子以懲忿窒慾。懲窒之功，正就動念時一加提醒，不使復流於過而為不善。纔有不善，未嘗不知之而止之，止之而復其初矣。過此以往，便有蔓不及圖者。

> 學不本之慎獨，則心無所主，滋為物化，雖終日懲忿，只是以忿懲忿；終日窒慾，只是以慾窒慾。以忿懲忿，忿愈增；以慾窒慾，慾愈潰，宜其有取於推山填壑之象。豈知人心本自無忿，忽焉有忿，

〔註109〕〈學言上〉，頁626。

　　　吾知之，本自無慾，忽焉有慾，吾知之，只此知之之時，即是懲之
　　　窒之之時，當下廓清，可不費絲毫氣力，後來徐加保任而已。

就動念之初及時糾正自己念頭上的偏失，而能復返其獨體，是最簡捷有效的法
門，所謂「當下廓清，可不費絲毫氣力」；反之，若不在此及時改正，逐念而不
返，則其過「蔓不及圖」矣！要在嗜慾忿懥干擾其心時，而能保持獨體之靈明，
其學固不能只就動念處加以反省，而仍自閒居體獨而來，故蕺山成聖之學皆歸
本於慎獨，由此清晰可見。在第三步「謹威儀以定命」及第四步「敦大倫以凝
道」處，蕺山亦皆再三提醒學者：凡此工夫，皆慎獨之學一貫而下之意，如：

　　　慎獨之學，既於動念上卜貞邪，已足端本澄源，而誠於中者，形於
　　　外，容貌辭氣之間，有爲之符者矣，所謂靜而生陰也。

　　　故學者工夫，自慎獨以來，根心生色，暢於四肢，自當發於事業，
　　　而其大者，先授之五倫，於此尤加致力，外之何以極其規模之大，
　　　內之何以究其節目之詳，總期踐履敦篤。

成聖之學本之於慎獨，故蕺山學問乃自根本處建立者，自至善之本體處立得
主宰，則學者之爲善去惡，便非隨念起念滅之無保證，成聖乃成爲一切實可
行之路。除了立定心體至善之主宰，對於經驗層之過惡，仍須作切實之對治，
故蕺山既說明「慎獨」之正面工夫，更須詳述負面之對治過惡，而其工夫則
追根於「治念」。

（二）治　念

　　蕺山對負面過惡之對治，在〈紀過格〉中分爲六步工夫，其六層過惡中，
微過、隱過過在於內；其後九容、五倫、百行之過，則爲日常生活中表現於
外者，然追本溯源，則皆歸於「知幾」、「體獨」。獨體本無善惡，善惡之分別
乃自後天經驗而來，亦即由「動而遠乎天」之「念」而來；「知幾」者，即能
知此「動而遠乎天」之隱微的妄根浮氣，欲回歸至善之獨體，則必對此造成
過惡之「念」作一切實的對治。表現於外在言行、待人處世時之過惡，追究
其始，皆自心念之偏離獨體而來，惟有「卜動念」即能「知幾」，當下便覺，
當下廓清，立即復此獨體，方能免除過惡於無形。

　　前已介紹蕺山對「念」之態度，乃主張「化念歸心」，然而吾人如何能夠
「化念」，除了對獨體本身之眞切把握之外，對於「念」之生起與過之內容的
洞澈，是蕺山道德哲學中不曾忽視的一環。從「動而遠乎天」隱微之妄根浮

氣開始，蕺山由內而外步步分析之過惡皆極詳密。實則過惡若已表現於外為人所見，鑄成錯誤後，再作反省，已是蕺山所謂「動後之省察」，然而蕺山並不以其工夫歸根於慎獨治念，便對逐念所成之過惡略而不談，反而深入精密地分析探討之，由此可見蕺山道德工夫十分篤實真切。因為就理上說，道德修養與改過之工夫固歸根於慎獨治念，但作為一個現實的生命，學者焉有自始便能化除過惡於無形者？故蕺山對過惡詳密之分析，乃使學者得以步步檢視其過，惟有切實體察自己的過錯，方得切實改過。然而體察己過的同時，如何避免成為「落後著」的省察，僅在事後方改過，除了時時由正面涵養其獨體之外，且須對自己過惡之產生，由外而內，直逼至「念」之偏離；能洞澈妄念之生起，方能自根源處消除此過惡，而終能「化念歸心」。

　　蕺山「卜動念」即能「知幾」，顯示他對道德修養工夫之精密深刻，正因對「念」之生起、對「動而遠乎天」之過惡極為了解、極為敏感，方能在「念」甫動之時便即發覺，而能及時復歸獨體。由蕺山對過惡之深刻體察，以及其改過之學推極於「念」之省察與化除，吾人可充分感受蕺山道德嚴格主義之精神。

　　以上略說蕺山之追根於念，而其對過惡之精密分析，則留待後文詳述。

（三）訟過法

　　在〈紀過格〉之六層過惡之後，蕺山又著〈訟過法〉一篇，啟示學者如何切實反省其過。其訟過之方式即靜坐，而在獨處靜坐之時，除了面對自我，蕺山尚安排一超自然實體之鑒臨，使得其道德哲學，更多一層莊嚴的宗教情懷。而其靜坐訟過的過程，蕺山詳述之以示學者，曰：

> 一炷香，一盂水，置之淨几，布一蒲團，座子於下，方會平旦以後，一躬就坐，交趺齊手，屏息正容，正儼威間，鑒臨有赫。（原注：「正儼威」二句，新本作「匪聞斯聞，匪覩斯覩，祗祗栗栗，如對上帝，如臨師保。」）呈我宿疚，炳如也，乃進而敕之，曰：爾固儼然人耳，一朝跌足，乃歠乃禽，種種墮落，嗟何及矣！應曰：唯唯。復出十目十手，共指共視，皆作如是言，應曰：唯唯。於是方寸兀兀痛，汗微星、赤光發頰，若身親三木者，已乃躍然而奮曰：是予之罪也。夫則又敕之，曰：莫得姑且供認。又應曰：否否。頃之，一線清明之氣徐徐來，若向太虛然，此心便與太虛同體。乃知從前都是妄緣，妄則非真，一真自若，湛湛澄澄，迎之無來，隨之無去，卻是本來

> 真面目也。此時正好與之葆任,忽有一塵起輒吹落,又葆任一回;
> 忽有一塵起輒吹落,如此數番,勿忘勿助,勿問效驗如何,一霍間,
> 整身而起,閉閣終日。

在此訟過之過程中,吾人可發現兩點:其一,可清楚地體會到蕺山道德哲學(或說儒家道德哲學)之自律精神;其二,可更加感受蕺山道德嚴格主義之特色。而二者之精神實乃一致,以下再加說明:

首先須說明的是,在靜坐訟過時鑒臨的「上帝」,吾人不能將之理解為人格神的意義,而僅代表一形上之道體。此「上帝」並不能以其賞善罰惡之能力為人所懼,且實際上其亦不涵有此種能力,祂僅是一至善的實體,乃儒者經由道德實踐之體證而證得者。因此,在面對此一至善道體之鑒臨,儒者所畏者,實在於自身道德修養若未臻完美,竟不能與之同體至善之深切的罪惡感,故其道德為純粹之自律而非他律。此一深切的罪惡感,使其面對自己之過惡,便有「乃獸乃禽」之自責、如面對「十目十手,共指共視」的恐懼;且訟過之過程,必經再三的自我責難,嚴格要求自己務必痛切反省,而不能有任何敷衍草率,由此可見蕺山對其道德修養之嚴格性何如。

經過了「訟過」的歷程之後,蕺山述其體驗曰:「一線清明之氣徐徐來,若向太虛然,此心便與太虛同體」,亦即「化」其「念」上之過而「還」其與太極同體之「心」也,既還其心,便可與之葆任,於是「訟過」就字面看來雖是反省過惡之負面工夫,然而蕺山卻由負面之反省過惡,終歸於正面之涵養獨體;故蕺山前說「凜閒居而體獨」,亦以靜坐為法門,其工夫並無二套也。蕺山慎獨之工夫合存養與省察為一,且說「省察只是存養中最得力處」,由〈訟過法〉之內容,恰可作一真切的註腳。而〈訟過法〉之後,蕺山又有一段說明,吾人更可清楚地看出蕺山理論重心之所在:

> 近高忠憲有靜坐說二通,其一是撒手懸崖伎倆,其一是小心著地伎
> 倆,而公終以後說為正。今儒者談學每言存養省察,又曰:靜而存養,
> 動而省察,卻教何處分動靜?無思無為靜乎?應事接物動乎?雖無思
> 無為,而此心嘗止者,自然嘗運;雖應事接物,而此心嘗運者,自然
> 嘗止。其嘗運者,即省察之實地;而其嘗止者,即存養之真機。總是
> 一時小心著地工夫,故存養省察二者,不可截然分為兩事,而并不可
> 以動靜分也。陸子曰:涵養是主人翁,省察是奴婢。今為鈍根設法,
> 請先為其奴者得訟過法,然此外亦別無所謂涵養一門矣。

由所謂「此外亦別無所謂涵養一門」之說，吾人對蕺山道德修養之重點可有進一步的了解：蕺山成聖之正反兩面工夫，在作用上，正面之「愼獨」工夫在立心體之至善根源，必先作一確立；但實際上吾人實踐之重點，則必在於負面過惡之對治。因此其先後關係，「愼獨」實爲超越義、根源義之「先」，而未必爲實踐上之先（當然，在修養的過程中，「愼獨」必進而成爲兼具二者之先）。所以如此，實因蕺山深切之罪惡感，對於現實層面之過惡有極深刻的體會；道德修養之工夫，若不能眞切地自反省一己現實生命之過惡始，則所涵所養者又焉能爲至善無惡之獨體？反之，透過一層層剝除私慾妄念的工夫，而透顯眞誠無妄的心，亦便即道體所在。若非經歷切實之踐履工夫，蕺山焉得有此洞見？眞所謂「小心著地」之工夫也。

由於蕺山對於對治負面工夫極其重視，故在紀過、訟過之後，又有三篇〈改過說〉，使從事道德修養之學者，皆能據此而做徹底的改過工夫。

（四）改過說

前已簡述蕺山之理論，對於現實生命中過惡的由來，蕺山歸之於「念」，而其改過之道，則在於「化念還心」，〈紀過格〉、〈訟過法〉可以說已將其對「念」之省察以及「化念還心」的工夫作具體而詳盡地展示了，然而蕺山鑑於歷來從事道德修養之學者甚多，而能徹底改過者卻甚難得，故針對學者之病根所在，蕺山再以三篇〈改過說〉啓發之。

1. 謹其微者──〈改過說一〉

蕺山將其改過之學歸根於治念，因爲過既由念之偏離獨體而生，則惟有化除此「動而遠乎天」之念，而回歸獨體，方能徹底改過。然而妄念「只是一點浮氣所中」，極其微渺，故徹底的改過之道，必在謹此微處，蕺山曰：

> 天命流行，物與無妄，人得之以爲心，是謂本心，何過之有？惟是氣機乘除之際，有不能無過不及之差者，有過而後有不及，雖不及亦過也。過也而妄乘之，爲厥心病矣。乃其造端甚微，去無過之地，所爭不能毫釐，而其究甚大。……是以君子愼防其微也。防微則時時知過，時時改過。俄而授之隱過矣，當念過便從當念改；又授之顯過矣，當身過便從當身改；又授之大過矣，當境過當境改；又授之叢過矣，隨事過隨事改，改之則復於無過，可喜也，過而不改，是謂過矣。……凡此皆卻妄還眞之路，而工夫喫緊，總在微處得力云。

蕺山「卜動念以知幾」，將「過」分析至「隱過」、「微過」，其實「愼防其微」之理早已明白透顯，然而蕺山所以要再三強調此理，實因前此之學者，多不能作此根本的工夫，他特別讚美孔子之「毋意、毋必、毋固、毋我」，乃「眞能謹微者也」，其餘學者相較之下，工夫皆不徹底，甚至「徒求之顯著之地」而已，故蕺山不能不再三強調「謹微」之重要性。而更重要的是：

> 眞能改過者，無顯非微，無小非大。

「無小非大」可充分看出蕺山「謹微」之程度：面對微過，亦將之視爲大過一般，絲毫不敢放鬆，亦其道德嚴格主義的表現；而「無顯非微」，亦顯示出蕺山對任何過錯，皆強調不能僅從外在改過，而要直追至念上，從根源處化除，蕺山改過之學之透徹，由此可見。

然而欲徹底化除其過，則對於「過」之本身，不能不有更深刻的了解，故蕺山又有下二篇〈改過說〉。

2. 學在去蔽——〈改過說二〉

微過乃一點妄氣，故改過必就此「妄」加以對治，然而若對於「妄」之眞相無切實的了解，則不免錯用工夫。因此蕺山對人心所以有「妄」的產生，特別加以解釋曰：

> 人心自眞而之妄，非有妄也，但自明而之暗耳，暗則成妄……然人無有過而不自知者，其爲本體之明，固未嘗息也。一面明，一面暗，究也明不勝暗，故眞不勝妄，則過始有不及改者矣。非惟不改，又從而文之，是暗中加暗，妄中加妄也。故學在去蔽，不必除妄。

蓋本心嘗明，而不能不受暗於過，明處是心，暗處是過，明中有暗，暗中有明，明中之暗即是過，暗中之明即是改。……但嘗人之心，雖明亦暗，故知過而歸之文過，病不在暗中，反在明中。君子之心，雖暗亦明，故就明中用個提醒法，立地與之擴充去，得力仍在明中也。

心體本自至善，焉能有妄，妄之產生，全因氣質私欲的障蔽而來，因此改過之道，在於去除氣質私欲的障蔽，而復返本體之明。實則人心雖受障蔽，但靈明獨體未曾泯失，所謂「人無有過而不自知者」，故能夠「就明中用個提醒法，立地與之擴充去」，此即是君子的改過之學；而此靈明之獨體，亦即能徹底改過之眞得力處，蕺山道德修養之工夫，亦所以歸根於愼獨也。

在肯定當下提醒改過工夫簡易的同時，蕺山亦了解「嘗人之心，雖明亦暗，故知過而歸之文過」，所以如此，亦在於氣質私欲之障蔽未除，雖知過亦

不能痛改，故曰「學在去蔽，不必除妄」。然而蕺山對所謂「文過」之理解，尚不止於一般所言「文飾其過」而已，而曰：

> 若只是皮面補綴，頭痛救頭，足痛救足，敗缺難掩，而彌縫日甚，仍謂之文過而已。

「皮面補綴，頭痛救頭，足痛救足」，就一般之理解，頂多是不徹底的改過法，或蕺山所謂之「落後著」罷了，然而蕺山亦將之歸於文過，因為只在表面的改過，不能從根本轉化，其過仍在，與表面上文飾己過者實無根本的區別。由此亦可再次印證其改過之學的嚴格精神。

「皮面補綴」既不可取，故真正之改過，徹底之訟過，則必做到「如一事有過，直勘到事前之心，果是如何？一念有過，直勘到念後之事，更當何如？如此反覆推勘，討個分曉，當必有怡然以冰釋者矣。」亦即徹底地知過，方能克盡改過之功；因此為啟示學者「知過」之要，蕺山遂又有第三篇〈改過說〉。

3. 致知為要──〈改過說三〉

蕺山要求「卜動念以知幾」，此一「知」字即為道德修養中之重要一環，徹底的改過，不論過在於內或表現於外，皆須直勘至念上，方能從根源處化除其過，故唯有徹底知過，而後能徹底改過。然而就一般人的理解，似以為「知過非難，改過為難」，因此蕺山對其理論亦有再加說明的必要。蕺山曰：

> 或曰：知過非難，改過為難。顏子有不善未嘗不知，知之未嘗復行也。有未嘗復行之行，而後成未嘗不知之知。今第曰知之而已。人無有過而不自知者，抑何改過者之寥寥也？曰：知行只是一事，知者行之始，行者知之終；知者行之審，行者知之實。故言知則不必言行，言行亦不必言知，而知為要。夫知有真知，有嘗知，……顏子之知，本心之知，即知即行，是謂真知；嘗人之知，習心之知，先知後行，是謂嘗知。……學者由嘗知而進於真知，所以有致知之法。大學言致知在格物，正言非徒知之，實允蹈之也。……誰謂知過之知，非即改過之行乎？致此之知，無過不知，行此之行，無過復行，惟無過不知，故愈知而愈致，惟無過復行，故愈致而愈知，此遷善改過之學，聖人所以沒身未已，而致知之功，與之俱未已也。……亦以見改過之難，正在知過之尤不易矣。甚矣學以致知為要也。

蕺山反覆辨析一般人之「知過」僅為「嘗知」，是以不能徹底改過，而他之所謂知過則為真知，即如顏子「有不善未嘗不知」之知，必由此真知而來的改

過之行，方能「無過復行」，故遷善改過之學，必以「致知」爲要也。然而學者要如何才能「致知」，實則「有未嘗復行之行，而後成未嘗不知之知」，大學言「致知在格物」，亦「正言非徒知之，實允蹈之也」。故蕺山重視實踐之工夫，而曰：「雖謂之行到然後知到亦可」。由此可知蕺山工夫論之切實。

三篇〈改過說〉，皆本蕺山慎獨與治念之工夫論而來，透過此三篇〈改過說〉，更可見蕺山「治念」工夫之深微，唯有經歷謹微、去蔽之治念（徹底改過）工夫，方能彰顯獨體之靈明，亦唯有獨知之明，方能保證其改過（治念）工夫之徹底。故慎獨與治念之工夫，亦如存養與省察，「不可截然分爲兩事」也。

三、道德嚴格主義

以上已再三提及蕺山《人譜》所表現之道德嚴格主義之傾向，針對此點，或可再分作下列幾項以爲說明：

（一）人便是聖人之人〔註110〕

1. 不爲聖人，便爲禽獸

對人性至善的肯定，是正統儒者共同的看法，至陽明心學對人性之樂觀程度更達到高峰，蕺山對人皆可爲聖人之信心不亞於任何儒者，而他對既身爲人，便該成爲聖人之人的要求，更較其他學者嚴格。

在《人譜》當中，他多次談到人禽之辨，如〈人極圖說〉曰：「積善積不善，人禽之路也。」〈證人要旨〉曰：「敬肆之分，人禽之辨也。此證人第一義也。」因此，若身爲人（聖人之人）而竟不能積善主敬，便不成其爲人，而有墮於禽獸的恐懼，其對自我的要求是很嚴格的，如〈訟過法〉中蕺山對自我的責備曰：「爾固儼然人耳，一朝跌足，乃獸乃禽，種種墮落，嗟何及矣！應曰：唯唯。復出十目十手，共指共視，皆作如是言，應曰：唯唯。於是方寸兀兀痛，汗微星、赤光發頰，若身親三木者。」便可見其「不爲聖人，便爲禽獸」之強烈罪惡感。又如〈證人要旨〉第五條「備百行以考旋」下曰：

> 孟子曰：萬物皆備於我矣。此非以意言之也。只由五大倫推之，盈
> 天地間，皆吾父子、兄弟、夫婦、君臣、朋友也。其間知之明、處
> 之當，無不一一責備於君子之身，大是一體關切痛癢，然而其間有
> 一處缺陷，便如一體中傷殘了一肢一節，不成其爲我。又曰：細行

〔註110〕《年譜》，頁 3575。

不矜，終累大德，安見肢節受傷，非即腹心之痛？

只要有一處缺陷，「便如一體中傷殘了一肢一節，不成其爲我」，簡直是不能容許自己有一絲一毫的過錯，在此充分看出蕺山對道德要求之嚴格程度。

然而，身爲一個免不了受氣質影響的現實生命，又如何避免過惡的產生？在嚴格要求自己必成爲「聖人之人」的同時，蕺山亦了解「自古無現成的聖人」的現實，於是在辨別「人禽之路」上，學者亦僅能不斷地「知其不善以改於善，始於有善終於無不善」，而成其「盡人之學」。〔註111〕——「只一味遷善改過，便做成聖人」，〔註111〕道德嚴格主義與樂觀的人性論，始終同時存在。

2. 遷善改過以作聖

遷善改過是成聖之不二法門，對此蕺山一方面表示只要「一味遷善改過，便做成聖人」，顯示對成聖的樂觀肯定；另一方面則對此「遷善改過」的路程之無窮無盡，表現出毫不放鬆的道德緊張。前者如〈紀過格〉「眾惡門」條所言：

> 人雖犯極惡大罪，其良心仍是不泯，依然與聖人一樣，只爲習染所
> 引壞了事，若纔提起此心，耿耿小明，火然泉達，滿盤已是聖人。

「雖犯極惡大罪」「依然與聖人一樣」，只要復返其靈明，便「滿盤已是聖人」，對人性何等樂觀！然而另一方面蕺山又曰：

> 學者未歷過上五條公案（指凜閒居以體獨、卜動念以知幾、謹威儀
> 以定命、敦大倫以凝道、備百行以考旋），通身都是罪過，即已歷過
> 上五條公案，通身仍是罪過。纔舉一公案，如此是善，不如此便是
> 過，即如此是善，而善無窮，以善進善亦無窮；不如此是過，而過
> 無窮，因過改過亦無窮，一遷一改，時遷時改，忽不覺其入於聖人
> 之域，此證人之極則也。〔註112〕

作爲一個現實的生命，遷善改過是無窮無盡的工夫，因此蕺山隨時都有「通身都是罪過」的感受，其道德感之沉重，簡直令人感到精神緊張。然而學者大可「勿忘勿助」，安心做去，只要「一遷一改，時遷時改」，自然「忽不覺其入於聖人之域」，因爲：「人便是聖人之人」！

故「人便是聖人之人」這般樂觀的人性論，亦即蕺山道德嚴格主義之來

〔註111〕〈人極圖說〉，頁 163。
〔註111〕〈證人要旨〉，頁 170～171。
〔註112〕同前註。

源，正因人皆是聖人，故對道德修養之要求，理應責求完美，而無絲毫藉口可為不善；反之吾人亦可體會到，真正嚴格而完滿之道德哲學，亦必基於對人性至善的肯定方能完成。

（二）對「過」之精密考察

蕺山〈紀過格〉分別六層過惡極精微，不單將日常生活中眾人習以為常之觀念或言行，加以指出其過，甚且將過之由來直逼至「妄」之「一點浮氣」，故其改過之學亦充分表現其道德要求之嚴格性。然而「人非聖賢，孰能無過」，儒家本不強求人能無過，而乃強調改過之要，若過而不改，則成「惡」，方為儒者所譴責。以下便詳說蕺山對過之分析與分別過惡。

1. 過之分析

（1）妄念與情緒之過

〈紀過格〉中之第一層，是所謂「微過，獨知主之」，蕺山曰：

以上一過，實函後來種種諸過，而藏在未起念以前，彷彿不可名狀，
故曰微。原從無過中看出過來者。

此微過蕺山稱之為「妄」，是與超越層之獨體相對的、一旦下落於經驗層中之「氣機乘除之際」，此時本無所謂「過」，然而經驗層中之氣機乘除，便不能避免有過與不及，一旦「元氣偶虛」，種種諸過便由之而起。然而「妄」極隱微、極抽象，蕺山亦曰：「妄字最難解，直是無病痛可指，如人元氣偶虛耳。」惟因其隱微，易為人所忽略，而未能從此著力，過便由此而生，故蕺山必加以點出以誡學者，曰：

妄字最難解，直是無病痛可指，如人元氣偶虛耳。然百邪從此易入，
人犯此者，便一生受虧，無藥可療，最可畏也。

妄無面目，只是一點浮氣所中，如履霜之象，微乎微乎，妄根所中
曰惑，為利為名，為生死，其粗者為酒色財氣。

能將過之由來直勘至「一點浮氣」之「妄」字上，若非蕺山之道德反省工夫做到極處，焉能有此體會！

由「氣機乘除」之後，人心遂有七情六慾，不能復返獨體，則亦不免無過不及，蕺山謂之「隱過」，細分之，則有「溢喜、遷怒、傷哀、多懼、溺愛、作惡、縱欲」七項，蕺山曰：

以上諸過，過在心，藏而未露，故曰隱，仍坐前微過來，一過積二

過。

微過不可見，但感之以喜，則侈然而溢；感之以怒，則怫然而遷，七情皆如是，而微過之真面目於此斯見。

　　微過是現實生命落實於經驗中勢必會受環境影響的氣質，隱過則是此氣質受環境影響後所引發之不當情緒，而「微過」之所以是「過」，便在其偏離獨體，一旦受外在環境的牽引，勢必會引發溢喜、遷怒等七情之過，故曰「微過之真面目於此斯見」。

　　過於高興、過於憤怒等情緒，就一般人而言，甚至並不以之為過，更別說是體認那「一點浮氣」之妄根；惟因蕺山道德修養工夫之嚴密，故能洞悉種種外顯之大過，無一不是自內心之不當情緒所爆發，不當情緒更自妄根浮氣之偏離獨體而來，故其工夫必自「謹其微」始。蕺山之道德嚴格主義，由「微過」、「隱過」之分析，最可令人有充分的體會。

　　（2）言行舉止之過

　　分析了吾人內在舉心動念之過後，蕺山進一步檢視吾人表現於外之過錯，在此蕺山仍自舉手投足間的細微處作為觀察的起點，而分為「九容」，包括「足容、手容、目容、口容、聲容、頭容、氣容、立容、色容」九項，以其表現於外，蕺山總稱之曰「顯過」。

　　蕺山對此九容之過的分析，其細密的程度，絲毫不亞於審察內心之妄根情緒。如「足容」之過，蕺山列舉箕踞、交股、趨、蹶，亦即只要不夠端正從容，便是過錯，其他八項之標準亦皆如此。依此標準，一般人之日常行為，當真是「通身皆是罪過」了，蕺山道德修養之嚴格與緊張亦由此可見。

　　此外，若分析此顯過之由來，亦必須追根於微隱二過，蕺山曰：

　　　　九容之地，即七情穿插其中，每容都有七種情狀伏在裏許。今姑言
　　　　其略，如箕踞，喜也會箕踞，怒也會箕踞，其他可以類推。

同是箕踞，尚分析至所引發的情緒之別，由此更可見出蕺山對現實層面之種種過錯體認之深刻。顯過既坐微隱二過來，因此化除顯過，亦必追根於念，此亦蕺山改過之學總歸於治念也。

　　（3）待人處世之過

　　由個人表現於外之行為，進而觀察個人與周遭人事物的互動，蕺山首先將五倫間之種種錯誤行為歸之為「大過」，以其「過在家國天下，故曰大。」五倫本是儒者於道德行為上最重視者，蕺山就父子、君臣、夫婦、長幼、朋

友五類分析其過，各皆有十數條，亦可稱詳密矣，除了《論》、《孟》等經典
已有之教——如父子誡「親過不諫」、「責善」等——之外，蕺山之精神更清
晰可見：如父子類誡「唯諾不謹」、「侍疾不致謹」、「祭祀不敬」，君臣類誡
各種形式的「欺君」，長幼類誡「疾行先長」……等，皆可見蕺山對「誠敬」
之要求，只要所爲非自獨體之誠而發，而有任何敷衍草率，甚且有違獨體之
誠者，自然皆屬過錯；又如父子類誡「私財」、君臣類誡「貪」、長幼類誡「私
蓄」、「蚤年分爨」，朋友類誡「勢交」、「利交」……等，則可見蕺山之惡談
私利，倘於五倫間之相處，落於私利之計較，則必違反道德之本質，非過而
何？

其次，蕺山再將五倫以外個人種種行爲（蕺山總稱之爲「百行」）之過錯
歸於「叢過」，共有一百多種，由獨處時之「游夢」、「戲動」始，其間包括個
人之食（如饕飧、憎食、縱飲、宴會侈靡）、衣（如暑月袒、科跣、衣冠異製）、
住（如懷居、謀風水）、行（如輿馬、行不避婦女）、育（如習市語、稱綽號、
造歌謠）〔註113〕、樂（如博、弈、流連花石、好古玩……），以及對其他人（與
人期爽約、拒人乞貸、稱人惡）、事（交易不公、遇事不行方便、好訟）、物
（食耕牛野禽、殺起蟄、無故拔一草折一木、暴殄天物）之不當舉措，最後
再以「近方士」、「拜僧尼」等學於道釋之行爲爲過，而總括之曰：

> 百過所舉，先之以謹獨一關，而綱紀之以色食財氣，終之以學而畔
> 道者，大抵皆從五倫不敘生來。

其鉅細靡遺的程度，更令人嘆爲觀止。

〈紀過格〉之層層過惡，大抵由小而大，由內而外，叢過乃從五倫不敘
生來，大過同樣亦歸根於前三過之不謹，如前顯過之坐微隱二過而來一般。
蕺山再舉例說明之曰：

> 諸大過總在容貌辭氣上見，如高聲一語，以之事父則不孝，以之事
> 兄則不友，其他可以類推，爲是心上生出來者。

如此，吾人知對父不謹之過，又知此不謹即在於高聲應對之不該，尚且須再
進一步反省所以高聲乃因遷怒而來……，直勘至自己之妄心，方是對此過錯
之徹底了解。

〔註113〕「育」之內涵較難定義，生育、養育之部分應在五倫之內，然父子類蕺山所
列「皆作爲人子者」，對於爲父者應如何教養子女，蕺山僅以「可以類推」而
略過；筆者所舉，或勉強可作爲「社會教育」之內容。

（4）對時人風俗的反省

以上簡介蕺山由內而外對個人道德修養上層層過惡之分析，亦可見蕺山凡事敬謹不苟而恥言利之特徵。而值得注意的是，在蕺山所列舉的諸多過錯中，有許多是晚明社會中習以為常或成為流行之活動，因此〈紀過格〉之內容亦充分反映出蕺山面對晚明社會風尚所做的批判與反省。

首先是對於晚明文人閒適好玩賞的生活態度之反對，而將「好閒、博、弈、流連花石、好古玩、好書畫」等視之為過；對於其時書坊刻書作品之浮濫，蕺山亦將「輕刻詩文」列為過惡；而對輕薄文人之「棄毀文字、雌黃經傳」，蕺山更不會忽視不理。其次對於文人放縱情欲與整個社會奢靡縱欲之歪風，如「挾妓、俊僕、畜優人、觀戲場」與「宴會侈靡」、「嫁娶侈靡」等風氣之指陳，以及對於官場「貪」、「酷」、「獻媚當途」等習氣之列舉，亦可見蕺山對其時社會風氣之不滿。此外，對於當時學者多不辨三教異同，而出入道釋，蕺山亦將此類行為列為過錯之一；而對儒者之「假道學」，亦不曾容情。如將「岸冠」、「衣冠異製」等視為過錯，則顯然是基於對王艮以下泰州學者之不滿。〔註114〕

晚明文人與政治社會之風尚誠然有許多陋習與歪風，蕺山一一將之指出，使學者由習焉不察進而能反省其過，自是蕺山關懷世道之苦心，且必有其正面之意義與實際的功效。然而，就一般人而言，觀戲場是過、深夜飲是過，連好古玩書畫也是過，生命中除了嚴格敬謹之道德修養外不得有一絲的輕鬆娛樂，蕺山道德修養之嚴格程度，真是令人精神緊張了。

2. 分別過與惡

蕺山對過之反省誠然深密而嚴格，然而儒者對現實生命之局限，亦有著清楚的體認。現實生命既非完美，本不免於過錯，孔子所以深許顏淵，亦在於他的「不貳過」〔註115〕而已。因此蕺山於前雖將學者過錯分析得鉅細靡遺，表現其道德要求之嚴格性，但在第六層「成過」中，分析有過不改方成「惡」，知過改過，依然「立登聖域」，則表現出對現實生命之同情了解與對人性皆善之肯定。

前已說過蕺山分析過之由來，曰：「惟是氣機乘除之際，有不能無過不及之差者，有過而後有不及，雖不及亦過也。」既是「不能無」之事，又怎能

〔註114〕以上所舉之過錯大抵見於「叢過」，少數見於「大過」與「顯過」。
〔註115〕《論語・雍也》第 3 章。

苛責？故學者修養在化此餘氣、動氣，使復歸獨體，則亦復歸於無過而已。倘若不能復歸獨體而遂過，則成「惡」，〔註116〕過分為五，惡亦分為五層：叢門、妖門、戾門、獸門、賊門，蕺山解釋：「微過成過曰微惡，此為叢門」；「隱過成過曰隱惡，此為妖門」；「顯過成過曰顯惡，此為戾門」；「大過成過曰大惡，此為獸門」；「叢過成過曰叢惡，此為賊門」。從命名即可看出對成過之「惡」的強烈貶義。

然而在此「某過成過曰某惡」的解釋中，吾人感覺蕺山對「過」的定義，似乎是作為概念上的分析，將現實生命中在各個層面上可能產生的種種過錯一一列舉，倘若一旦「成過」——即落實於現實層面成為具體的過錯，那便已不是過，而是「惡」了。如何俊所論：「在劉宗周思想中，過只是用於人們落實工夫的虛設的靶的，而非現實性的存在，一旦當它由潛在的轉成現實的，則過便不復是過，而是惡了。過與惡不是程度上的差別，而是存在方式上的差別。」〔註117〕但如果是這樣，那麼蕺山對過的要求顯然較孔子所言「過而不改，是謂過矣」，〔註118〕以及深許顏淵「不貳過」的標準更為嚴格。因為在蕺山所謂「成過」的定義中，吾人似乎無法看出它可以不包含初次犯過的意思。再檢視蕺山所言「防微則時時知過，時時改過」之意旨所在，則所謂「當念過便從當念改」、「當身過便從當身改」、「當境過當境改」、「隨事過隨事改」，似乎必在於當有顯過、大過等行為的「念頭」起時，便立時改正，若真使此念頭化為具體過行，「成過」則為「惡」了。在此又可充分感受蕺山嚴格主義之一斑。

不過，雖已「成過」，學者只要切實反省，道德修養之工夫，依然由此得力，孟子曰：「人恆過，然後能改」，〔註119〕故蕺山亦曰：「諸過成過還以成過得改地，一一進以訟法，立登聖域。」無論過惡大小，只要歸於訟過治念的工夫，即使「犯極惡大罪」，「提起此心，耿耿小明，火然泉達」，依然「滿盤已是聖人」，蕺山對「成過」（惡）深惡痛絕的罪惡意識，終究又歸於對人性皆善的樂觀肯定，而使其成聖之學，依舊是開放給所有陷溺於現實的人們之一條大道。

〔註116〕〈學言中〉，頁 670：「過而不已，卒導於惡。」
〔註117〕〈劉宗周的改過思想〉，中央研究院中國文哲研究所，1996 年劉蕺山學術研討會。
〔註118〕《論語・衛靈公》第 30 章。
〔註119〕《孟子・告子下》第 15 章。

　　以上介紹蕺山對過惡之分析，這一部分，亦可說是使儒者改過之學徹底完成之重要成就。即如張灝所說：「宋明儒學發展到這一步（指《人譜》），對幽暗意識，已不是間接的映襯和側面的影射，而已變成正面的彰顯和直接的透視了。」〔註120〕一般人多以爲儒家對人性過於樂觀，對人性之負面未能有深刻之體會；然而這非但是對儒家的錯誤印象，且透過蕺山對過惡之由來──「念」之審察，以及對各個層面之過惡之詳細分析之後，吾人可清楚地感受到儒者由道德意識而來之罪惡意識，其實是十分深刻的。故牟宗三先生對《人譜》的改過之學十分肯定，曰：

> 依劉蕺山之《人譜》，可清楚地使吾人見到心體性體之眞與過惡之妄皆在誠意愼獨之道德實踐中被意識到，抑且不只被意識到，而且心體性體之眞可實踐地被呈現，過惡之妄可清楚地被照察到而且可實踐地被化除掉。自孔子提出改過一觀念後，人皆說改過，說過惡，蓋過惡是日常生活中很容易意識到者，然大皆是就現實生活之皮面現象學地說此改，說此過。自劉蕺山之《人譜》始能完整地徹底而透體地說之，因而可使吾人有一確定之概念。〔註121〕

蕺山對「過」之分析，正以此「完整地徹底而透體地說之」之詳密深入，而使其道德哲學之嚴格性達到前所未有的高峰。

（三）道德本身之純粹性

　　蕺山《人譜》之作，旨在反對了凡功過格，而其反對的理由，在其〈自序〉中表達得十分清楚，由其中亦可見出蕺山《人譜》之根本精神，以下先引述其說再作分析：

> 友人有示予以袁了凡功過格者，予讀而疑之。了凡自言嘗授旨雲谷老人，及其一生轉移果報，皆取之功過，鑿鑿不爽，信有之乎？予竊以爲病於道也。……今之言道者，高之或淪於虛無，以爲語性而非性也；卑之或出於功利，以爲語命而非命也。……然二者同出異名，而功利之惑人爲甚。老氏以虛言道，佛氏以無言道，其說最高妙，雖吾儒亦視以爲不及；乃其意主於了生死，其要歸之自私自利。故〈太上感應篇〉，佛氏亦多言因果，大抵從生死起見，而動援虛無以設教，猥云功行，實恣邪妄，與吾儒惠迪從逆之旨霄壤，是虛無

〔註120〕張灝：《幽暗意識與民主傳統》，頁 27。
〔註121〕《從陸象山到劉蕺山》，頁 536。

之說，正功利之尤者也。了凡學儒者也，而篤信因果，輒以身試法，
亦不必實有是事，傳染至今，遂爲度世津梁，則所關於道術晦明之
故，有非淺鮮者。予因之有感，特本證人之意，著〈人極圖說〉，以
示學者，繼之以六事功課，而紀過格終焉。言過不言功，以遠利也。

在此蕺山明確地表明了撰著《人譜》的動機：因對了凡道德修養方式的反對，
而慮其風行將影響「道術晦明」，故著《人譜》以表明儒者道德修養之正道。
其所反對了凡功過格的原因，主要在於其以「功利」「惑人」，對於了凡行功
過格的基礎——亦即佛教的因果之說，蕺山更採取嚴厲批判的態度，因爲若持
因果報應之論，則行善去惡乃基於對「報應」之希冀與畏懼，道德主體將無
法建立；且行善因乃爲得善果，依然是以「功利」「惑人」，因而批判佛老之
從生死起見，實亦歸於「自私自利」。〔註122〕由此可見，反對言「利」，爲蕺
山建構道德哲學之一重要主張。

因此，蕺山提出了《人譜》與功過格最大的一點不同，所謂「言過不言
功，以遠利也。」亦即蕺山所強調道德之所以爲道德最根本的一點，便是在
「遠利」。——換句話說，純粹之道德意識，其本身便是目的，而絕無摻雜任
何其他動機；任何包涵其他目的——尤其是功利取向的行爲，即使是在表面上
與爲善去惡之道德行爲似無差別，但終究違反道德之所以爲道德的本質，亦
即違反「純粹意志」之自律精神。

自孟子論「義利之辨」以來，儒者對於純粹道德之把握皆十分清楚，道
德本身即是應然與當然，本不應夾纏其他功利的目的。然而，孟子言義利之
辨，主要反對梁惠王只以逐利爲價值，而不知一味逐利之危殆與仁義道德之
可貴；〔註123〕蕺山之反對了凡，則顯然較孟子更進一層，因爲了凡不同於梁
惠王之以逐利爲價值，他對道德行爲之提倡是不容置疑的，因此蕺山對了凡
的反對，不只在反對言利，而是在於純粹道德之超越與絕對性的建立，若不
能排除經驗層之利害計算與因果報應之考量，則純粹意志之自我立法永不能
達成，道德主體亦不能徹底建立。

〔註122〕當然佛老是否「出於功利」，蕺山這一批判，恐不爲許多學者所贊同，然而佛
　　　　教乃出於苦業意識，與儒者自純粹之道德意識入者確有不同，蕺山以爲其非
　　　　純粹嚴密之道德哲學，亦無誤。（參見牟宗三：《心體與性體·一》，頁120）
〔註123〕《孟子·梁惠王上》第1章：「上下交征利而國危矣。……苟爲後義而先利，
　　　　不奪不饜。未有仁而遺其親者也，未有義而後其君者也，王亦曰仁義而已矣，
　　　　何必曰利。」

　　就一般人的生活而言，除了有現實功利的考量外，對於道德亦皆有其嚮往，若能兼顧道德與功利的追求，實合於一般人的期望，縱使吾人對於以功利為取向的善行，是否能成其為道德行為，有時也會感到不安，然而畢竟不會將之視為一個絕對要避免的嚴重行為，相對於蕺山對了凡功過格之絕對排斥與強調道德之純粹性，吾人更可看出蕺山道德嚴格主義之精神。

第五章　晚明之世俗道德與蕺山道德哲學

第一節　《了凡四訓》與《人譜》之比較

　　蕺山所以有《人譜》之作，在相當程度上，是爲了反對學者採用了凡功過格作爲道德實踐的準則，以爲其「猥云功行，實恣邪妄」，故作《人譜》以導正之。因此《人譜》對道德的理念及實踐的方式，往往與了凡的功過格針鋒相對。由《人譜・自序》，可清楚地看出蕺山反對了凡的原因，乃在其基於因果業報之說，又以記過兼記功的方式，使其行善終不脫功利之習。因果觀念爲佛教之根本教義，了凡之深信與蕺山之反對，可說是二人基本信仰的歧異；記過兼記功與「言過不言功」，則是二者工夫論的不同；而批評了凡的功利主義，更顯示儒者價值觀之所在。蕺山對了凡之反對，正是二書道德觀之根本差異處，故以下就此三點分別說之：〔註1〕

一、了凡與蕺山之基本歧異——混雜佛道與純粹儒學

（一）三教合一與排斥佛老

　　了凡是一三教合一論者，在他心中「釋迦之慈悲，老聃之清淨，與吾仲

〔註1〕王汎森歸納蕺山反對功過格的原因應基於以下三點：第一，反對它的因果觀念。第二，反對它只在事後改過，有「落後著」之弊。第三，認爲功過格除了記過之外，還記功，不但有功利之習，而且充分顯示出自滿的心理（〈明末清初的人譜與省過會〉，頁 694）。大抵即包涵本論文所歸納之三點，然而「落後著」乃蕺山在反省前人（主要爲陽明）工夫論上最強調與嚴厲批判者，了凡之改過方式雖不能脫離蕺山「落後著」之批判，但因不是蕺山在批評了凡時明確提出者，故不在正文引述。

尼之仁義，皆盡乎此心之量而已矣」，三者實無根本的不同。佛教是他最眞切的信仰，日常生活中，他多採用佛教的戒律如戒葷、禪坐等自我修持。然而對其他二教他也同樣尊崇，故十分不贊同三教彼此互相攻訐的的態度，而言：

> 世之各尊其教而相非者，若戈盾冰炭，然皆孟子所謂執一者也。執
> 釋執老，其馳遠矣哉，執儒者寧無蔽乎？〔註2〕

對於長期以來儒者排佛之舉，隱隱表現出不滿的態度。在《庭幃雜錄》的記載中，其父袁仁更曾以排佛者往往橫遭天譴告誡子孫，〔註3〕而了凡則將「舉揚正法，上報佛恩」列爲重要的善行。可見在三教合一的前提下，了凡對佛教的宣揚是超乎其他二教的。

蕺山則不然。在晚明三教合一之論蔚爲風潮，儒門之中如王學之左派亦多混同儒釋的潮流中，蕺山卻堅守儒佛的分際，不惜與參合儒釋的學者往復辯難。如與蕺山共同組織「證人社」的陶石梁，以「識認本體」爲工夫，奉龍溪「四無」之說爲妙法，便往往滲入佛釋之道，其弟子秦弘祐且藉用了凡「功過格」以爲工夫之則，陶石梁與其弟子，實即釋聖嚴所謂「理學家之中的佛教徒」，〔註4〕而蕺山對其工夫之不能認同，與其對佛氏之不滿，正爲一體之兩面。前文已說過，蕺山所以反對「無善無惡」之說，並非不知其超越絕對之義，而是龍溪以下倡言「無善無惡」者多混同儒釋而空談心性，蕺山不能不導正之，故其旨實在反對「近禪」，反對佛釋空無之說。站在儒者立場，最重者爲倫常道德，而佛氏「一切掃除而歸之空」，故蕺山以爲其乃「惑世害道」之論。曰：「禪學有三絕：一絕聖學，一絕彝倫，一絕四民之業。」〔註5〕「凡綱常名教，忠孝節義，……一切掃除而歸之空，故惑世害道，莫甚于禪。」〔註6〕此外，佛氏所以「將天地萬物都置之膜外」，則因以「了生死」爲第一義，只「看得一身生死事極大」，實亦「貪生怕死」、「自私自利」而已。〔註7〕因此在《人譜·自序》中，蕺山批評佛老之說：「今之言道者，高之或淪於虛無，以爲語性而非性也；卑之或出於功利，以爲語命而非命也。……然二者

〔註2〕 〈刻三教合一序〉，《袁了凡先生兩行齋集》卷五，頁13～14。
〔註3〕 《庭幃雜錄》卷下，〈袁裳錄〉：「吾目中見毀佛鬧教，及拆僧房、偬寺基者，
其子孫皆不振，或有奇禍。」（頁2675）
〔註4〕 《明末佛教研究》，頁253。
〔註5〕 《劉子全書》卷十三，〈會錄〉，頁806。
〔註6〕 同前註，頁846。
〔註7〕 《劉子全書》卷八，〈生死說〉，頁516。

同出異名，而功利之惑人爲甚。」其嚴格排佛的態度，與了凡恰恰相反。

　　虛無與功利，可說即蕺山反對佛氏的原因，然而由於了凡積極入世的態度，蕺山言佛氏所謂「虛無」之弊，似乎較難用來批評了凡；而了凡基於因果業報的信仰而行功過格，則是蕺山所謂「功利之惑人爲甚」而要大力批判的，因此蕺山與了凡排佛與信佛的最大衝突點，即可說是在對於佛教因果論的態度上。另外，了凡因果報應的思想中，尚受道教與民間信仰的影響，而有天地鬼神之觀念，同樣具有濃厚宗教情感的儒者，對天的態度，則顯然與之有極大差別，凡此皆是了凡與蕺山在信仰上根本的歧異所在。

　　若再比較了凡功過格與蕺山紀過格中有關宗教的內容，了凡鼓勵人們「修置聖像壇宇」，肯定「編纂濟眾經法」、「講演善法」（應主要指佛法）、「以方術療病」等功德，而蕺山則將「主刱菴院」、「拜僧尼」、「近方士」皆視爲過錯，由此截然相反的立場看來，了凡與蕺山的思想，幾乎是完全不能相容了。

（二）篤信因果與斥爲功利

　　《了凡四訓》中，因果報應的觀念，可以說是其功過格思想中的一個基本前提；有因果報應的保證，「命由我作，福自己求」的說法才能成立。同時，因果輪迴亦是佛教根本的教義之一，故了凡對於因果報應的思想自是深信不疑（當然了凡之因果觀與原始佛教之因果觀略有差異，已見前第三章）。尤其在他的親身體驗中，他立誓行善之後，便順利改變了孔老人的預言，而能登第、生子；在他所聞見的許多事例中，行善者子孫多能貴顯，亦是「善有善報」的有力證明。因此《了凡四訓》勸人奉行功過格，多行善事，皆以「因果報應」之說作爲保證，使人樂於信從。

　　蕺山卻堅決反對因果之說。在《人譜・自序》中，蕺山便嚴屬批判了了凡的因果論。首先，蕺山是壓根不信因果的，基本上蕺山承孔子「未能事人，焉能事鬼」、「未知生，焉知死」〔註8〕的立場，對於生前死後了不可知之事，根本缺乏探討的興趣，而曰：

> 於所不可知者而求之，則爲素隱而已矣；於所不可知者而求之，則
> 爲行怪而已矣。……必求之於生前死後，則種種索之杳渺不可知，
> 而三世輪迴之說起矣。〔註9〕

對於了凡言之鑿鑿的親身體驗，蕺山則認爲「亦不必實有是事」；但了凡的經

〔註8〕　《論語・先進》，第 12 章。
〔註9〕　《劉子全書遺編》卷一，《證人社語錄》，頁 978。

歷是眞是假尚在其次，重要的是蕺山以爲因果之說「猥云功行，實恣邪妄」，由此更進一步批判佛老「乃其意主於了生死，其要歸之自私自利。」「故太上有感應篇，佛氏亦多言因果，大抵從生死起念，而動言虛無以設教，……是虛無之說，正功利之尤者也。」對蕺山而言，了凡對因果論的提倡，善因必得善果的保證，是否涉及迷信，尚不是最重要的；蕺山憂慮的是此說對於道德實踐者心理的影響：倘若行善去惡只是爲了種善因以得善果，必終淪於功利的追求，而違反了道德的本質所在。

在佛教中，因果律是佛陀所開示的眞理，它揭示的是眾生輪迴、甚至是所有宇宙萬物生成變化的本質，本身可說是對生命現象的一種解釋，或說是一事實的陳述，佛教徒堅信這一解釋即生命的眞相，即不可動搖的眞理，實無所謂功利不功利。然而洞悉此一眞相，又將如何指引吾人的行爲呢？了凡功過格立基於此因果論，以「命由我作，福自己求」來啓示人，雖然他亦再三強調「無心爲善」之要，卻無可避免地造成人們基於對果報的希冀與畏懼而去行善去惡，則其道德終不能免於功利之譏。相對於蕺山的理論，吾人可清楚地看出，蕺山對因果業報是否爲事實，並不關心，道德對儒者而言，乃一絕對的「價值」，蕺山對價值主體的建立，更始終強調排除經驗層之浮面工夫，而歸於超經驗之道德根源，因此，因果律解釋經驗層之生命現象縱爲眞理，但道德根源、價值主體，絕不能依於經驗而建立，此或許亦是蕺山反對言因果之一根本原因。〔註10〕

（三）了凡之「神明」與蕺山之「天」

在了凡因果報應的信仰中，佔有重要地位的，尚有一天地鬼神的觀念。冥冥中有天地鬼神能夠賞善罰惡，是勸人爲善與使人不敢爲非的一大力量。了凡心中的神明是無所不知的，不論是發之於外的惡行善舉，或隱藏於內的善心惡念，皆難逃鬼神之鑒臨。因此，奉行功過格而絕難「隱惡揚善」、有過不改的，便是因爲「天地在上，鬼神難欺」，在神明的鑒察下，人們亦只能眞誠的面對自己。

在神明賞善、罰惡的兩大力量中，神明「賞善」之無所遺漏，是了凡書

〔註10〕當然，就蕺山的立場而言，佛教之因果輪迴仍是「事事求之於虛」（同前註），因此蕺山不可能以因果之說爲實。在此筆者容或有「過度推論」之嫌，但此僅在表明蕺山道德哲學之一根本性的原則——亦即超經驗、絕對之道德主體之建立，因果論不足以爲基礎。

中主要強調的部分，然而這不過是堅定人們行善的信念，是一種正面的誘導而已；神明「罰惡」之令人無所遁形，則是具有強制威赫的作用。了凡在〈改過之法〉中特別提出「發畏心」，便是提出天地鬼神無論「過在隱微」，皆「鑒臨之」，藉此使人畏懼怖慄，而必改過從善。所謂「發願改過，明須良朋提醒，幽須鬼神證明」，故了凡奉行功過格，亦要「將往日之罪，佛前盡情發露」，藉由對天地鬼神的告白，使自己的道德實踐更加精進，不敢懈怠。然而，值得吾人注意的是，了凡道德修養的重點仍在於行善積功，因此鬼神對他的威赫作用其實不大，他「常恐得罪天地鬼神」的原因，實是恐怕「以過折功」，便無法獲得福報了。故此亦可看出了凡對積德徼福的強調，亦是所以落人「功利」之譏的原因。

　　了凡從事道德修養時有鬼神的鑒臨，並給予公正的賞罰，但蕺山作為一個「敬鬼神而遠之」的孔門信徒，他的思想中缺乏（或說是有意識的拒絕）這種人格神的觀念。雖然，對於天地鬼神，儒者亦皆有一份如孔子「迅雷風烈，必變」〔註11〕的宗教情懷，因此蕺山在「叢過」中，亦嚴戒「褻瀆神社、呵風怨雨」，然而，這份宗教情懷，雖使「天」成為蕺山從事「訟過」時的「鑒臨者」；卻不能使「天」成為儒者從事道德活動的主宰，此則蕺山與了凡之不同所在。

　　據〈訟過法〉所述，蕺山在靜坐訟過的過程中，皆有「天」之鑒臨，首先須面對上帝，真誠地「呈我宿疚」，其次須接受上帝嚴屬的批評而虛心檢討，其敬慎怖慄的態度，絲毫不遜於了凡「常恐得罪於天地鬼神」的心情。然而不同於了凡的是，上帝在蕺山的心中，不是一人格神的概念，而是一超越的道體，了凡的鬼神兼具賞善與罰惡的功能，蕺山的「天」則只在於使人在從事道德反省時不敢自欺，強調的仍是人自身的道德意識、自律精神（亦即前段所謂「『天』不能成為儒者從事道德活動的主宰」），因為人若不理會「天」的鑒臨，是否會遭天譴？依循天之鑒察來訟過改過，能否有福報之保證？非人格神的「天」，顯然不具備任何賞善罰惡的能力（且就堅決反對因果之說並斥之為功利的蕺山來說，他心目中的天自然也不須有此種能力），因此毫無約束力的「天」，可說僅是儒者嚴格道德意識的化身而已。

　　從了凡與蕺山對「天」（鬼神）的態度，吾人可清楚地感受到儒者純粹道德之自律精神，相較之下，了凡對天地鬼神之信仰與依賴，則只能成就他律之道德了。然而理學家在從事道德修養與反省時，是否能夠完全依靠個人的自律，

〔註11〕《論語・鄉黨》，第 18 章。

而無須任何客觀超越的力量呢？秦弘祐仿了凡作「遷改格」，也許正因爲因果報應的理論中，畢竟還假設了一個客觀的監察者在那裡計算功罪，〔註12〕儒者對道德主體之堅定自立，固然是成就純粹道德之不二法門，但作爲一個陷溺於現實的生命，有多少人能有此自信自律？或許，這就是了凡之說所以大行的原因吧！

二、工夫論之比較——「功過格」與「紀過格」

（一）二書之改過說

　　了凡與蕺山皆極重視改過，《了凡四訓》未說積善，便先有〈改過之法〉一篇；蕺山之《人譜》，更以改過爲第一要務，〈紀過格〉、〈訟過法〉與三篇〈改過說〉，將儒者改過之學，發揮至極致。然而若仔細比較二書之說改過，則可發現其中除有些相似之處外，更有不少差異存在。

　　首先看二書所以發願改過之動力來源，了凡是所謂「恥」、「畏」、「勇」三心：以不如聖賢、淪於禽獸爲恥，以天地鬼神之鑒臨、沉淪獄報爲畏，故能勇於改過。蕺山亦有此三心，但他所恥所畏，皆是「一朝跌足，乃獸乃禽，種種墮落，嗟何及矣！」純是一己的道德感與罪惡感，而無畏任何外來的報應，這是了凡與蕺山說改過之第一點差別。

　　其次再看了凡改過工夫之三個層次：從事上改、從理上改與從心上改。從心上改是最根本的改過法，因爲「過有千端，惟心所造。吾心不動，過安從生？」故「過由心造，亦由心改。」但了凡既然提出三個層次，便亦肯定三者在道德修養上皆各有其功效，言：「大抵最上者治心，當下清淨。纔動即覺，覺之即無。苟未能然，須明理以遣之。又未能然，須隨事以禁之。以上事而兼行下功，未爲失策；執下而昧上，則拙矣。」順應世俗人情的了凡，鼓勵人們由外而內，作漸進式的改過工夫。

　　就內涵上，蕺山應不反對「過有千端，惟心所造」之說，只是蕺山的用辭較了凡嚴密，其心體至善，「動而遠乎天」者，蕺山稱之爲「念」，「過」即從念來。了凡之「治心」工夫，在蕺山包含了「愼獨」與「治念」，一方面涵養獨體，一方面省察妄念，動念即能知幾，自能如了凡所說「當下清淨，纔動即覺，覺之即無」。蕺山正面成聖之工夫皆歸之愼獨，負面之對治過惡則皆

〔註12〕王汎森：〈明末清初的人譜與省過會〉，頁700。

歸於治念，六步工夫兩兩對照之嚴格詳密，自然不是了凡寥寥數語所可比擬。

蕺山之說改過，相較於了凡，可說純是「治心」的工夫，無論過之大小、過在內在外，蕺山皆要求須直逼至念上，徹底反省，才是真正切實的改過工夫，而了凡所說理上、事上的改過，對於蕺山來說，是不能成其改過工夫的。「隨事禁之」的改過，即如蕺山所說：「只是皮面補綴，頭痛救頭，足痛救足，敗缺難掩，而彌縫日甚，仍謂之文過而已。」一為改過，一為文過，二者的標準何其不同。而「明理遣之」的改過，是強調知道理之所在，其改過則能自然而不勉強；蕺山亦強調「知」的重要，但他分辨「夫知有真知，有嘗知」，「顏子之知，本心之知，即知即行，是謂真知；嘗人之知，習心之知，先知後行，是謂嘗知。」僅由理智思辨下所明白的道理，只是習心之嘗知而已，其知過並不能保證改過之必然性，更不能保證其「知之未嘗復行」，故僅是不徹底的改過，蕺山亦不稱許。「隨事禁之」、「明理遣之」的改過，皆是落在具體行為後的省察，不能自心中真正轉化，對蕺山而言，便不是真正切實的道德修養工夫。嚴格主義的蕺山，與順應世俗的了凡，自然對改過之法會有如許歧異。

若以《了凡四訓》本文來看，〈改過之法〉一篇，相較於蕺山的〈紀過格〉、〈訟過法〉與三篇〈改過說〉，分量顯然單薄了許多，且〈改過之法〉的內容，至多相當於〈訟過法〉與〈改過說〉，而缺乏蕺山〈紀過格〉對「過」之條列，故這一部分，尚須參考了凡〈功過格款〉之內容，方能完整比較蕺山與了凡之異同。

了凡過格五十條中，除了前文舉出有關宗教的道德規條外，尚有一明顯可看出了凡宗教傾向的條文，即對「殺生」的警惕，「致一人死」、「讚助人溺一子」、「讚助人墮一胎」、「畜一殺眾生具」、「殺一有力報人之畜命」、「殺一無力報人之畜命」、「殺一微細濕化之屬命」等，分別准百過（前三者）、十過、五過、三過與一過，這顯然是基於了凡的佛教信仰中對殺生的戒律而來，對牲畜靈性的分別，亦依據佛教的理論，而有過惡大小之別。蕺山亦以「特殺、食耕牛野禽、殺起蟄、無故拔一草折一木」為過，但那是本著儒者仁民愛物的襟懷，並未戒葷茹素，同時食耕牛或殺起蟄，對蕺山來說，大約亦無過大過小的區別。〔註13〕

〔註13〕蕺山對叢過叢惡的反省，雖有謂「輕者用小訟、重者用大訟解之」，但所謂輕重並未有明確的交代，就理推之，此類過錯應屬同一層級。另外，蕺山並未

　　此外，了凡過格五十條若與蕺山紀過格之六層過惡比較，尚有些明顯的不同：首先，了凡之過除了少數如「嗔一逆耳」、「沒一人善」，包含內心之怨怒妒忌外，大抵皆為表現於外的行為，類似蕺山對妄念及「溢喜、遷怒、傷哀、多懼、溺愛、作惡、縱欲」等內心妄念情緒的分析，了凡是欠缺的。同時，對於表現在外的行為，蕺山之過包含了如「箕踞、交股」等個人言行舉止間的各種不當表現，了凡之過則幾乎皆未將這類影響僅及於自身的行為列入，因此了凡之過大抵見於對人事物之不當處理，蕺山則不論行為本身是否涉及他人，只要有所失當，皆是訟過改過的範圍。此外，對於行為所涉及之人事，蕺山特別將「五倫」之過詳加條列，了凡除了少數條目如「乖一尊卑次」尚可看出涉及倫常外，所面對之人事皆概括式的，如「醉犯一人」准三過，並未詳析此「一人」是親人、友人或其他，此亦是較蕺山簡略之處。雖然了凡許多條目之「一人」似乎「身分不詳」，然而許多條目之對象可說大抵皆是吾人現今所謂之「第六倫」——社會上許多的陌生人，如「見一冤得白不白」、「遇一病告救不救」等皆是，蕺山則將此類過錯列入「叢過」，其條目與了凡互有詳略。

　　了凡之功過格，有功格、過格各五十條，蕺山所言「過」之條目，則多至數百條，因此從《人譜》中對「過」的分析，再看了凡談「過」，很明顯地是較蕺山粗略。誠然，了凡亦能深知「過由心造，亦由心改」的道理，然而，相對於蕺山仔細分析從心（嚴格説來是從「念」）而起的諸般過惡，並一一予以對治，了凡僅言「一心為善，正念現前，邪念自然污染不上」，顯然過於簡單。同時，僅以外在與他人產生關係之行為言過，自亦比不上由內而外，自「慎獨」、「治念」言工夫之蕺山詳密。此外，相較於蕺山嚴格地要求從自己的「念」來反省，了凡則除「治心」而外，亦不否定從理上與事上改過的價值，其標準則明顯地較蕺山寬容得多，在此對比下，吾人可充分看出了凡順應世俗的性格與蕺山嚴格主義的特徵。

　　了凡對「過」的分析顯然是較為不足的。然而，如前文所言，《了凡四訓》一書的重點，實在於「積善」而非改過。亦即：就其道德修養的工夫來說，

列「致人死」、「助人溺子」及「墮胎」之過，大約因這類過錯對蕺山來説，自是不可能發生的；實則就了凡而言何獨不然，只因其功過格中之條目大抵皆相對，故此三條實承功格之「救免一人死」、「阻人不溺一子」與「阻人不墮一胎」而來，然而對「墮胎」一事之重視，自亦源於了凡之宗教背景；而其時竟有自溺其子的行為，亦可見晚明社會窮人之慘況。

了凡的重點在於如何積功累行，此與以改過為工夫，而絲毫無「功」可言的蕺山來說，其對於「過」的分析，自然有詳略的不同。因此，由二書對於「功」的看法，或者更可看出二書工夫理論的歧異所在。

（二）「功可補過」與「有過無功」

對了凡來說（或就一般的理解亦然），功過是一相對的觀念，了凡功格與過格各五十條，有許多條目皆是正反相對的，如「完一婦女節」准百功，「失一婦女節」便准百過；「白一人冤」准三十功，「造謗污陷一人」便准三十過；又如「編纂一濟眾經法」准十功，「毀滅一經教」或「編纂一傷化詞傳」准五過皆是。而此相對之功過，透過分數的計量，彼此可相互抵消，任何人造惡，可藉由加倍的行善來彌補；同時若造惡行，亦會抵消其前所作之善行，當然，「從前種種譬如昨日死」，鼓勵人們累積善功，以功補過，則是了凡功過格思想用以勸善懲惡的一個基本信條。

奉行功過格的方式，如雲谷的教導，是將「所行之事，逐日登記。善則記數，惡則退除。」另外在《功過格分類彙編》中對奉行功過格的方式有更詳細的說明，曰：

> 凡受持者擇一吉日，齋戒告天，焚香發誓，訂一冊子，先書年月，次書日，臨臥查點一日所為，有功則於功下註之，有過則於過下註之，一功記一○十功記一⊕，百功記⊙百，一過記一×，十過記一米，百過記米，不得重功恕過，不可輕忽間斷，月終會計功過，折算淨餘若干，終年大比，算所餘者為定，焚告灶神；凡記功有疑寧從其少，記過有疑寧從其多，此是減罪消愆之法。凡功十五日不倦者，外加十功，以示鼓舞；凡過十五日不改者，外加十過，以示創懲。〔註14〕

從以上的敘述可知奉行功過格的原則，基本上需要奉行者十分真誠地面對自我，在每日睡前的查點中，「不得重功恕過」，須將自己的功過如實地記載，同時，「記功有疑寧從其少，記過有疑寧從其多」，可見其對自我省察的工夫亦是十分謹慎的。但奉行功過格最終的目的在於積功徼福，因此奉行者除了要懺悔改過（否則「過十五日不改者，外加十過」）外，更要積極地力行善事，來將功補過，〔註15〕累積「功」之分數，則能獲得福報；當「過消罪滅」之

〔註14〕《功過格分類彙編》，頁 241～242。
〔註15〕當然，如《功過格分類彙編》所言：「以功折過，亦有不可折者，如致一人死，豈作萬錢功德便可贖乎？當以理衡之。」（同前註，頁 241）但類似「致人死」

時，亦有效驗可徵，如〈改過之法〉所述：

> 一心懺悔，晝夜不懈，經一七二七，以至一月二月三月，必有效驗：
> 或覺心神恬曠，或覺智慧頓開，或處冗沓而觸念皆通，或遇怨仇而
> 回瞋作喜，或夢吐黑物，或夢往先聖賢提攜接引，或夢飛步太虛，
> 或夢幢幡寶蓋，種種勝事，皆過消罪滅之象也。

從奉行功過格須「齋戒告天」、「焚告灶神」，以及過消罪滅的種種效驗，皆可看出功過格的思想，乃立基於對天地鬼神的信仰，功過可相抵亦來自天地賞善罰惡之力量的保證，此亦奉行者所以兢兢業業於積善改過而不敢自欺的原因之一。

相對於了凡立基於天地鬼神賞善罰惡之信仰，而奉行「善則記數，惡則退除」的功過格，蕺山純自一己嚴格的道德意識與罪惡意識而來的道德實踐，則不能容許功過可相抵的觀念。由於蕺山強烈的罪惡感，故對於任何一項過惡皆感不可輕恕，而惟有切實反省改過一途，豈有可以以功折過之理？非但功過不能相抵，在蕺山嚴格的道德意識中，道德實踐僅有不斷訟過改過的過程，行善亦是本然與當然，根本沒有所謂「功」可言，更無「凡功十五日不倦者，外加十功」的道理，倘若行善而自居其功，便落入功利的追求，而非道德本質之善，因此蕺山強調：「論本體，決其有善無惡；論工夫，則先事後得，無善有惡可也。」在蕺山的道德嚴格主義下，根本排除「功」的追求，而成為「有過無功」（即「無善有惡」），與了凡之功可折過恰成對比。

在蕺山眼中，了凡功過格的理論實為「害道」之言，然而一般學者非但不察，且秦弘祐更模仿了凡而作「遷改格」，基於對功過思想的反對，並為申明正道，蕺山在與秦弘祐的信中，幾度對功過思想有所批判，由此更可看出蕺山與了凡的思想歧異之所在。

（三）蕺山對功過格之批判

秦弘祐模仿了凡而作「遷改格」，蕺山在書信中反覆辨析其非，曰：

> 遷改格廣利濟一款宜除，此意甚害道，百善五十善，書之無消煞處，
> 不如已之。紀過則無善可稱，無過即是善，若雙行便有不通處。愚
> 意但欲以改過為善，今善惡並書，但准多少以為消折，則過終無改
> 時，而善之所列，亦與過同歸而已。有過，非過也，過而不改，是

之類的大過，奉行者自然深知不可犯，故功可補過仍是一般通用的原則。

謂過矣！有善，非善也，有意爲善，亦過也。此處頭路不清，未有
不入於邪者。至於過之分數，亦屬穿鑿，理無大小多寡故也。今但
除入刑者不載，則過端皆可滿除，似不必分多寡，但有過而不改，
入於文，直須記千萬過耳。平日所講，專要無善，至此又說爲善，
終落在功利一路。僕以爲論本體，決其有善無惡；論工夫，則先事
後得，無善有惡可也。凡此皆道之所在，不可不謹。〔註16〕

在此蕺山反對功過格的原因可分作幾點：第一、善惡不能相抵。若善惡並書，
功可折過，則將不能眞正致力於改過，那麼過終無改時；第二、若有意爲善，
則非眞善，而爲功利的追逐。對於第二點，蕺山在另一封信中又再度加以強
調：

改過遷善，不妨並作，稽之典籍，何獨不然。今所謂有善非善者，
正恐有善而自矜耳。故曰：願無伐善。又曰：有其善，喪厥善。吾
輩要做向上工夫，立一條款，而一旦據冊書曰：某日以某事行一百
善，心下打得去否？……了凡之意，本是積功累行，要求功名，得
功名，求子女，得子女。其題目大旨，顯然揭出，雖是害道，然亦
自成一家言……。〔註17〕

在此對於有意爲善則墮於功利一路之意，有更清楚的說明：對儒者而言，善
是心體本具，行善是道德自體之不容已。倘若計算善行多少，以此自矜自滿，
便已不是眞正的善；且了凡計算善行多寡，意在積功累行，以求福報，則基
於功利目的的善行，更不符合道德的本質。

由於蕺山體認道德之根源，即在於吾心至善之獨體，故道德實踐即是不
斷地化除過惡，且不容已地以獨體的至善爲依歸的歷程，倘若善惡可相抵，
則與惡相對的善亦不是純粹絕對之善，且不能眞切地化除過惡，道德實踐工
夫亦永不能完成；若有心爲善，則此善亦爲習心之嘗知，而非獨體之本然。
同時，爲堅持道德本身所具有的純粹性，更須徹底排除功利的計算，因爲任
何不屬於純粹的道德動機而行使之道德，就不是眞道德。故蕺山反對了凡功
過格的原因，便在其對於道德本質的掌握。

故自蕺山「無善有惡」、「有過無功」的主張，吾人可清楚感知蕺山強烈
的道德意識與深切的罪惡感，便是這種通身是罪過的感覺，使他認爲道德修

〔註16〕《劉子全書》卷十九，〈與履思九〉，頁1330。
〔註17〕同前註，〈與履思十〉，頁1332。

養的過程，就是盡力把「過」減到最少的程度，絕無任何「功」可言。在了凡功過可以相折的理論對比下，吾人更可深切體認牟宗三先生所說：「罪過，過惡，是道德意識中的觀念。道德意識愈強，罪惡觀念愈深而切，而且亦只有在道德意識中始能真切地化除罪惡。」〔註18〕「故吾人若不言負面則已，若欲言之，則必套於道德意識中始能徹底而窮源，清楚明確而真切，而且真能實踐地化除之。」〔註19〕了凡由因果報應及天地鬼神的信仰中而來的功過思想，雖然在表面上亦可推動學者的道德實踐，但在功可折過的前提下，縱然也有「凡過十五日不改者，外加十過」這般對改過的要求，實際上卻不可能如蕺山這般真切地化除過惡。且不說「過十五日不改」的要求未免太鬆懈，在功可折過的前提下，學者重點豈不在多積善功，只要功之分數恆大於過，便可消減，又豈能針對過惡深切反省；若恐「以過折功」，而欲避免造過，亦只須檢點其行，較蕺山直追至念上的省過方式，亦粗略太多。了凡亦知「過由心造，亦由心改」之理，然而由於其過格中幾乎全然缺乏對內心過惡的省察，又有功可補過的理論，其改過之學斷然不能徹底，是可以預期的。然而了凡之重點既在「積善」，或許須由彼處方可見其精采或價值所在。

三、價值觀之歧異——功利主義與道德嚴格主義

（一）積善徼福與遷善作聖

　　以上已說過蕺山對了凡的諸多批判，蕺山反對因果說、功過格，主要原因皆可說是在它落入功利一路。了凡思想中，最受批評的，也就在於他的功利主義傾向。其實，若說了凡是功利主義者，為功利而為善，似乎也不大公平，了凡書中亦曾再三強調應「為善而心不著於善」，無心為善方為真善，可見了凡對道德本身的純粹性，亦有一定的體認。然而了凡終不能免除論者功利之譏，其原因透過與蕺山的比較，或許能夠較清楚地看出。

　　首先，在確立道德根源上，蕺山很清楚地確立其道德主體便是吾人至善之本心，儒者之為善去惡，便是道德當身之不容已，故道德本身即是應然與當然，其間並未摻雜任何其他目的。相較於蕺山，了凡之道德根源為何？其為善「不容已」之動力何在？則似乎不是那麼明確。《了凡四訓》書中不可否認地對「心」（即道德心）十分強調，言「改過者第一要發恥心」，所謂「恥

〔註18〕《從陸象山到劉蕺山》，頁537。
〔註19〕同前註，頁539。

心」實即孟子所謂的「羞惡之心」，與蕺山「一朝跌足，乃獸乃禽」的羞恥感毫無二致，此一羞恥感，應與神明的監視，或是對地獄之懼怕毫無關係，故若以此出於自己的道德意識，作爲了凡之道德根源，實亦可成就一自律的道德。然而了凡之「心」卻不只此一端，「恥心」之外，他又提倡「畏心」，所畏者，在於天地鬼神的賞罰與因果輪迴、沉淪獄報，然則其所「不容已」的力量，究竟是道德心本身，或是對超自然力量的希冀與畏懼，便已啓人疑竇；同時，在說「改過」時，「恥心」尙可成爲道德修養之力量，但在說「積善」時，由於《了凡四訓》未能如蕺山確立道德主體之至誠無息，反而再三以行善者必徼天之幸作爲勸誘的手段，因而對福報之希求，則顯然成爲其「積善」的動力來源了。由此迴觀其前之言「恥」，便知其僅是沿襲儒者之說，而非眞正的體認，故與蕺山深切之道德感與罪惡感不同，無法成爲推動道德的力量。

在道德當身不容已的推動下，儒者之行善，若一定要推究其目的，則其目的只有一個，便是「遷善改過以作聖」——亦即不斷地化除現實生命中的過惡，復返本心之善，使吾人的生命，得以達到聖人至善的境界；蕺山從事道德修養的目的，便是如此純粹，而無絲毫渣滓。然而了凡兢兢業業地行善，並苦口婆心勸人爲善，其所以「不容已」的原因，則不容諱言地，顯然在於「命由我作，福自己求」的信念，其不斷地積功累行，實在於由此而能「求富貴得富貴、求男女得男女、求長壽得長壽」，在道德根源不能確立的狀況下，了凡對「善」的提倡，亦僅能透過「積善徼福」的保證來勸誘人，雖然他亦欲強調「心不著於善」，嚴戒「一毫覬覦，一毫將迎」之心，但終究不能擺脫其功利主義的性格。

「積善徼福」與「遷善作聖」，各爲了凡與蕺山從事道德修養之最終目的，而了凡之功利主義與蕺山之道德嚴格主義，亦便由此分野。

（二）重視實效與獨尊心性

「積善徼福」與「遷善作聖」是兩種截然不同的價值觀，然而同樣包涵了對「善」的提倡，因此若不能辨析二者對「善」的概念有何異同，則亦不能徹底明瞭了凡功利主義與蕺山道德嚴格主義之性格差異。

相較於說「改過」時的簡略，了凡論「積善」，的確是詳密得多了。他首先說明眞正完滿的「善」，必須徹底窮理，辨明所謂「眞假」、「是非」……等等，其次再舉出爲善的具體法門共十條，若再配合其〈功過格款〉中的「功格」五十條，了凡所謂的「善」之定義與內容，便可清楚地看出。

　　了凡心目中，真正完滿的「善」，應包涵兩個層次：就動機來看，必本於內心之真誠；就結果來看，則要達到具體的實效。在辨明善之「真假」、「端曲」、「半滿」時，了凡對於為善必發自內心之誠，同時不應夾雜追名逐利等其他目的，皆曾反覆強調，在此的確可看出了凡對純粹道德的體認，但與蕺山不同的是，對於有意為善的行為，了凡許以「半善」，並不是全然否定。對他而言，純粹的道德是吾人修養時所「取法乎上」而追求的境界；但「得乎其中」的結果，亦不能否定有一定的價值，由此便可看出了凡對「結果」的看重。

　　在對「心」的強調下，了凡必然肯定「善心真切，即一行可當萬善」，「愛敬存心」本身即具有不可替代的價值，然而吾人能力所及，則不能不從事更具體廣泛的善行義舉；除了「勸人為善」、「成人之美」等對周遭親友的幫助外，了凡對鄉里間貧困的救助與公共設施的建設等善舉尤其大力倡導，對於晚明貧富懸殊的社會結構，以及政治腐化、官吏貪污無能、幾近癱瘓的地方建設，這類善行的確有迫切的需要及具體的功效，故為了凡十分重視。其次，為保證善行能達到具體的效果，更不能只問善心的純粹，而更有必窮之理，事實上，徒有善心，並不能保證善行的效果，甚至不明其理，亦可能造成以善心來行惡事，因此在了凡對善行之實效的重視下，他也同時注意到了「窮理」——包括「知識」或行善方法的講求——在道德實踐上的價值。此外，由於了凡對結果的看重，因此只要達到益於他人的效果，就算善心不純，甚至動機是惡，了凡的評價，便不是全然否定的態度。凡此皆可看出了凡為善重視實效的性格。

　　若以了凡對「善」之二層次的要求，再看其「功格」之條目，吾人將發現一個現象，即：了凡對「善」之要求雖包涵內心之誠與行為之實效，但其功格五十條中，卻缺乏以「心誠」來記功的條目。酒井忠夫已發現這一現象，並認為此乃儒家精神的影響，前文已說過，了凡對儒者純粹之道德確有體認，而在「徼福」之功利追求下變得模糊，然而從他將「心誠」摒除於記功的範圍外，吾人或許可再進一步了解了凡記「功」之精神所在。

　　在前文探討「過格」時曾提出：過格之條目，大抵皆為表現於外且對他人產生影響的行為，此處又可見功格之條目亦排除內心之善；同時，外在的行為若未關涉他人者，則亦未列入其中來作為記功之準則，因此可以說，了凡功過格所針對的是對他人產生影響的行為規範。此外，在過格中，如「醉

犯一人」之「一人」尚有極大可能是親人、友人，但在功格中，絕大部分條目所關涉的人物，皆應是五倫以外——至少是親人以外（因可能爲朋友）之人，因此若批評了凡「順親友兄弟，皆自居以爲功」〔註20〕過於功利，實是一個誤會。〔註21〕了凡功格五十條，所強調的不在於傳統的倫理道德，而在於對社會廣大人群的關懷與服務。要做這些工作，徒有善心是無濟於事的，但要達成這些有具體成效的善行，卻必要有善心做後盾。了凡鼓勵人們本著善心做善事，善心是不能記功的（是純粹的道德），然而積極地從事這些善行義舉，實是莫大的功德。在對具體實效的看重下，能對他人產生愈重大的正面影響，便是愈可貴的善行，反之自然是愈大的惡行了，了凡功過格的分數，大抵便是依此而定；至於無關他人的言行私德，自無須列入功過的條目中。

綜上所述，吾人可看出了凡言「善」十分地實際且具體，相較而言，他對善心雖有體認，則無深刻之義理闡述。若對比蕺山之言善，便可見二者之偏重截然不同。

蕺山言善，亦有二個層面之區別，而其態度則是與秦弘祐的信中所說的：「論本體，決其有善無惡；論工夫，則先事後得，無善有惡可也。」就本體而言，儒家道德哲學之建構，必在於道德主體——即心體之「至善」的肯定。蕺山所探討之善，即先天獨體絕對的善，其愼獨治念之工夫，即在於擺脫經驗層中相對之善惡雜染，而能體認此超越層之絕對的至善；了凡所言善心之理論，顯然尚未能達到這一高度。而了凡其所言之善行，則皆是經驗層中相對的善，並非蕺山道德主體建構之範圍；了凡著眼於經驗層之善行，故強調其實效，而蕺山所執之超越至善，本身即具有絕對價值，並不取決於它的效果，以效果判斷之善，則已非純粹至善；同時，對蕺山而言，若能隨處體認天理，則儒者當惻隱自會惻隱，現實層面之善行，似乎不消多說。至於了凡對於爲善尚探討「窮理」的重要性，對蕺山而言，知識層面的「嘗知」，並無法保證道德實踐的必然性，若不能提昇至超越層的「本心之知」，則知識亦無

〔註20〕朱竹垞：《靜志居詩話》卷十六，頁3～4：「職方（即了凡）導人持功過格，鄉里稱爲愿人。……然順親友兄弟，皆自居以爲功，終於心有未安。君子之學，無伐善焉可矣。」（收入周駿富輯《明代傳記叢刊·學林類》（八）臺北：明文書局）

〔註21〕受了凡影響下的諸多功過格，或許詳列五倫內之道德行爲皆記功，如《功過格分類彙編》便有〈敦倫格〉，如「事親致敬盡養」一日一功，反此爲一過。然而批評了凡思想不能以後續者爲準。

獨立的價值，因此蕺山獨尊心性之至善，而不談現實層面與惡相對之善；對於知識層面的問題，亦不在《人譜》中作探討。〔註22〕

其次，就儒者道德實踐之工夫而言，行善只是理之當然，絕不能自居其善，而在「通身都是罪過」的感受下，欲返先天獨體之善，道德實踐的工夫，更僅有不斷地化除現實層面之種種過惡，而無所謂功可言，因此蕺山反對功過雙行之說，而提倡「紀過法」，「紀過則無善可稱，無過即是善」，在工夫層面「無善有惡」的主張下，對於現實層面之「善」，蕺山亦未再花筆墨探討。

透過了凡與蕺山論「善」的比較，吾人可清楚看出，了凡「積善徼福」之功利主義，表現於對「善行」的要求上，其功利傾向則成為重視具體實效之目的論者；而蕺山對超越心體之至善的強調，與對現實生命「無善有惡」之感受，則亦充分反映其道德嚴格主義之特徵。

然而，就儒者的道德實踐來說，了凡所重視的「窮理」問題，是否沒有探討的必要？蕺山是否曾正視過善心可能行惡事、善行可能有流弊的問題？而這些問題，是否能在確立意根獨體之後便自然消失？了凡所謂「窮理」的內容十分豐富，簡單來說，便是吾人判斷一行為究竟是善或是惡，絕對不是僅就「動機」一項可以決定的。了凡這一對「善」的觀念，與蕺山獨尊心性的道德哲學的不同，或可說即倫理學上「目的論」與「義務論」的衝突，簡單來說，目的論乃根據行為所產生的效果，來說明善惡的區別，能保存或促進人的幸福的即為善，反之即為惡；義務論（或形式論）則認為善的意志是一種絕對性質，無須涉及行為的效果，二者的論點恰恰相反。了凡之重視實效與蕺山之獨尊心體至善，實與目的論與義務論之歧異相類。目的論與義務論在理論上本難調和，亦不能強求兩種理論能相互涵蓋，而就道德哲學的建構來說，蕺山（或義務論者，如康德）之路徑，實為建構一純粹道德哲學之正確法門；然而，儒者與西方哲學家不同，義務論者可以排斥目的論者之說，而致力於其理論的完整性，但儒者有「外王」、社會教化的理想，其道德是要放在生命中實踐、並作為推行教化的依據、社會生活的準則，那麼了凡所謂「窮理」的問題，除非在善心發揚之後便自然地不存在，否則是否亦應放在

〔註22〕當然，就蕺山對知識的看法來說，鑑於陽明後學的束書不觀，包括蕺山的晚明儒者對知識確有正面的肯定，然而其所重視的知識，仍限於返回經典、重新理解聖人之教，與了凡欲了解「善行」之效果——有無流弊、有無可能以善心行惡事等等問題，其間所可能包涵之知識問題，乃至對事實的認知、甚至行善的方法技巧等，儒者似少有關注。

其理論的建構之內，而不能置之於「第二義」的，不予探討呢？

如陽明《傳習錄》有云：「聖人無所不知，只是知箇天理；無所不能，只是能箇天理。聖人本體明白，故事事知箇天理所在，便去盡箇天理，不是本體明後，欲於天下事物，都便知得，便做得來也。……但不必知的，聖人自不消求知；其所當知的，聖人自能問人，如『子入太廟，每事問』之類。」〔註23〕此段話可顯現出儒者對於道德與知識間的分際亦有所體認，但頗有意味的一句話是「不必知的，聖人自不消求知」，如二程輕堯夫之曆算，〔註24〕便顯然是將曆算歸於「不必知」之列，但天文乃至一切客觀知識的研究，對道德本心的體認固無助益，但在對社會之利用厚生上，難道沒有探討的價值嗎？就明道伊川本人固可說「那得工夫學」，因個人的精力有限，不可能對任何一項有價值的知識皆加以探究，但二程顯然在根本上否定此類研究本身之價值，且其影響及於後世儒者對客觀知識的態度。由此再回頭看蕺山之《人譜》，因全致力於「慎獨治念」之涵養本心的工夫，對於外在的知識缺乏探討，亦是可以理解的，然而其「紀過」而無善可稱的態度，以及以不斷的遷改工夫便可「入於聖人之域」的理論來看，實可看出了凡所言窮理之問題——除了知識之外，還有許多現實狀況——的考量，同樣皆未為蕺山所正視。

此外，「無過即是善」是否便已足夠？就蕺山〈紀過格〉數百條過錯中，對於個人的道德要求，可稱得上鉅細靡遺了，對於五倫之內的相處對待，亦十分詳密，「叢過」當中，對於在社會上種種人事之交接，舉例之多，亦不遜於了凡「過格」中之條目；若學者切實據此反省，而能免除諸般過惡，亦不可不謂為完人矣，然而無過之善，是否即是圓滿的善？在「五倫」之內，無「非道事親」之過則必以道事親、無「勢交」「利交」之過則必以道義交，然而對於「叢過」中對待社會大眾之過惡，則不一定如此簡單。舉例來說，無「欺陵寒賤」之過即是善，但此一「善」並不等於救濟寒賤，較之積極提倡「救免一人死」、「救免一人流離」的「善」，僅以無過為善，是否太過消極？相較於了凡十分重視回饋社會之善行義舉，蕺山之道德實踐，可說仍多限於五倫之內；君臣一倫，雖是儒者由內聖而通外王的關鍵，然而外王事業真正的重點，乃在於為百姓造福，而不止於恪守臣道。在晚明市民階級逐漸興起，

〔註23〕《傳習錄》卷下，〈門人黃直錄〉，頁176。

〔註24〕《河南程氏外書》第十二，〈上蔡語錄〉，頁6，《二程全書》，臺灣中華書局《四部備要》本。

逐漸擺脫上層社會之主控，既繁榮又腐化的社會裡，了凡一類鄉紳階級，正慢慢自覺其社會責任並發揮其力量，傳統儒者怎能夠再以得君行道作爲外王事業的唯一出路呢？當然，道德本心充分發揚之儒者，義之所在，自會勇於爲之，蕺山置義田以贍族卹賢，〔註 25〕便是積極地濟貧活族，便是了凡提倡之善行義舉，亦無須「百錢准一功」，蕺山嚴戒「功過雙行」之弊，自有一定的價值；然而除儒者之見義能爲外，對一般人而言，僅消極地以無過爲善，對這類善行義舉，是否亦能達到積極推動的效果？故若以此角度看來，了凡之列舉善行，亦未必無其價值了。

第二節　《菜根譚》與《人譜》之比較

《菜根譚》的作者洪自誠雖然自稱「吾儒」，但實僅是個帶有山林氣的文人，與晚明的許多山人作家的性格十分相近。前文已簡單介紹晚明文人與道學家相抗的基本態度，在《菜根譚》中，我們似乎不能說作者有意要與道學抗衡，自我保護意識濃厚的《菜根譚》，很難說有與任何人抗衡的野心；甚至在自稱「吾儒」的心態下，有些話頭，乍看亦與道學家略同。然而，由於其基本的生命情調實與當時的文人、山人作家相類，與身爲理學家之劉蕺山所作的《人譜》相較之下，便有了根本的差別。〔註 26〕雖然二者不曾表現出相互攻訐的態度（如蕺山之於了凡），然而在《菜根譚》對人物、境界之賞鑑與評論中，吾人可看到他對道學家之批評；而在《人譜》視之爲過的諸多條目中，亦可看到蕺山對當時文人風尚之反對。而在遠離政壇、混跡世俗之後，《菜根譚》的價值觀與世俗

〔註 25〕　《劉子全書》，《年譜》，頁 3663。

〔註 26〕　由於《菜根譚》之思想十分駁雜，就其本身作分析便已屢見矛盾，若再與他書作比較時則更會發現選取適當而非以偏蓋全之材料的困難。前已解說過《菜根譚》與晚明文人風格的類似之處，但若純粹就《菜根譚》的思想而言，它與晚明文人諸如反道學之表現便未必十分相同；甚至不可否認地，如龔鵬程曾提出，《菜根譚》作者以儒者自居，其儒家思想則主要採取了程朱一系黜人慾以存天理的路子，因此其對於道德修養之工夫與《人譜》或亦有可資類比之處。然則若不將《菜根譚》作一明確的定位，並將二書作一明確的區分，比較的工作實無從下手。本書對《菜根譚》與《人譜》二書之定位，基本上乃分別以之作爲晚明文人（或說與世俗更密切結合的下層文人）與理學家二種不同之道德觀來看待，因此下文對於《菜根譚》之分析，亦主要選取其表現之文人與世俗化之觀點（亦合於前文所歸納之整體特色）來與《人譜》作比較，至於書中或尚有某些與晚明文人相異、或與《人譜》相近之材料，爲了避免觀點錯亂，若無必要，便不舉出討論，希望不致引發立論偏頗的誤會。

有了更密切的結合，相較之下，與儒者的差異，似乎亦有增大的趨勢。與《了凡四訓》以勸善利他爲宗旨不同的是，《菜根譚》旨在處理個人的生命，因此，它與《人譜》的根本歧異，亦落在對生命的態度不同；而二書處理生命的不同態度，可說即代表了文人與儒者面對生命時的不同取向。以下首先概述二書所展現之基本生命特質——即文人性格與儒者性格之差異，接下來再分別就其處世觀念與生命型態，探討二書如何面對生命，處理人生問題。

一、二書之性格差異——文人性格與儒者性格

第二章已簡單論述過晚明文人與道學間之基本歧異，由之即可看出《菜根譚》與《人譜》之性格差異。而如黃明理所分析，東坡與伊川（即文人與儒者）分別展現不同的人格典型，一在於「情意我」（生命力及生命感）之發揮，另一則在於「德性我」之展現。就其學術之表現來說，伊川講性命之學，所追求者在於「善」，以聖人可學而致，其學亦必以至於聖人而後止，若文藝書畫則爲餘事，不應用心太過；而東坡所重視者即文章修辭，所追求者則在於「美」，其心目中所謂聖人，乃著眼於藝能，全能全藝之聖人非人人可致，故在東坡看來，志於求聖，實不免「好名太高」。二者之論點恰恰相反。而黃氏所謂德性我與情意我之別，若就伊川與東坡對聖人之理解，一著眼於德性，一著眼於藝能的角度來看，則二者對生命、對人性的理解，即乃德性與才性之別，東坡（文人）以才性看待人性，乃著眼於氣質，其態度是美學的、品鑑的，〔註27〕此即構成文人性格之基本特徵。

若再就勞思光所言自我境界之四層面——形軀我、認知我、情意我、德性我——分別來看東坡與伊川之態度，亦可發現二者之觀點迥然有別：就伊川而言，在形軀我方面，唯求基本的滿足，而嚴格克制欲求；在認知我方面，伊川亦無心於純知識的研究；對於情意我，伊川反對在生命感所展現之藝術活動上耗費心力，對於生命力所表現之品質，如東漢士人之尙名節，伊川亦以爲未足道，所以如此，即因伊川之生命唯重一德性自我之展現，故其他境界均須受其制約或提昇。反觀東坡馳騁詩文書畫諸藝術活動，純爲情意我之發抒，其爲人不拘小節而好戲謔，往往欺罔傷人；爲文爲求修辭與意境，亦往往誇大不實，皆有傷於德性之純，亦不符合認知我的要求，可見其生命特

〔註27〕參見牟宗三：《才性與玄理》，臺北：學生書局，1989 年，頁 46。

彰顯情意我之境界；此外，因從事藝術活動，對於文物器具亦講究精美工巧，於形軀我之生理官能的享受，亦不若伊川之加以範限，且能以品味賞玩的態度，使之成為美感的觀照，而歸之於情意的活動。

蕺山作為宋明儒學的殿軍，對性命之學的探究與德性我之絕對地「善」的要求，以及將其他境界置於第二義的態度，基本上與伊川無甚區別，甚且在王門後學侈蕩之風以及社會風氣日趨敗壞的刺激下，其性格更展現出道德嚴格主義的傾向，在其《人譜》中，對於形軀我之欲求與情意我的展現，皆有十分嚴格的範限。而晚明文人承襲東坡之人格典型，在退離政治而寄情山水文藝的生命型態下，對情意我之展現與美感的追求，更成為其生命之主要內容；在晚明奢靡縱欲的社會風氣中，亦使文人對於形軀我的欲求，由品味賞玩，而成為享樂縱欲，《菜根譚》之風格內容，即與以上所述晚明文人的生命型態，有相當大的一致性，因此，《菜根譚》與蕺山《人譜》之性格，較之東坡與伊川之別，在內涵上極為相似，而程度上的區別實有過之而無不及。簡單來說，「情意我」與「德性我」是二者性格上最根本的區別，進一步來看，「情意我」之發抒，所追求者在「美」；「德性我」之發揮，則在表現道德之「善」，由此趨向的不同，而對於其他境界——形軀我——之態度，亦有極大差異，故以下再分為三點細述：

（一）任情與重德

所謂情意我，是勞思光論道家自我境界之歸趨所在，[註28] 道家將自我駐於此境，對於流變之萬象乃至道之運行，皆能超越之而觀賞之，使心靈不受外物的支配，而能「勝物而不傷」，因而成一純觀賞之自我，由此開出藝術精神。歷代的文人、藝術家之生命，往往吸收道家之精神以為養分，晚明退離政治的文人亦然，而其情意我之展現，除表現在藝術的創作、美感之賞鑑外，因對政事的厭離並為擺脫道學之束縛，更使其生命在不受外物支配、破除一切執著上，表現出對豪傑之生命力的嚮往與仿效，以及對閒適生活的安排。

由道家「情意我」之精神來檢視《菜根譚》，可看出《菜根譚》對修養境

〔註28〕勞思光：《中國哲學史‧一》，頁252、276。按：當然，勞氏對道家之理解是否充分切當，或可再議，若依牟宗三言，道家之「無」實為三教共法（《中國哲學十九講》第五～七講），則其所能成就之生命境界固不僅於情意我而已。但由於前文對《菜根譚》之分析頗重其隔離審美的心態，故仍藉勞氏「情意我」之理解探討之。

界的要求，實亦追尋著「勝物而不傷」的境界。由於對人世之空虛無常的了悟，《菜根譚》對於如何在紛雜的世間中明哲保身，不為外物所傷，有「冷眼觀人，冷耳聽語，冷情當感，冷心思理」〔註29〕的指導。然而道家「勝物」的超越境界，在《菜根譚》冷情冷心明哲保身的要求下，似乎「不傷」的自我保護才是主要目的了。這一冷眼旁觀，除了消極地達到「念此令人心灰」的破除執迷之外，《菜根譚》更積極地將之轉為「萬物靜觀皆自得」的審美態度，使外物不但不能造成對自我心靈的傷害，且更能成為滋潤心靈、撫慰心靈的良方。由於《菜根譚》對人事的冷淡與退離，吾人似乎較難看到他鼓勵生命力賁張磅礴的豪傑形象，〔註30〕而閒適清淡的生活藝術，則是作者追求情意我之全然展現的境界所在。在追求情意我的境界以安頓自我生命的同時，《菜根譚》亦很自然地會借用三教的義理，引用其道德規箴並發展出一套道德觀，以提昇自我境界，使其亦成為一般人眼中談道德修養之書，然而其道德修養之目的，仍在展現情意我之境界，而在其美感、藝術的生活之追求下，可發現其對於生活享受等形軀我之內容，亦由品味賞玩，而轉成為隨順情欲的現象，明顯與道德修養之要求不同。

　　相對的，蕺山的自我境界，則純為一德性我的展現，在「人便是聖人之人」的自我肯定，與「通身都是罪過」的罪惡感下，《人譜》對道德自我之充分展現，實亦無庸贅述。由於蕺山所重者唯德性我，因此與《菜根譚》情意我所展現之美感生活相對的，《人譜》展現者為純粹的道德生活的內容。《人譜‧紀過格》所列的諸般過惡，實即包涵了生命中有關形軀我、情意我的種種內容，形軀我之欲求若為維繫生命之所必需，自無所謂過惡，然而只要超出其必要性，而有一毫耽溺享樂，便偏離道德生活的軌範，而為過惡的內容；至於情意我之藝術活動，對道德生活並無積極的幫助，且沉溺其中對修德尚可能有負面影響，故蕺山亦採取嚴格限定的態度。

　　「任情」與「重德」可說是《菜根譚》與《人譜》二書最根本的不同，

〔註29〕此段引文已見第二章，以下所引若未標明出處，率皆因前文曾經引用，讀者可自行參照，故不再重複標示。

〔註30〕龔鵬程曾提出《菜根譚》「這種疏離人世而又熟練人情的態度，亦可以稱為一種老人哲學。」（〈由《菜根譚》看晚明小品的基本性質〉，頁152）《菜根譚》「老人哲學」的特質，或許便是它的審美與不受拘執，皆少以生命力旺盛的豪傑形象為例的原因所在，此亦是《菜根譚》與學者所述晚明文人特質中少數較不一致的表現之一。

其生活的態度、處世之觀念，皆在此歧異下分別開展，而呈現截然不同的面貌。《菜根譚》情意我之境界，其觀賞審美的態度，可發展爲對形軀我、德性我之欣賞品鑑，因而雖以情意我爲主，各境界可在其不拘執的隔離觀照下同時獲得肯定；然而亦可能在美感的欣趣下，扭曲對德性我的堅持，並使其情意我之境界，流而爲形軀我的欲求，因此《菜根譚》對各境界之肯定，可能反成爲否定其自己。至於蕺山《人譜》對道德自我之堅定不移，雖以德性我之展現爲唯一目標，不肯定各境界皆有同等的價值，然而各境界在其道德生命之安排下，各在不同的地位，而不可能產生游移不定甚且自我否定之理論矛盾。然而文人「當機活煞」的藝術生命，與道學家對道德實踐的嚴謹態度本有極大不同，缺乏嚴格的理論系統，或亦是其生命的主要特質所在。

（二）尚美與求善

在《菜根譚》之冷眼閒情的觀照下，其情意我的展現，即在與這紛亂的人世拉開一個安全的距離，保持距離的美感，由此展現一種審美的姿態。充滿閒適恬淡、無所執著的美感欣趣，即《菜根譚》所嚮往的生命境界，亦即其生活的主要內容。可以說，《菜根譚》的作者，是以「美」的追求與體驗，來安頓其生命。

而對蕺山而言，儒者的生命，唯有通過不斷地踐履道德、挺立其道德主體，亦即不斷地使其本性之善能充分發揚，其生命方能獲得安頓。這一道德生命乃以「善」爲具體的內容，然而在儒者心中，「充實之謂美，充實而有光輝之謂大，大而化之之謂聖，聖而不可知之之謂神」，〔註31〕在成聖的過程中，道德自我之實踐即是善、亦即是美，這一「美」與《菜根譚》所追求者自不是同一層次，而可說與善同一內容，故單說「善」本身即整全而完滿，亦是儒者所追求之唯一價值。

對儒者來說，美即是善，然而，對《菜根譚》的作者來說，善亦未嘗不即是美。《菜根譚》確是一本有心探討人生修養之書，要在世路茫茫中隨遇而安，隔離觀照的審美態度，則無疑是修養的不二法門，心靈有了美感的滋潤，而無執著的糾纏，便能免除刃靡的傷害；就純粹「修己」的道德工夫來說，其謙退自守亦未嘗不能成就一個「狷者」的典型。但問題在於，《菜根譚》審美的態度，除了表現在「萬物靜觀皆自得」的美感欣趣外，亦轉爲對物質生

〔註31〕《孟子·盡心下》，第 25 章。

活享受的肯定；此外，更表現在其言論的好逞談鋒上。對物質生活的講求精美，使其情意我之境界墮落至形軀我之滿足，成為與道德背反之溺於情欲；在言論上好逞談鋒之美，則可能有兩種相反方向的對「善」的斲傷：一方面，在其好逞談鋒下，對道德之提倡往往過於矯情，由此而可能使道德成為僵化而不近情理的「吃人禮教」；另一方面在「不宜認真」的美感趣味中，美感的欣趣往往轉成文字的玩耍與賣弄，「真理」可能變得模糊不清，對道德之「善」亦往往失去堅持，而模糊了其原本對道德修養之追求。因此就理論上來說，「真善美」三個境界雖非相互妨礙、相互衝突，但單就《菜根譚》這種以「美」為最高價值的方式來說，卻似乎可能間接地造成對其他二境界的傷害。

　　當吾人閱讀蕺山《人譜》時，透過「人便是聖人之人」這般對道德自我之善的絕對要求，與「通身都是罪過」的深切罪惡感，確實令人感受道德嚴格主義給予人的壓力，而不禁懷疑道德修養是否非經如此不能完成。然而當吾人檢視《菜根譚》之修養方式時，則發現當生活的態度，著重在以美感的追求為目的時，美感的趣味，往往超乎真理與道德之上，而終造成了對道德的扭曲。因此蕺山之道德嚴格主義，或不能肯定為道德修養之唯一途徑，然而可以確知的是，數百年來為民間奉為修身寶典的《菜根譚》，以審美的態度從事道德修養，恐終不能成就道德。

（三）對嗜欲之態度

　　關於《菜根譚》對嗜欲的態度，乍看似乎很難作一論斷。首先，由「冷」之觀照而來的智慧，使他對於人心的欲望亦十分警覺，所謂「嗜慾如猛火，權勢如烈燄」，因此對於如何擺脫欲望的糾纏，而回歸心體之澄淨，《菜根譚》亦頗用心思考過，且對於天理人欲對抗時的艱難，他亦深有領會，而提出「慾路上事，毋樂其便而姑為染指，一染指便深入萬仞；理路上事，毋憚其難而稍為退步，一退步便遠隔千山」〔註32〕的警惕，若由此等處看來，《菜根譚》的作者自稱「吾儒」，確亦有儒者從事道德修養的精神，其「一染指便深入萬仞」的警覺，較之蕺山「一朝跌足，乃獸乃禽」的罪惡感，亦頗為類似。

　　然而，由於它審美的態度，使它的精神，在更多的時候，是接近文人而遠於儒者的。晚明文人以審美的角度來強調「人情必有所寄」、肯定個人性格中的各種癖好，而其美感的賞玩與情欲的滿足便往往成為一體之兩面；在破

〔註32〕《菜根譚》第 40 則，「一染指」據老古本增。

除名利執著的修養上，他們甚至肯定玩物喪志的癖好執溺之類的妄情，正可以讓人銷盡名利之心。〔註33〕在此影響下，《菜根譚》對「人欲」亦不可能不採取肯定的態度，而有「無風月花柳，不成造化。無情欲嗜好，不成心體」的表示；在耽溺情欲嗜好的同時，它雖也謹記「爽口之味，皆爛腸腐骨之藥」、「快心之事，悉敗身喪德之媒」，卻以「只五分便無殃」、「無悔」使欲望仍可得到適度的滿足。就文人的角度來看，修身、克制欲望誠然也是重要的，但所謂「在世出世，徇欲是苦，絕欲亦是苦」，〔註34〕追求美感趣味的文人，強調人情即是物理，實不能忍受絕欲之苦，故必有「五分」之說。更進一步地，他更肯定嗜欲也有其積極的價值，所謂：「非幻無以求真」、「雖雅不能離俗」，適當的嗜好，對修身亦有所幫助，因為：

> 念頭濃者，自待厚，待人亦厚，處處皆濃；念頭淡者，自待薄，待
> 人亦薄，事事皆淡。故君子居常嗜好，不可太濃豔，亦不宜太枯寂。
>
> （41）

故就《菜根譚》來說，修養工夫並無須滅除嗜欲，只須使其嗜好在「濃豔」與「枯寂」兩端擇一「中庸之道」即可。然而這類說法實僅是對不同氣質類型之人格的一種賞玩品鑑，本身並不具有真理性，如以「念頭」之標準看待儒者，大約皆屬「淡者」，然豈可言其「自待薄，待人亦薄」？由此亦可窺見《菜根譚》談修養所以矛盾叢生，除了求美尚奇的原因之外，其停留在氣質、經驗層面言道德，亦使其道德不能建立超越性與絕對性，氣質、經驗層上相對的善惡，自然不免搖擺不定。經此對照之下，便可再度肯定蕺山必擺脫經驗層之善惡而建立超越之至善獨體，實為建構道德哲學唯一之法門。

《菜根譚》在審美賞玩的生活態度、不執著於理的言談趣味下，認為天理即在人欲之中，且唯有通過人欲才能獲求天理，很自然地轉成為對嗜欲的肯定，此一方面是表現其對世俗人情之牽就，亦即其世俗化的傾向；另一方面實即前文所提出的：《菜根譚》對世俗的自己亦採取順應與包容，這一包容欲望的態度，便與之前對欲望警惕的態度明顯扞格。若再比較蕺山對欲望之態度，則更可清楚看出儒者道德修養與文人之修養論有何區別。

基本上，《菜根譚》之理欲不二，是晚明文人反對道學以理束人，而特別強調人情之一貫理論；而明代理學之發展，由程朱理氣二分之說，亦漸趨向

〔註33〕龔鵬程：〈從菜根譚看晚明小品的基本性質〉，頁 164。
〔註34〕《菜根譚後集》第 79 則。

氣一元論，蕺山「即氣言理」，便強調「天理人欲，同行而異情」，〔註 35〕可見「理欲不二」之論是晚明學術界之共同趨向，然而文人與儒者所謂「理欲不二」之內涵實有極大不同。《菜根譚》之理欲不二已見前說，而蕺山所謂理欲不二卻是就欲能循理而發，則欲即是理的角度來說的，所謂：「日用之間，動靜云爲，莫不各有自然之理。苟能順以應之，如飢食渴飲、夏葛冬裘，不起一見，則亦無往而非道矣。」〔註 36〕亦即在超越性理之鑒臨下，無私意摻雜之欲，如飢食渴飲，是生命所必需，與理並不相違，亦不可分割；然而若一離開理之範圍，而爲私意之欲求，則皆列入《人譜》之過惡當中，而爲蕺山所反對，如懷居、輿馬、饕飧、縱飲之類，皆是《人譜》過惡之內容。以「循理」爲判準的理欲不二，與《菜根譚》之就人欲以爲天理，可說是兩種相反的思考方向，《菜根譚》之方式勢必在肯定情欲的原則下演成隨順情欲，而《人譜》則未有徇欲、絕欲兩端的衝突，其欲望始終在超越原則的指引下而「從心所欲不踰矩」。

　　由上可知，《菜根譚》「一染指便深入萬仞」的道德精神，在其審美的態度下，無可避免地演成隨順情欲，而終使其對道德修養的追求扭曲、甚至喪失，由此吾人亦再次驗證牟宗三先生「只有在道德意識中始能眞切地化除罪惡」之說，實非虛言。

　　就個人生命的處理來說，《菜根譚》對嗜欲的態度已可看出其世俗化的傾向，若再探討其處世觀念，其混同世俗之價值觀的情況將更加明顯；反之，蕺山道德自我自主自立之特色所在，亦可充分看出。

二、二書之處世觀念──隨俗順世與道德自立

　　若僅就文人之性格特質來說，其恃一己之才氣從事美感與藝術的活動，本有與世人劃別的傾向，然而晚明文人在遠離政壇、寄身於晚明社會文藝消費市場中以求生存之後，其所思所感，自難以脫離世俗的影響。一方面著述本身便懷藏著「言語勸世」的理想，在傳統的倫理社會中，如何維持人與人之間的和諧關係，是教化的重要內容；另一方面，厭離政壇、乃至厭離世事的文人，如何在混跡世俗的現實矛盾中，尋求一安身立命之道，亦使個人與世俗人事的交往，成爲其思考的中心課題。在厭離世俗與身處人世、言語勸

〔註 35〕〈學言上〉，頁 606。
〔註 36〕〈學言中〉，頁 669。

世與個人關懷之間徘徊，《菜根譚》的處世態度、應世原則，明顯地有「隨俗順世」的傾向，若以此與蕺山《人譜》作一對比，吾人將發現，同樣作為道德修養的教導書，且較《菜根譚》更具體表現出著重人際關係（五倫及叢過中有許多有關「第六倫」之過）的《人譜》，卻只有一味地檢視自我道德心靈及行為上的缺失，至於其行為究竟「與俗同」亦或「與俗異」，以及其行為可能使世人產生如何的反應，則絲毫不在蕺山考量之列。簡單來說，蕺山的道德自我獨立自主，不依附於世俗的眼光；《菜根譚》之道德，則明顯地建立在與世俗的交往中，如何能圓融無礙的目的上。由於《菜根譚》本身的矛盾與駁雜，其「隨俗順世」的內涵，或須再詳加說明，以下略分兩點而論，由此亦可更清楚看出儒者道德精神與之有何分別。

（一）出世入世之間

《菜根譚》經常表現出賞愛自然而厭離世事的態度，如之前曾引述的「吾人能不為世法所點染，其臭味不迥然別乎」的慨歎便是，此外尚有語氣更加強烈的，如：

> 山林之士清苦，而逸趣自饒；農野之夫鄙略，而天眞渾具。若一失
> 身市井，儕伍屠儈，不若轉死溝壑，神骨猶清。（後 126）〔註37〕

對人世的厭棄，可說是無以復加了。然而《菜根譚》既戒「高絕之行，褊急之衷」，〔註38〕不許對境界的執著，且身處塵世之中，更無法眞正避免與世俗的交往，那麼能夠在市井之中而保持「神骨猶清」，無疑是作者所欲追求的完美境界，因此他認為「勢利紛華，不近者為潔，近之而不染者為尤潔；智巧機械，不知者為高，知之而不用者為尤高」，若能「近之而不染」，則亦無須選擇出世了，因此他說：

> 出世之道，即在涉世中，不必絕人以逃世。（後 41）

> 有浮雲富貴之風，自不必巖棲穴處。（後 17）

由此心靈迴看人世，便又有一番境界，所謂：

> 世人為榮利纏縛，動曰塵世苦海，不知雲白山青，川行石立，花迎
> 鳥笑，漁唱樵歌，世亦不塵，海亦不苦，彼自塵苦其心耳。〔註39〕

〔註37〕據老古本更易數字。
〔註38〕《菜根譚》第 196 則：「山之高峻處無木，而谿谷迴環，則草木叢生……此高絕之行，褊急之衷，君子重有戒焉。」
〔註39〕據老古本更易數字。

（後 122）

「世亦不塵，海亦不苦」，又由對塵世的厭離，回歸到安於、甚至樂於塵世之中。

《莱根譚》由出世而至於入世的過程，乍看是一種執著的破除、辯證的歷程，然而細思起來，卻不免是面對無法脫離世俗的現實下，一種自求解脫的方式，如他自己供認的：「世路茫茫，一念求全，則萬緒紛起，惟隨遇而安，斯無入而不自得矣」，執著於某一境界，在此茫茫世路中，是難以如願的，吾人所能修養的，只有一「隨遇而安」的態度而已。在此自求解脫、自我保護的心態下，《莱根譚》雖是入世，卻往往缺乏對社會積極貢獻的熱情，反而只一味地表現「飽諳世味，一任覆雨翻雲，總慵開眼；會盡人情，隨教呼牛喚馬，只是點頭」的鄉愿性格，故其入世仍與出世之消極相類。

相對於《莱根譚》游移在出世入世之間，蕺山則未曾表現出此類徬徨，在東林黨禍的陰影下，「世路茫茫」之感，蕺山實亦深有領會。然而儒者縱使有「道之不行，已知之矣」的覺悟，亦不廢君臣之大倫，〔註40〕因此蕺山《人譜》對於成聖之正面工夫，必強調「敦大倫以凝道」，且以「五倫間有多少不盡分處，夫惟嘗懷不盡之心，而惺惺以從事焉」的態度，將五倫中各種可能失當的行為一一條列，即以君臣倫而言，在朝為官自應危言危行；縱使居鄉，亦有其應守之本分，而無絲毫消極避世之意。

與儒者不同的是，晚明文人多有厭離政治的態度，即使尚任官職者亦然，曹淑娟便曾評論其心態，曰：

> 所謂「取心冥境」或「身穿朝衣，心在煙壑」可以有二層次之意，一如向郭注莊：「夫聖人雖在廟堂之上，然其心無異於山林之中」，乃屬於精神上的化境，以如此的在煙壑之心居位供職，並無妨於入世事業的完成。另一層意義，則如《婆婆館清言》所云：「老去自覺萬緣都盡，那管人是人非；春來尚有一事關心，只在花開花謝。」心力只關注山水花鳥，以如此的在煙壑之心居位供職，則其任事能力與道德擔當頗令人懷疑。……後一層次極可能造成道德虧負。晚明人多混同二層意義而言，在理想人格上，嚮往前一境界；但在實際作為上，往往只落在後一層次上。〔註41〕

〔註40〕《論語·微子》第 7 章。
〔註41〕《晚明性靈小品研究》，頁 218〜219。

基本上《菜根譚》的作者為一隱居之士，似乎不在曹文批判之列，然而他亦贊賞「居軒冕之中，不可無山林的氣味」的態度，光看此句或不能判斷作者所贊賞的究竟在那一層次，但「那管人是人非」的心態，實充斥在其字裡行間。徘徊在出世入世間，以自我保護為前提的《菜根譚》，缺乏積極用世的精神，對道德亦缺乏堅持的勇氣，其處世最終的目標，便在於如何「明哲保身」而已。

（二）明哲保身之道

前文已歸納《菜根譚》之基本性格，實是在自我保護的心態下發展出鄉愿與功利傾向，此一性格所追求的價值，便可以「明哲保身」來概括。《菜根譚》冷眼旁觀此「傾險之人情，坎坷之世道」，〔註42〕對於身處其中如何能圓融無礙、避免衝突傷害，實是其思考的重點。在趨吉避凶的前提下，《菜根譚》所發展出的處世智慧是：「涉世無段圓活機趣，便是個木人，處處有礙。」〔註43〕它的處世方針是圓的、活的，不是死板不知變通的，在社會充滿矛盾複雜、人情充滿虛偽巧詐的現實下，作者往往透過兩種相反相對的處世方針，來建議讀者在不同時機，皆可選擇一最恰當的處世原則，這也是《菜根譚》之教化方式的一大特點，〔註44〕如：

> 害人之心不可有，防人之心不可無，此戒疏於慮也；寧受人之欺，
> 母逆人之詐，此警傷於察也。二語並存，精明而渾厚矣。（129）

此外，在「圓活」的智慧指導下，《菜根譚》亦特別勸戒人們須免除「太」「過」之極端行為，不走極端，才可通變，當然也是其不執著的心態之一貫表現，如：

> 持身不可太皎潔，一切汙辱垢穢，要茹納些；與人不可太分明，一
> 切善惡賢愚，要包容得。（188）

待人處世應避免特立獨行，所謂「處世不必與俗同，亦不宜與俗異」，避免「太皎潔」、「太分明」，便是明哲保身的不二法門。

當然，除了明哲保身之外，《菜根譚》的作者也有「言語勸世」的道德責任感，也願以勸人為善為職志，在洞悉人情之智慧觀照下，如何同時達到「勸善」與明哲保身的效果，是《菜根譚》選擇其勸善方式時不能不考慮的，他說：

〔註42〕《菜根譚》第 182 則。
〔註43〕《菜根譚》第 150 則。
〔註44〕如鄭志明所說：「《菜根譚》的人生智慧，幾乎都是從對立而來的差別相，加以引申而來，……是一種有待，而非真正的無待。」（《菜根譚》，頁 76）

　　道是一公眾物事，當隨人而接引；學是一尋常家飯，當隨事而警惕。
（161）

　　攻人之惡毋太嚴，要思其堪受；教人以善毋過高，當使其可從。（23）

　　事有急之不白者，寬之或自明，毋躁急以速其忿；人有操之不從者，
縱之或自化，毋操切以益其頑。（153）

在此吾人可充分感受到，「教人以善」雖是《荣根譚》的目標，但如何「教」的
技巧，在明哲保身的前提下，亦爲熟練人情世故的作者所詳加考慮，若與蕺山
《人譜》作一對照，則可發現蕺山僅有對道德本體決然不可移之信念，只要信
得「人便是聖人之人」，所有的修養工夫便理所當然地由此展開，如《荣根譚》
所討論的，實爲技術層面——即經驗層面之問題，並不在蕺山考慮之列。

　　以上所說的是《荣根譚》基於「明哲保身」的前提，故須探討如何勸人
爲善的「技術」，若再觀察其對於道德法則之提倡，則可發現他亦是以「明哲
保身」的目的——亦即功利的比較，來作爲勸人爲善之誘因，如：

　　節義之人，濟以和衷，纔不啓忿爭之路；功名之士，承以謙德，方
不開嫉妒之門。（212）

　　澹泊之士，必爲濃艷者所疑；檢飾之人，多爲放肆者所忌，君子處
此，固不可少變其操履，亦不可露其鋒芒。（98）

　　陰謀怪習，異行奇能，俱是涉世的禍胎，只一個庸德庸行，便可以
完混沌而召和平。（181）

「和衷」與「謙德」固然是修身之要，然而《荣根譚》卻伴隨著「不啓忿爭
之路」等明哲保身的目的來顯示其重要性；「不露鋒芒」固也是君子之行，但
避免小人疑忌等明哲保身的目的，才是選擇這一修養的原因；「庸德庸行」更
是「禍」與「和平」之利害比較下的抉擇。

　　當然，在這許多有關明哲保身的教導中，吾人並不能說《荣根譚》有心教
導別人作鄉愿或追求功利，在它冷眼觀照的智慧下，提出的這些處世原則，實
亦希望社會少一些紛爭，多一分祥和；利害的比較，也僅是一種順應世俗的勸
善方式，皆可說是其「言語勸世」之苦心所在。然而一味遵從自人情經驗所歸
納的應世法則，與「閹然媚世」而缺乏自主的鄉愿，實無甚區別；而在道德混
雜了功利之後，吾人行事的原則，到底是以循理爲重，或是在「不啓忿爭」、趨
福避禍的前提下，來選擇道德？尤其在紛亂的現實中，道德與功利並不完全是

一致的，當義利有所衝突時，以「明哲保身」爲要的《菜根譚》，如何對道德有
所堅持，實不能不令人產生懷疑。相較之下，便可見蕺山確立道德主體，而嚴
戒功利之說，從未曾以禍福爲念的態度，方是眞正成就道德之不二法門。

前文已談到，《菜根譚》所探討的，實限於氣質、經驗層上相對的善惡，而
蕺山對善之要求則是超越而絕對的至善。因此就蕺山而言，行所應當的道德行
爲絕無「太」或「過」可言，當皎潔便皎潔，焉有所謂「太皎潔」？當儉便儉，
焉有所謂「過儉」？〔註45〕有「太」有「過」則是經驗層相對之善，非蕺山所
追求之善，故不爲蕺山所討論；其次，《人譜》所稱之過惡，是偏離獨體之絕對
負面的行爲，無則是，有則非，如「稱人惡」即是過，然朋友則不可「過不相
規」，至於「攻人之惡毋太嚴」之類，則並非就「攻人惡」本身斷定是非，而只
是在人情交往的經驗中，就技術層面探討其行爲如何爲人所接受的問題而已。
就蕺山而言，行爲是否合於道德，乃依其是否出於意根獨體，若是則其行爲純
爲天理之流行，自是全然至善，若否則無論經驗層之要求如何詳細，皆是「落
後著」而已，故類似《菜根譚》對道德修養的指示，幾乎皆未爲蕺山所看重。

對蕺山來說，處世的智慧，在晚明黨爭紛紜的時代裡，他自然也深有感
受，但儒者處世，只問當理與否，所謂「造次必於是，顛沛必於是」，故外在
環境越是動盪不定，儒者對超越、絕對的「理」的把握就越形重要，若不能
以「理」作爲衡斷一切的原則，自不能避免隨俗浮沉，而流爲「眾皆好之，
自以爲是」的鄉愿了。因此蕺山《人譜》唯以步步內省而達到對道德主體——
即意根獨體——的把握爲唯一工夫，所有外在工夫之是否失當，皆須反歸於愼
獨治念的工夫來作省察，至於儒者行事能否爲他人所肯定，甚且是否引發他
人之忌諱，則不是衡斷所爲之善惡是非的標準，故絲毫不在蕺山考慮之列。
由此反觀《菜根譚》之道德，便可看出雖然它亦強調「不可少變其操履」等
等類似於儒者之道德原則，但以「明哲保身」爲前提的處世方針，委實缺乏
「造次必於是，顛沛必於是」的堅定立場，故它所提倡之道德，實非自道德
主體之體認而來，而僅是接受在長期儒家道德教化下，社會已認定之價值，
故儒家道德在其生命中，亦僅是一世俗法則而已。而一味以自我保護作爲處
世方針，對於道德實踐的工夫，更停留在技術層面如何能與世無爭、圓融無
礙等的講求上，反而模糊是非善惡的判斷，而違反了道德；由此看來，若以
此書作爲道德修養之指導，可以想見其僅能造就「只是點頭」的鄉愿罷了。

〔註45〕《菜根譚》第 201 則：「儉，美德也；過則爲慳吝，爲鄙嗇，反傷雅道。」

此外，缺乏道德主體之建立，僅能以他人之是非爲是非，道德便淪爲一種外在的規範，恐亦不免成爲壓迫人的教條了。如鄭志明便評曰：「(《菜根譚》)以一般人情世故的生活經驗談道德修養，是無法擴充生命的美善，僵化了叩求存在眞理的心靈，使道德淪爲外在的規範，毀損了活潑的性情。」〔註46〕

就「明哲保身」本身來說，並不一定就是值得批判的鄉愿，道家所追求之「勝物而不傷」的境界，與孔子「邦有道，危言危行；邦無道，危行言孫」〔註47〕的教導，實皆爲明哲保身的智慧，然而由於《菜根譚》自我保護的性格，僅落在現實生活中、技術層面上如何避免與他人產生衝突、如何達到趨福避禍等目的來作指導，只能以社會控制的外在力量來評量其道德行爲，既喪失道家超越境界之提昇，更缺乏儒者對道德主體之確立，故其明哲保身，終於只淪爲鄉愿性格與功利追求。相反地，蕺山排除所有經驗層面外在人事的考量，而致力於道德主體之建立，乍看與其重視倫常（人際關係）的態度似乎有點矛盾，然而其建立之道德，方成爲一絕對而至善之理，一恆常不變之道。

簡單來說，若不言道德則已，若言道德，作爲宋明儒學之殿軍，蕺山之道德哲學，在修己之工夫上，實已充分而完備；同以「修己」爲重的《菜根譚》，以自我保護爲前提，以「美」作爲修養之最高指標，僅落於氣質、經驗上探討技術層面的問題，實無法建立、成就道德，二者之優劣可以立判。然而，就《菜根譚》的角度來看，以《人譜》「教人以善」之「高」，是否確有可能使人難以跟從？《人譜》「憂勤」、「澹泊」的高風，是否亦使人感到「太苦」、「太枯」？這些雖是氣質、技術層面的問題，但立足於超越層的道德哲學，是否眞能避免此類批評呢？此外，若撇開「道德」的角度來看《菜根譚》，文人對美的追尋，對人生是否亦當有其正面的意義與價值？若有，則「藝術」在道德生活中，或說在蕺山的道德哲學內，是否亦須獲得安頓？而蕺山哲學又是否有以安頓之？這一問題，當亦值得進一步討論。

三、二書之生命型態——生活的藝術與生命的實踐

（一）隔離觀照與切實篤行

前文已談過《菜根譚》之冷眼旁觀與審美態度，無論對於自然萬物、世

〔註46〕《菜根譚》，頁55。
〔註47〕《論語・憲問》第3章。

間人事，《菜根譚》皆以此隔離觀照的態度，對之賞玩品評，美的境界、情意我之展現，實爲《菜根譚》人生修養之目標。然而縱使論修養，《菜根譚》的態度，亦僅停留在隔離觀照，並無切實的實踐工夫，如龔鵬程所說：「此輩文士，雖日日口禪悅而論孔孟，然而孔孟禪佛的義理，他們並不曾真正在身心上受用，只是在玩說談賞這些理而已。」〔註 48〕以下便舉其中數則有關修養工夫與境界之說爲例：

白氏云：不如放身心，冥然任天造；晁氏云：不如收身心，凝然歸寂定。放者流爲猖狂，收者入於枯寂，唯善操身心者，把柄在手，收放自如。（後 92）

人心多從動處失真，若一念不生，澄然靜坐，雲興而悠然共逝，雨滴而冷然俱清，鳥啼而欣然有思，花落而瀟然自得，何地非真境，何物無真機。（後 119）

惡忌陰，善忌陽，故惡之顯者禍淺，而隱者禍深；善之顯者功小，而隱者功大。（138）

謹德須謹於至微之事，施恩務施於不報之人。（156）

青天白日的節義，自暗室屋漏〔註49〕中培來，旋乾轉坤的經綸，自臨深履薄處操出。（132）

小處不滲漏，暗中不欺隱，末路不怠荒，纔是個真正英雄。（114）

處隱微之地，心跡宜愈顯。（165）

憂勤是美德，太苦則無以適性怡情；澹泊是高風，太枯則無以濟人利物。（29）

以上《菜根譚》「小處不滲漏，暗中不欺隱」、「處隱微之地，心跡宜愈顯」等話頭，乍看與蕺山慎獨之工夫在表面上似乎亦無太大區別，然而二者實有極大的不同，可分兩點說明：

首先，對於這類修養之態度，《菜根譚》是站在一隔離賞玩的角度，對修養之工夫境界作一品評，所謂「善操身心」、「一念不生」，皆只是就理上談論玩賞，至於個人是否已達到此修養之境界，以及如何達到此境界，皆未有具體的表明。進一步來看，「英雄」只是才性人格之品鑑，本無關乎道德實踐；「太苦」、「太

〔註48〕〈從菜根譚看晚明小品的基本性質〉，頁 157～158。
〔註49〕據老古本改。

枯」亦是旁觀者之見，而非道德實踐者之主觀感受，故由此類品鑑之論看來，《菜根譚》隔離賞玩之心態，與真正的道德實踐實有一段距離。然而蕺山《人譜》中對於慎獨治念之工夫理論，則是詳密地步步開展，每一步皆是切實的工夫，而不是談賞之境界，因此若不是切實之實功，便無必要費筆墨作「放者流為猖狂，收者入於枯寂」之類的評論；若是成聖之具體歷程，則亦為理所當然，既無所謂「善操身心」，亦無所謂「真正英雄」，更無所謂「太苦」或「太枯」。

其次，就其所提倡之修養與蕺山慎獨之工夫作一比較，亦可發現二者表面相似，實際上卻有極大差別。蕺山之改過工夫，強調「慎防其微」，乃因必自偏離獨體之微處作治念之工夫，其改過方能切實而徹底；「無顯非微，無小非大」皆是就根源處化除過惡之深切的道德意識之表現。然而《菜根譚》並未有此嚴格之道德意識，則其所謂「謹德須謹於至微之事」，實不免成為察察為明之吹毛求疵；而「惡之顯者禍淺，而隱者禍深」，更非《人譜》對於微過、隱過的警惕，而是好逞談鋒之下的一種「立異以為高」之論。就《人譜》對過惡之體察來說，所有顯過自源於隱微，故須追根至念；然而若《菜根譚》之論，則殺人（惡之顯者）之禍淺而有此動機（惡之隱者）之禍深，實過份偏執，不近情理——畢竟有動機並不真的就會去做。所以如此，皆因《菜根譚》對於修養，並非如蕺山之切實篤行，而僅是隔離賞玩、逞其談說之機鋒而已。

由上可知，《菜根譚》這種隔離賞玩的審美態度，實無法建立道德，然而若將此心態用來靜觀萬物，卻實能成就一「適性怡情」的美感生活，對《菜根譚》而言，與其說它所談的是道德修養，倒不如說它要教導的是一種生活的藝術，如龔鵬程所說：「《菜根譚》，是應該拿來作文學作品讀的。」基本上，《菜根譚》「是在欣賞人生，品味人生，而不是要處理人生之問題。」因此「它僅是一種美感的擷取」，「只採擷電光火石一瞬間的體會和感受，而不太計較理論的系統性建構及前後思想是否矛盾。甚至於這一霎間的美感，也可能是偏宕不近情理的」，「但無礙它具有一種文學感性的美。」〔註50〕

然而，對於這類「可能是偏宕不近情理的」的美感，蕺山完全採取反對的態度，連帶地，文藝在蕺山的道德生活中，似乎也得不到正面的地位。

（二）愛好文藝與斥之為過

黃明理《晚明文人型態之研究》對於晚明文人讀書談藝、玩物遊賞的生

〔註50〕　〈從菜根譚看晚明小品的基本性質〉，頁156。

活內容曾有詳細的介紹，〔註51〕《菜根譚》在美感觀照下，對於生活的安排，亦重視山林泉石之玩賞，與詩書圖畫之調劑，而曰：

> 徜徉於山林泉石間，而塵心漸息；夷猶於詩書圖畫之內，而俗氣潛消，故君子雖不玩物喪志，亦常借境調心。（後 45）

> 得趣不在多，盆池拳石間，煙霞俱足；會心〔註52〕不在遠，蓬窗竹屋下，風月自賒。（後 5）

> 無膏肓泉石之癖，亦常自醉酒耽詩。（後 17）

前已說過《菜根譚》隨順情欲的傾向，「雖不玩物喪志，亦常借境調心」，便是其將耽於物欲合理化的一種說法。然而或許是隱居山林、遠離紛華，且確實有「情欲嗜好皆機械」的警惕，《菜根譚》隨順情欲的具體內容，是很少如其時晚明文人之耽於酒色之類的過度縱欲，而多以山林泉石、賞花觀魚為內容。因此全書所展現的是一種富有情趣的生活美感，生活中沒有現實名利、複雜人事的羈絆，唯有自然的山水風月，盆池拳石，以及詩書圖畫的點綴，這般閒適優雅的生活，便是《菜根譚》所嚮往且致力追求的境界。如果要說《菜根譚》除了隔離觀照之外還有所實踐的話，致力於這種美感生活的安排，大約就是它所實踐的內容了。

然而展現道德生活的《人譜》，對於晚明文人這種閒適好玩賞的生活態度卻全然採取反對的態度，在「叢過」中，蕺山不但將晚明輕薄文人「狎使婢女、挾妓、（養）俊僕、畜優人、觀戲場……」等等享樂縱欲的行為列入過惡，對於其美感生活的安排如「好閒、流連花石、好古玩、好書畫」等亦視之為過；之所以有此南轅北轍的評價，實因在根本上，蕺山道德嚴格主義之生命型態與《菜根譚》之類文人閒適的生活情調便是截然不同的典型。就儒者的道德修養來說，「雖不玩物喪志，亦常借境調心」這類說法是講不通的，若專意於外物的玩賞，對於修身成德豈能不有所妨礙？藝術之欣賞容易流於玩物喪志，藝術創作更須耗費心力，而不能致力於成德，因此蕺山對於書畫、花石以及戲劇之類藝術的活動皆一概否定其價值。不過，文藝的活動除書畫之外尚有詩文與音樂，在儒家以詩書禮樂為教的傳統下，蕺山並未否定詩樂是可理解的，然而蕺山的道德生命中是否有音樂的滋潤，頗令人懷疑（縱有亦必不同於文人的欣賞方式且反對之）；至於詩文，孔子的教導是「辭，達而已矣」，如伊川對於作詩務求工巧

〔註51〕 頁 90～98。
〔註52〕 據老古本改。

以悅人耳目，便有所謂「作文害道」之論，〔註53〕雖然理學家也作詩文，但所重與文人實有極大不同，〔註54〕蕺山對於詩文的態度與孔子、伊川無甚差別，此外他以「輕刻詩文」爲過，所謂「輕」，大抵是就晚明文藝消費市場中徒爲取悅讀者而無深刻內涵的作品而言——其中最受讀者歡迎的有許多便是以文人之美感生活爲內容的小品。因此整體而言，蕺山對晚明文人所講求之藝術生活，可說是完全否定的。

回頭再看《荣根譚》對詩文的態度，吾人發現在其有志於修養、且自稱「吾儒」的心態下，亦曾有過「學者要收拾精神，併歸一路。如⋯⋯讀書而寄興於吟詠風雅，定不深心」〔註55〕這般類似於理學家的警惕；但矛盾的是，《荣根譚》本身的寫作方式，便是一種「吟詠風雅」、以講究文學的美感爲重點。爲達到文學的美感，故必講究修辭之技巧，常藉相反相對的事物排比成文，以求映襯、對偶之美，卻往往造成標新立異且彼此矛盾，因此修辭技巧之講求實是《荣根譚》立論之所以往往前後不一的一大原因，亦無怪理學家對於文章修辭有所不屑。然而這種小品、清言的寫作方式，所具有的文學之美，卻使人讀來特有會心，因此大受讀者歡迎，〔註56〕數百年來《荣根譚》流傳之廣，較之《人譜》乃至所有理學家之語錄多矣，是否即如王國維所說：「哲學上之說，大都可愛者不可信，可信者不可愛」，〔註57〕然而「美」之可愛與「眞、善」之可信之間，便不能並存嗎？有心於教化之儒者，究竟僅致力於「善」之可信便可使之「可愛」，或亦應有取於「美」的無形力量？然則儒者是否能置文章修辭乃至所有藝術於不顧呢？

當然，蕺山所以大力批評文人者，除了本身生命型態之歧異外，主要原因應是有鑑於晚明文人在奢靡縱欲的社會風氣中，其美感的追求多淪爲享樂縱欲，才會引發如此強烈的反對。然而經由此視之爲過的全然否定後，對於儒者來說，藝術究竟還可以什麼方式存在，實令人存疑（「文以載道」的詩文，恐怕與藝術之美與「可愛」仍有距離）。此外，缺乏藝術的生命，是否眞能以

〔註53〕《河南程氏遺書》第18，《二程全書》，頁42。
〔註54〕關於理學家對致力詩文之反對，另詳見黃明理《晚明文人型態之研究》頁44～45、頁55。
〔註55〕《荣根譚》第44則。
〔註56〕龔鵬程〈由《荣根譚》看晚明小品的基本性質〉，頁183。
〔註57〕轉引自龔鵬程〈由《荣根譚》看晚明小品的基本性質〉，頁166，因龔氏並未標明出處，難以查考，然而不論出處爲何，這句話所透露之問題頗令人玩味。

其充盈的道德心靈，而避免《菜根譚》所評斷之「無以適性怡情」之「太苦」？即使儒者本身可免「太苦」之病，但在大眾以「美」爲可愛的取向下，儒者是否永遠只能成爲不能爲大眾所「愛」的孤獨者？就儒者本身應是不怕孤獨的，然而儒者之願望，並非僅於獨善其身，懷抱著推行教化的理想，要如何能接近並進而教化大眾，難道不是應該考慮的問題嗎？

（三）對自我境界之期許

　　以上已說明《菜根譚》與《人譜》在基本性格上，一是追求情意我的展現、美感之生活，將關懷投注於個人生命以求明哲保身之退隱文人；一是肯定「人皆是聖人之人」而致力於道德生命之充分發揚之儒者，以下再綜合二者不同的生命型態來看二者對自我境界之期許。

　　首先仍看《菜根譚》之說：

> 士君子持身不可輕，輕則物能撓我，而無悠閒鎮定之趣；用意不可重，重則我爲物泥，而無瀟洒活潑之機。（106）

> 人生減省一分，便超脫了一分。（後132）

> 學者有段兢業的心思，又要有段瀟洒的趣味；若一味〔註58〕斂束清苦，是有秋殺而無春生，何以發育萬物。（61）

> 放得功名富貴之心下，便已脫凡；放得道德仁義之心下，纔可入聖。
> （33）

> 驚奇喜異者，無遠大之識；苦節獨行者，非恆久之操。（118）

《菜根譚》冷眼旁觀與審美態度所凝鍊而成的生活智慧，簡單來說便是一「不執著」的態度，若要再詳加形容這種境界，便是「悠閒」、「瀟洒」、「超脫」……，總之，是不爲任何事物所羈絆（不論是功名富貴，亦或道德仁義），而充滿情趣的自在生活，因此他雖講道德，但要忌「苦節獨行」，不可「太枯」、「太苦」，實則皆缺乏力行的工夫，故雖追求著「不執著」的修養境，亦無法眞正超脫。如龔鵬程所評論的：

> 整個晚明文人的作品與人生態度，那種「不執著」的意味非常明顯。
> 因爲不執，故當機活煞，當下即是……把當機作爲人生萬事的主要
> 原理。……但隔離的智慧與不執著的論理方式，卻終究只會讓他們
> 走上隨順情慾嗜好的路子。……因爲他們的生命並未眞解脫、並未

〔註58〕據老古本改。

眞的通透了，一切只是「消遣」，只是「照看」或「遙」觀，……顯
一種置身事外的無所執，而不是眞正通過艱苦的修養工夫，化解了
執心。這就變成不執而執了。〔註59〕

《菜根譚》這種追求超脫而終又溺於情欲的結果，主要原因可說即在於它對
自我境界的追求，僅停留在言談的趣味與隔離的觀賞，並未切實地實踐。破
除執著雖是修養的境界，但未透過實踐的歷程，只一味逞其談鋒則不免有橫
說豎說而終至自相矛盾的情況。與《菜根譚》之玩賞境界相對的，蕺山道德
世界之建構，不是懸空的嚮往，而是切實踐履的工夫歷程。因此在《人譜》
中，吾人看不到如《菜根譚》這類描述境界的話頭，更看不到任何自相矛盾
的情況。在儒者「通身都是罪過」的步步體察下，其道德踐履的歷程，沒有
任何一步工夫會是模糊不清或相互牴觸的，同時亦沒有一步工夫會是嫌其「太
苦」而可有折扣的；而眞正透過道德修養所感受的「一線清明之氣徐徐來」，
「此心便與太虛同體」的境界，是理所當然的體悟，無可矜誇，自亦無所執
著，故亦根本無須多費筆墨來「破除」！

由此吾人可了解到，對境界之嚮往（無論是情意我或德性我之境界），若
未透過踐履的歷程，徒然描繪境界、破除執著，是無意義的。在《菜根譚》
混雜了儒道佛三教的義理，且欲藉道德安頓其自我生命的情況下，其不能落
實於生命的實踐，終使其所描繪之境界成爲一徒具美感而不近情理的幻境，
因此從它對修養的指導中，非但不能成就一道德人格，甚且其情意我之境界
亦將淪於形軀我的滿足；過分強調不執著於物、不使「物能撓我」，不能成就
一超脫的生命，反而成爲一自我保護意識濃厚的鄉愿。相較之下，蕺山《人
譜》所展現之道德實踐之精神，便更令人敬佩了。

第三節 世俗道德與純粹道德

一、世俗道德之特徵

前文曾歸納《了凡四訓》與《菜根譚》所反映出世俗道德之共同特徵，
以下略述其要：

（一）二書對「謙」與「退」之道德原則的強調，共同表現出在晚明政

〔註59〕〈《菜根譚》看晚明小品的基本性質〉，頁187。

治黑暗、黨爭紛紜的現實下，士人一種明哲保身的心理。

（二）二書對「無」的智慧之體認，反映出世俗道德對於道德之純粹性亦有其體認與追求。

（三）二書功利主義的性格，一則表現在其以「功利」之目標作為勸人為善的手段，一則表現在其本身亦以功利的追求作為道德行為之目的，二者皆可反映世俗道德之特徵，即在從事道德行為時，功利的考量，往往成為行善之動力。此外，《了凡四訓》強調行善應達到實際的效果，亦表現出世俗對實利的追求。

（四）二書在順應世俗方面共同的表現，在於它們對世俗人情皆頗為寬容，其道德信條，考慮世人奉行方便與接受程度，而可彈性調整，故其道德法則非確定不移的。此一順應一方面是基於勸人為善的苦心，另一方面卻可能使其道德標準降低甚至遭到扭曲。

除了第二點牽涉到世俗道德與純粹道德之關聯外，其他三點皆反映出推行世俗道德者在從事道德教化時，實非純粹就道德言道德，而混雜了現實人情利害樞機之種種考量。《了凡四訓》與《菜根譚》對世俗人情的吸納，可分兩點來說，其一是對世俗功利取向之性格的了解；其二則是針對凡俗之人對「善」之了解與實踐可能僅停留在平淺易行的層面，而不能從事嚴格的自我要求與反省，甚至可能嫉恨行誼過高者的狀況，調整其對人對己的道德標準。

首先探討其功利性格：《了凡四訓》與《菜根譚》從事道德實踐（或說「行善」）的動機以及其所欲達到的目的，簡單來說，可以「趨吉避凶」四字來表達。謙與退的「明哲保身」是消極地「避凶」，功利主義則是積極地「趨吉」的心理反應。就《菜根譚》來說，隔離退步、冷眼旁觀所重的是「明哲保身」——避凶的效果；就《了凡四訓》而言，強調積善造福以獲得世祿、子孫綿延，則是積極「趨吉」的行為，帶有強烈功利主義的傾向，然而積極或消極實是一體的兩面，二書對此兩面雖有偏重，卻也不偏廢，因此它們所帶有的功利色彩實無二致。二書功利的目的，有時明顯可看出此亦作者行善的動力來源，有時卻表現出其乃基於勸善教化的苦心，方說此「方便法門」。

然而，欲針對以功利取向作為行為標準的世人，勸導其從事道德修養與善行義舉，了解他們的行為動機與目的是不夠的，能給予他們行善者必得福報、奉行道德則必能免禍的保證，是世俗道德進一步要證成的理論。在這一點上，《了凡四訓》對於「命由我作，福自己求」這一「真理」，費了極多的

筆墨來證明，而因果報應的理論與天地鬼神的賞善罰惡，便成為道德實踐與功利追求合一的保證，亦即世人從事道德實踐背後之動力來源。當然，對於大多數無法建立道德自覺的凡人來說，求助於超自然力量，或許也是世俗道德勸化世人的一種方式。

在藉助超自然力量上，《菜根譚》亦有所謂「有一念犯鬼神之禁，一言而傷天地之和，一事而釀子孫之禍者，最宜切戒」〔註60〕之說，表現了對天地鬼神「罰惡」力量的敬畏。與《了凡四訓》之接近下層民眾不同的是，《菜根譚》所代表的晚明文人，其性格中有較多屬於知識分子的自覺意識，儒家傳統的「天」，或有「命運之天」的意思，但學者對之的態度，並非致力於改變命運，徼天之幸，而是「居易以俟命」而已。故《菜根譚》有言：「天之機緘不測。抑而伸，伸而抑，皆是播弄英雄，顛倒豪傑處。君子是逆來順受，居安思危，天亦無所用其伎倆矣。」故《菜根譚》之道德主宰，基本上並非建立於天地鬼神之「他律」。可惜的是，在《菜根譚》如此著重對個體生命的超脫中，吾人亦未看到它對道德主體的建立，在「明哲保身」的功利追求下，靠「冷眼旁觀」的智慧所凝鍊出的道德原則，是建立在對世俗人情的了解與應變上。洞悉世俗人情虛偽巧詐的本質，《菜根譚》「說以利害」的應世法則，很容易引發老於世故者之會心及共鳴，其道德教訓亦自然保證了趨福避禍的效果。

簡單來說，世俗的道德往往與功利相結合，而《了凡四訓》與《菜根譚》的勸善，便建立在功利的保證上，前者以因果報應與天地鬼神的信仰作為理論的基礎，使富貴世祿等人所欣羨的實利之報償，成為行善的動力；而後者則建立在對世俗人情的洞察上，在處世經驗上所歸納之技術性法則，對於追求應世無礙、無往不利的人們，它的教導，的確能達到趨福避禍的保證。

此外，《了凡四訓》之功利，還有一部分是對善行之「實效」的要求。這一部分亦趨近社會大眾的認知，世俗大眾所能關心並接受的，並不在抽象的道德原理，而在於具體生命的需求。如一亟須幫助的窮人，能夠給他及時的救助是最重要的，他大概不會去計較施助者背後是否混雜了「徼福」的目的；而「興建大利」等具體善舉，更是社會所看得到的「好人好事」。因此，《了凡四訓》對實利的講求，或許亦因其趨近世俗的性格使然。同時，與「重視實效」並行不悖的，是所謂「不費錢的功德」，這一善行的倡導，與其說是了凡對謙德、對「心」的看重，或不如說是了凡對於更廣大沒有能力布施的貧

〔註60〕《菜根譚》第 152 則。

民的正視，亦是其貼近於世俗大眾之性格表現。相對於了凡，《菜根譚》厭離世事的傾向，故對於社會公益等具體「實效」的善並不關心；而其關懷個人的性格，亦使其教化的對象較限於與他相似的文人（或士紳）階層，故亦未見其對於貧苦大眾的正視。若就這一點來看，《了凡四訓》所代表的世俗道德，其涵蓋的階層應是更廣泛的。

　　然而，基於世俗之幸福與應世方便等功利目的而來的道德教訓，對於世俗價值、既有規範，僅能無批判地接受並延襲之，而無法建構一套有系統的道德哲學，這是以功利說道德不能避免的缺陷。缺乏根源性的確立，其道德規範亦不免隨時不定，以下便再探討其順應世俗而降低其規範要求的方式：《了凡四訓》降低要求的情況已見前述，如改過之由事上、理上改；不能斷肉戒葷，則先奉行「四不食」之戒；爲善不能一切皆捨，則先從財上布施……，可說是考慮世俗之人無法排除氣質、經驗層之種種限制與雜染，因而對「絕對的善」並不能眞正理解與實踐，故以此模式來循序勸誘。至於《菜根譚》順應世俗而降低道德要求的原因則較爲複雜，一方面它也是爲了「當使人可從」，故主張採取較淺易的方式來勸善；一方面則是基於明哲保身的目的，怕引起小人之忌恨，故主張對自身之修養亦「行誼不宜過高」；另一方面在面對不能拋卻欲望享樂的世人（及自己），亦以「只五分便無殃」的方式，使修身和嗜欲能略爲調和，而爲眾人易於接受。無論如何，它的態度所造成的結果則是對道德之踐履亦始終只有「五分」，道德標準始終在現實的牽引下搖擺，而不能建立自主性。由此迴看《了凡四訓》降低標準以勸善的方式，雖然較之《菜根譚》片斷的格言，它的「事」「理」「心」三層已明顯地表明一循序漸進的歷程，但未能從根源處建立道德自主性的方式，是否亦可能使其「善」同樣僅停留在「五分」，而並非其所想見的能逐漸向上超拔？如蕺山批判其以功折過，「則過終無改時」，不僅是合理的推論，當亦是事實的存在。

　　然而，基於勸善之苦心而來的「降低道德標準」，相信了凡與《菜根譚》的作者，皆未有意使其所勸之「善」只有「五分」，同情、了解並接受現實生命的雜染沉重，無法立即作根本、深切之修養工夫，亦無法放棄現實生命之種種欲求，降低標準以接引之的方式，應是世俗道德面對眾生的一種包容與博愛的精神表現。

　　以上從《了凡四訓》與《菜根譚》中，吾人歸納了世俗道德的幾項基本特徵，若要「一言以蔽之」，可說是「順從現世」的——此亦與社會學中有關

世俗化之理論相合。二書對世人的普遍心態與性格特質，如對功利的追求、
實利的講究，以及氣質的限制、欲望的雜染等等，皆有深刻的了解，其道德
標準與勸善原則，往往便迎合世俗之價值觀來訂定，且可隨時調整。《了凡四
訓》順應世人（及他自己）對功名富貴與後嗣昌盛的願望，將行善的動力建
立在因果、鬼神的信仰上；針對社會對公益的需要與貧民從事善行的局限，
而提倡有具體實效的善行義舉，以及「不費錢的功德」；同時，鑑於一般民眾
之道德實踐難以達到純粹至善的境界，他亦以較淺易的方式來勸誘眾人，甚
至了解世人的口腹之欲難以斷肉戒葷，亦爲之提倡「四不食之戒」，凡此皆可
看出了凡對世俗大眾的需求有深刻的體認，對其道德的要求亦十分寬容。《菜
根譚》厭離世事的性格，使其道德教化的內容，限於個人在此濁世如何安身
立命、應世無礙的修養上；如何能與世人少一分衝突、使社會多一分祥和，
則是其勸世的苦心所在。對於人性的負面、人情之虛僞，其體驗頗爲深刻，
而其道德之建立便是基於世俗人情的洞察上所凝鍊而成的技術性法則，然無
論在人性的認知、技術的指導、祥和的追求上，皆貼近世人的經驗，故亦能
獲得世人之共鳴；其降低道德標準來接引世人的主張與了凡相同，而對於人
欲之寬容，則較了凡爲甚，因而使其道德主張產生前後矛盾的現象。分別來
看，二書的性格不同，看待世俗的方式雖有不同偏重，然「順從現世」的傾
向，實是二書所反映之世俗道德觀共同之表現。

　　然而，二書對「無」之智慧的強調，可看出二書對道德之所以爲道德之
純粹性，亦有其認知與要求，以下便進一步探討純粹道德之本質，再看世俗
之道德是否可能與之相融。

二、純粹道德之本質

　　在前文對蕺山《人譜》與《了凡四訓》、《菜根譚》二書作比較時，吾人
不止一次作過如下的判斷，即：《了凡四訓》（或《菜根譚》）如此說道德的方
式，將違反道德的本質，而《人譜》所展現之道德，方是純粹的道德哲學。
然則純粹道德之本質爲何？應具備那些條件？吾人仍先就《人譜》與世俗道
德之對比來作一了解。

　　就《了凡四訓》與《人譜》之比較來說，了凡將行善的動力歸於對因果
論與天地鬼神之信仰，使其道德成爲一他律的道德；「福自己求」的觀念，則
使其行善成爲追逐功利的手段；「功過格」之實踐方式，一方面以善爲「功」

而自矜，一方面「功可折過」則不能徹底化除過惡，皆不能挺立道德精神；此外，了凡講究實效而以「效果」論善，而不知「善」本身不以其他目的為定義。而與了凡相反的，蕺山道德之自律，排除功利的追求、矜誇的態度與實效之分判，即是純粹的道德或說純粹的善；此外「紀過」、「改過」的徹底工夫，更可見蕺山嚴格之道德意識。

就《人譜》與《菜根譚》之比較來看，《菜根譚》偏離道德精神最根本的一點，可說是在於《菜根譚》以「美」作為其最高價值，根本上便違反道德以「善」為最高價值的精神。其次就其道德根源之建立來說，《菜根譚》追求情意我之抒發與美感的生活，自我僅停駐於氣質層之關懷，故其言善惡亦停留在氣質、經驗的層面；追求明哲保身而隨俗順世，其道德法則亦建立在經驗層面——技術層面來作指導，此外亦不能不落入為功利而道德的錯誤中；隔離觀照的玩賞境界，亦不能落實為道德之實踐工夫。相對於《菜根譚》的方式，蕺山則將其「善」確立為超經驗之絕對至善，並完成道德主體之自我立法，排除經驗層面的影響，更將其修養落實為具體的、刻刻不容已的實踐工夫，使其道德精神得以全幅朗現。

純粹道德之精神，便在於肯認道德本身具有無可比擬的價值，道德在人生中佔有首要的地位，了凡之功名世祿與《菜根譚》對美的追求，皆混淆了道德之絕對價值。其次，純粹道德的本質，一言以蔽之，乃在建立一「自律的道德」。而此一自律道德所包涵的內容，一在於它必須經由自我立法，由心之自主、自律、自決、自定方向，方是真正的道德，而不能依賴任何外來的律令，不論是人世的規範或超自然的力量，皆不能成為道德之根源。其次則在於它是一超經驗的、絕對的善，只能建立在理性底基礎上，其餘所有經驗的原則皆不能用來充當道德法則的基礎，不論功利、情感……皆然，而功利追求尤其是被反對的。康德的道德哲學在建立這一絕對善的意志與道德自律上，理論十分完備，可與儒家思想相對照，故吾人亦藉其說來對此純粹道德作進一步地理解：〔註61〕

首先，純粹的道德必須是意志之自律，康德將意志之自律視為「道德底

〔註61〕此處對康德哲學的介紹，主要借用牟宗三：《心體與性體》，第一部第三章〈自律道德與道德的形上學〉、以及李明輝：〈儒家與自律道德〉（《儒家與康德》，臺北：聯經出版事業，1990 年）、楊祖漢：〈從儒家哲學的觀點看康德的道德哲學〉（《儒學與康德的道德哲學》，文津出版社，1987 年）之理解，若非直接引述其文，則不一一加註。

最高原則」。在《論語》中最能代表此自律精神而經常被引用的兩段話，一是
孔子曰：「仁遠乎哉？我欲仁，斯仁至矣！」〔註62〕另一則是顏淵問仁，孔子
回答：「克己復禮爲仁，一日克己復禮，天下歸仁焉。爲仁由己，而由人乎哉？」
〔註63〕這兩段話中即涵著「自律」的概念，唯有建立在自律原則上的道德法
則，才能符合「爲仁由己」的要求。道德法則既然建立在自律原則——即意志
之自我立法上，則遵行道德法則亦應在意志的力量之內；故意志之外的自然
力量以及所有希望達成某種目的的動機，皆應排除在外，因爲在意志之外的
力量下，實無道德之自律可言。

　　其次，一般意義下的善只是自然之善，均是有條件的善，純粹道德所要
建立的善則是絕對的善，無條件的善，在這一絕對的善的要求下，善必須是
一超經驗的、先驗的原則，只能建立在道德理性的基礎上，而不能建立在任
何經驗原則之上，因爲倘若道德主體不是純理性的，將損及道德法則之普遍
有效性。此外，這一絕對的善本身即具有絕對的價值，亦即它的價值就在其
自身，而不在於它所能達到的任何效果或利益；同樣地，判斷一個道德行爲，
則是看它是否出自純粹意志的命令，而不是看它是否合乎道德法則，更不在
它是否合乎利益。

　　在意志自律與絕對善的要求下，故康德特別闡明道德法則：一、不能從
經驗建立；二、不能從「範例」引申；三、不能從「人性底特殊屬性」、「人
類之特殊的自然特徵」、「脾性（性癖）、性好、以及自然的性向」推演；四、
甚至亦不能從「上帝底意志」來建立。由這一切所建立的道德法則以決定我
們的意志，都是康德所謂「意志之他律」。其中的謬誤所在康德有如下的闡述：

　　首先，在經驗原則方面，康德表示：

　　　所有經驗的原則皆完全不能用來充當道德法則的基礎。因爲當它們
　　　的基礎是從人性底特殊構造中或從它（人性）所處的偶然環境中而
　　　得來時，則它們（這些道德法則）……的那普遍性，並……那無條
　　　件的、實踐的必然性，自然喪失無餘。

　　　私人幸福底原則是最有問題最該反對的。這不只是因爲它是假
　　　的，……又不只是因爲它對於道德底建立無所貢獻，……而且亦因
　　　爲它所供給於道德的動力（興發之力）無寧反是暗中敗壞它，而且

〔註62〕《論語・述而》第30章。
〔註63〕《論語・顏淵》第1章。

> 破壞了它的莊嚴性，……只教導我們去做較好的計算，而德與不德
> （壞）之間的特殊差別則完全給掃滅了。
>
> 此外，情感之爲物，它天然在程度上有無限地差別變化，它對於善
> 與惡不能提供一統一的標準，而任何人也不能有權利以其自己之情
> 感去爲他人形成一判斷。〔註64〕

經驗之不能提供普遍的道德法則與實踐的必然性，在吾人洞悉經驗之偶然與
不定性後，皆可明瞭，而康德特別提出由「私人幸福」所建立底原則是「最
該反對」的方式，不單因爲這一原則不具眞理性、不能建立道德，而更在其
根本上便違反、破壞道德的本質。由此亦可看出世俗道德爲功利而說道德的
方式，實無助反害。而康德對「情感」的評斷，亦可看出《菜根譚》之情意
我之無法建立道德的理由所在。

其次，對「不能從範例引申」一點，康德表示此一方式亦爲「對於道德
的致命傷」：

> 因爲凡是置在我面前的每一道德之範例其自身必須首先爲道德原理
> 所檢查，看看它是否堪充爲一原始的範例，即堪充爲一範型，但它
> 決不能即權威地供給這一道德性之概念。……模倣，在道德性中畢
> 竟是無地位的，……它們決不能使我們把那存於理性中眞正根源的
> 東西置諸不理，而只依範例去指導我們自己。〔註65〕

由康德之反對「範例」，吾人亦可了解到，社會既有的道德規範皆無助於吾人
建立道德，反過來看，《菜根譚》「隨世順俗」的方式，卻只能對既有規範毫
無批判力的接受，當然也無法避免其「對於道德的致命傷」了。

再看「人性底特殊屬性」等之無法建立道德，在前引經驗原則中康德對
「情感」之排除已可知其理由所在，而道德之所以必須獨立於所有人性底特
殊屬性、甚至人類理性中的任何特殊傾向之外，更在於此道德之無上命令，「縱
使一切我們的脾性、性好、以及自然的性向都反對它，我們也必須遵從之。
如實言之，這義務中的命令，如主觀衝動愈少喜愛它，或愈多反對它，其莊
美性以及其內在固具的尊嚴性就愈顯著，決不能絲毫減弱這法則底責成性或
減少它的遍效性。」〔註66〕從《菜根譚》隨順情欲之傾向來看，顯然又違反

〔註64〕以上引文見《心體與性體》，頁125。
〔註65〕同前註，頁121。
〔註66〕同前註，頁122。

了道德之無上命令。

最後再看「上帝底意志」如何不能建立道德，康德闡釋：

> 唯一神的意志之觀念無非是以欲求榮耀與統治這些屬性而造成，並
> 與威力和報復這些可怕的概念相組合，而凡建築在這基礎上的任何
> 道德系統必直接相反於道德。〔註67〕

服從「上帝底意志」即放棄了心之自主自律，而更重要的是，它使我們基於
對神之威力的欲求與恐懼來行使道德，這一心理，便「直接相反於道德」。了
凡基於對天地鬼神賞善罰惡力量的依賴，顯然即犯了這一錯誤。

康德對純粹道德的剖析，可說是十分深入了，但其不足在於，康德將此
絕對的善的意志之自律只在形式上說，將之視為一假定、一設準，而無任何
經驗內容，在其排除一切感性的成分之後，情感——包括道德情感，只能限於
經驗層面，那麼此一純粹道德的真實性是否能被「呈現」，便不能肯定。但儒
家之道德哲學不同，它打破康德倫理學中情感與理性二分的架構，如孟子之
道德主體（本心）是理（仁義禮智），也是情（四端之心）；「理義之悅我心，
猶芻豢之悅我口」亦顯示「心」與「理義」（道德法則）之不二，故「心」一
方面是意志——是立法者；另一方面它本身也是活動原則，有自我實現的能
力。因此儒學不單在理上肯定此一純粹至善之自律道德，且能在具體生活上
通過實踐的工夫體現之，此外更進一步直透至其形而上的宇宙論的意義，即
所謂「盡心知性而知天」，而完成道德的形上學之建構。

蕺山之道德哲學便是這一純粹至善的道德的形上學之充分展現之一範
例。而《人譜》在道德主體自我實踐之具體工夫的展示上，更再三地顯示出
純粹道德之精神所在。首先，它肯認「人便是聖人之人」——至善之道德理性
普遍於人性；其次它強調道德根源必自先天獨體——即超經驗之至善主體流
出，任何出於後天之「念」皆妨礙純粹道德之完成；其三，蕺山在〈自序〉
中特別嚴辨了凡之說因果與功利傾向，亦即在建立道德之自律，更排除在根
本上違反道德的「私人幸福底原則」。而在與了凡功過格針鋒相對的過程中，
蕺山亦更強調道德實踐（善行）無可矜誇，本身即是應然與當然，使其道德
除了排除經驗中之私人幸福原則之外，更使其純粹「義務」之「莊美性」與
「尊嚴性」充分透顯。

此外，蕺山的道德哲學更顯現出一種嚴格性，「不為聖人，便為禽獸」的

〔註67〕同前註，頁130。

道德緊張，使其在回歸先天獨體的過程中，無時無刻不落實於對現實生命中的過惡之省察，除了具體影響到人倫關係與人際相處的負面行為之外，蕺山對於個人言行舉措之失當（此所謂「失當」，或尚不止非禮之視聽言動而已，舉凡流連花石、好古玩書畫等休閒活動皆屬之）、情緒之「發而不中節」、乃至一點妄念，其自我的反省皆表現出毫不放鬆的態度。此一對現實生命深切之罪惡感與嚴格性，可說是蕺山之道德哲學之一特徵，或亦為蕺山個人「嚴毅清苦」的生命特質之表現，若與其他儒者——如象山、陽明——之生命情調作一比較，便可見其不同。然而，在前文曾探討晚明儒者之道德感普遍有趨於嚴格之傾向，且此一傾向亦可自陽明之教本身發展而來，牟先生亦曰：「焉有自道德意識入而無深切之罪惡感乎？」然則蕺山之道德嚴格主義，究竟僅是其個人之風格，亦或為儒家道德心性之學發展至極致之必然表現？換句話說，吾人是否可將蕺山之道德嚴格主義，當作儒家哲學——或至少是宋明儒學——之典型，亦即其純粹道德之內涵呢？

以上論析純粹道德之內涵，並回顧蕺山道德哲學之特徵，而純粹道德與世俗道德之歧異所在，以及二者無法相融之必然性，應已充分顯現，以下再略為整理以作結。

三、世俗道德與純粹道德之必然衝突

前文曾表示《了凡四訓》與《菜根譚》對「無」的強調，即顯示出二書對純粹道德有其體認。了凡強調「無」掉「私心」等雜念相纏，以及使「心不著於善」，皆是在排除經驗層之感性與利害的考量，使其道德行為完全出於純粹意志之命令；而《菜根譚》破除執著之「無」，亦可表示它視道德修養為無可矜誇的當然價值，是永無止境之向上超拔之歷程，或亦可說對道德之莊美與尊嚴有所認知。〔註 68〕然而從上文分述世俗道德與純粹道德之特徵後，吾人可以肯定以《了凡四訓》與《菜根譚》提倡道德的方式，純粹道德之於他們，終究只能成為一「嚮往」，而永不可能達成。

世俗道德的教化方式停駐於「順從現世」，其所提倡之善皆在於世人所能認知、理解的「自然之善」，皆是有條件的、視其效果與利益來決定其價值的

〔註68〕當然，就《菜根譚》之說境界，「為破除而破除」的意味十分明顯，說其有鑑於道德之莊美與尊嚴，或過於高估，然而此境界之破除可通往對道德實踐之「純粹義務」的體認，在理上應可說得通。

善，其不同於純粹道德無條件的、本身即具有絕對價值的「道德之善」，自不待言；尤其二書對道德的提倡，往往伴隨著功利的目的，更是康德所謂「最該反對的」「私人幸福底原則」，因此二書功利的傾向，便使其遠離了純粹道德之精神。而在確立道德根源的部分，它們更違反了意志之自律，而將道德建立於「他律」的基礎上。了凡乃建立於因果報應與天地鬼神的信仰上——若以康德的語言，可說是建立在「上帝底意志」上；而《菜根譚》道德法則之來源更加駁雜，或從人情經驗中建立，從「範例」中引申，或從氣質層——即「人性底特殊屬性」、「人類之特殊的自然特徵」、「脾性（性癖）、性好、以及自然的性向」中推演，其違反意志之自律，更無從建立善之絕對性，是康德早已辨明了的。

《菜根譚》建立道德法則的方式，使道德無從建立其普遍有效性，較易使人理解，然而立基於宗教信仰上的道德法則，何以背反於道德——事實上在許多社會中，其道德法則皆建立於宗教之上——除了康德已論述者，或許吾人可再藉由宗教學者的研究來作了解。據呂大吉之研究，宗教雖然提倡道德、在一定程度上對於保證社會倫理生活有其效果，但從以下幾個方面來看，宗教直接背反於道德精神：第一，宗教強調對上帝的信仰與遵從，而喪失了人的自主意識和人格的獨立性；第二，靈魂永生、死後獎罰的教義，無助於培養自覺的道德義務感；第三，宗教關於「因信稱義」、信神贖罪的教義在道德生活中有可能起縱人為惡的消極作用。〔註69〕

第一、二點所謂喪失自主意識、無助於培養自覺，即喪失意志之自律，而靈魂永生、死後獎罰之說，更是「以功利惑人」，破壞道德之莊嚴性；而就二、三點死後獎罰與信神贖罪的教義來看，「神靈的本質不是道德，而是對信仰自己與否而進行獎懲的權力」，〔註70〕那麼，「信神贖罪」所能教導人的或許不是神靈的寬恕與博愛，而是行惡者無論如何罪惡滔天，他只要死前皈依神前即可，故其教義實無助於培養人們的品德，甚且可能起縱人為惡的作用。

就了凡對天地鬼神的信仰來看，喪失意志之自律，且流於功利（私人幸福）的追求，無疑皆是其違反道德本質的表現，同時，其「命由我作，福自己求」的信念，使其信仰之功利傾向，尚不止於「靈魂永生、死後獎罰」，且

〔註69〕呂大吉：《人道與神道（宗教倫理學導論）》（上海：人民出版社，1993年），頁88～102。

〔註70〕同前註，頁96～97。

是現世立即可得報償之實際利益，故功利的追逐可說是更顯明的。至於第三點，了凡有「過十五日不改，外加十過」的方式，或者不能說他有「縱人爲惡」之嫌，然而其功過可相抵的理論，亦無法眞切化除過惡，則是前文已探討過的。至於《菜根譚》之道德雖不建立在對鬼神的信仰上，然而因其順應世俗價值觀之性格，故亦不免受民間信仰的影響，如戒「有一念犯鬼神之禁」，便亦是對鬼神賞罰之畏懼；此外，若吾人將「放下屠刀，立地成佛」之類「信神贖罪」的理論，與《菜根譚》「聲妓晚景從良，一世之胭花無礙」之句相對照，則可看出其中的精神何其相似，倘若「聲妓」句即承襲「放下屠刀，立地成佛」這類宗教勸化罪人之精神而來的道德判斷，那麼其下句「貞婦白頭失守，半生之清苦俱非」，是否亦類似宗教中與「信神贖罪」相反的、對違背信仰者施予嚴懲的教義，是對違背信仰（「貞潔」——並非儒家特有的教義）者進行懲罰而來的教條呢？

以上對於世俗道德與純粹道德之根本差異所作之對照，可以看出二者之間實存在著不可踰越的鴻溝，提倡世俗道德者雖有勸世的熱誠，但其勸導的方式，雖不能肯定對社會毫無助益，但若「不論一時，而論久遠」的話，恐怕其流弊之大，終使益處變得微不足道。然而儒者對純粹道德的建構，雖是圓滿完備，蕺山《人譜》對工夫歷程之具體而詳盡地展示，對於每一道德生命自我之完成，亦可達到充分地指引，但長久以來，儒家學說既成爲執政者推行教化之所本，且儒者本身亦懷著「兼善天下」的道德理想，那麼儒家道德哲學之實踐者，究竟僅止於「志於道」之「士」呢，或亦將推行於全民？然則在洞悉世俗道德之流弊的同時，教化究竟要如何普及於群眾，世俗道德之關懷所在，是否亦有值得借鏡之處呢？

第六章 結 論

一、《了凡四訓》道德教化方式之檢討

由上文的探討中，吾人可發現《了凡四訓》勸善教化之幾項特點：

（一）基於「命由我作，福自己求」的信念，以因果報應與天地鬼神兩方面對超自然力量的信仰，作爲行善者必得福報的保證，而其所謂「福報」，則皆以順利得第、後世昌盛爲價值所在。

（二）奉行功過格的原則，乃將功過條列，皆賦予一定之分數，記過兼記功，功過可相抵，以折算後之功過分數，而可自知罪福。藉此鼓勵人們積功累行，懺悔改過，而達勸善懲惡之功。

（三）了凡對公心、誠心、愛敬之心與虛心的要求，對「心不著於善」方爲圓滿之善之強調，以及功格中排除將內在心靈表現作爲記功的標準，皆可看出其對於純粹道德實有一定的體認；同時，不費錢之功德，亦顯出其勸善教化的對象，乃及於所有的平民大眾。

（四）由了凡爲善須窮理、及爲善十綱與功格五十條之內容，可看出其推動之善行，十分強調實質的效果。基於對實效的強調，故對於如何達到效果的「理」——包涵知識、方法等問題——皆有正面的重視；而對於貧困之救助與公利之興建等對於社會有實質助益之善舉，更是了凡功格所強調的重點，由此亦可看出了凡對其所代表之鄉紳階級，所擔負之社會責任與所能發揮之社會力量，已有充分地自覺。

同時，透過蕺山之批評與《人譜》思想的對比，了凡道德教化方式不足之處，亦可明顯看出：

　　（一）雖然了凡對道德之純粹性有所認知，然而在不能確立至誠無息之道德主體的情況下，其道德心不能發揮「不容已」的實踐力量，僅能求助於超自然力量賞善罰惡的保證，而終只成就他律的道德；而其道德純粹性之追求，亦終成為一架空的理論，未能有切實的實踐。

　　（二）在道德歸於他律的前提下，其道德實踐之動力，便不能不成為對因果報應與天地鬼神賞善罰惡之希冀與畏懼；同時了凡為達勸善的效果，不斷以「求富貴得富貴、求男女得男女」等福報的保證來加強人們行善的決心，使其道德實踐，成為獲得福報的手段，為功利而道德，終不能成就道德。

　　（三）了凡積功累行的方式，除了為功利而道德，即為明顯的弊病之外，其「有心為善」即非純善，記功更是以善自矜，皆違背善心之純粹性。

　　（四）了凡的道德實踐是透過每日「功過格」的記載來作自我反省，從「齋戒告天」、「不得重功恕過」的要求，與改過須「由心改」等主張來看，亦可見其戒慎恐懼的態度，實亦強調學者之自我反省與自律的精神，故有學者肯定功過格乃藉由他律的道德規律，來輔助行為者對善惡作自主性的價值判斷，透過嚴厲審查與反省，加深自我之道德感，一旦道德本心能自然而發，就不需要功過格，因此其道德乃由他律而歸於自律。〔註70〕然而，透過與蕺山的比較，吾人可斷言：了凡對自律道德縱有認知或嚮往，但由於其功過相抵且有分數的理論，使其對過惡之反省，僅停留在外在行為——且是明顯對他人造成負面影響之行為——的檢討上，則其所謂「由心而改」的理論，亦僅是浮面地說，終不能真正化除過惡，其道德實踐亦不能徹底。在本心靈明無法透過修養工夫全幅朗現的情況下，終不能脫離對超自然力量的依賴，道德之自律亦難以達成。

　　（五）為眾人說法，是了凡勸善教化的用心所在，「功過格」每日的自我反省，即是為了使眾人能循序漸進地實踐道德，除此之外，了凡每在標舉道德修養之最高境界——如為善必「心不著於善」、改過必「從心而改」——之外，對於達不到最高境界者，再加指示次要的工夫，如改過之由事上、理上改等等，其順應世俗人情的理論，相較於蕺山嚴格之道德要求，似乎較令人有親切感，然而所謂「取法乎上，得乎其中」，以較低的標準誘人入道，究竟真能使人逐漸向上超拔，亦或執溺於下層，終不能見道？吾人不能想像，透過了凡記功兼記過的方式，久之能使人鑒察到蕺山所稱的「妄」之「一點浮氣」；吾人更加懷疑，基於對「福自己求」的信念而每日計算善行之「功」，

〔註70〕蕭世勇：《袁黃的經世理念及其實踐方式》，頁 125～126。

眞能達到「心不著於善」之純粹道德的境界。然而，降低標準的勸善方式，
是否能達到其所寄望之善，便耐人思考了。

　　綜上所述，吾人可看出了凡勸善教化之苦心雖是不容置疑，然而其以因
果及鬼神之信仰爲基礎，以功過可相抵、積善可造福的方式來勸誘人，並降
低對道德實踐的要求以教化一般大眾，則其所建立的道德，一方面不能擺脫
對超自然力量的依賴，無法建立道德的自律；再方面不能擺脫對功利的追求，
純粹之道德亦無法完成；三方面道德實踐可能僅停留在外在規範，不能由內
心眞正轉化，亦無法達到純粹道德之自我立法。於是，基於提倡道德教化而
作的《了凡四訓》，卻終將違反道德的本質。

　　然而，透過與蕺山的比較，亦使吾人發現了凡爲善「重視實效」之性格，
實爲宋明以降重視心性的儒者所欠缺；對於行善有須「窮」之「理」的正視，
亦可擴大吾人對於道德問題的思考；而了凡對「善行」的列舉，或不能一味
批判其「有心爲善」，其用心所在，實代表了凡對於社會事業積極投入的精神
之倡導，凡此或許皆是外王事業不足的理學家可爲借鏡之處。

二、《菜根譚》道德觀之檢討

　　《菜根譚》之思想十分駁雜，因此須對於它基本的思想性格有所了解，
方能對其道德觀作一正確解讀，依前文的探討，《菜根譚》之思想性格可歸納
爲以下幾點：

（一）冷眼旁觀與隔離退步

　　如龔鵬程所言，《菜根譚》基本上是「作者以文字來安撫、指導、教化、
觀賞自我的心靈工程」，因此，個體的生命關懷，是洪自誠一類厭離政治的士
人眞正關切的焦點，也因此《菜根譚》的道德修養，著重在個體生命的超脫，
而與一般社會道德規範重視倫常、或《了凡四訓》強調行善積功的重點有所
不同。[註1] 厭離政治的失意文人，有感於歷史興衰與人生離合的無常，而生
起對人生空虛性的了悟，在這樣的一種心態下，《菜根譚》自然地發展出他對

〔註1〕　此外，龔鵬程以爲：「由於這樣的書寫活動是極個人化的，隔的美感，亦由個
　　　　體出發，所以對於社會集體道德規範，可能不見得有太大的興趣，甚至還可
　　　　能抱持著一種嘲弄的態度，或把道德視爲社會群體對個體生命的壓抑和限制」
　　　　（〈從菜根譚看晚明小品的基本性質〉，頁 181～182），故就擺脫社會規範之桎
　　　　梏而言，《菜根譚》冷眼旁觀與審美賞玩亦成了一體的兩面。

社會人情的冷眼旁觀與審美賞玩的態度，擺脫一切俗情的糾纏，退離世事，而將心力投注在一己的生命。

（二）隨俗順世與鄉愿功利

個體生命的關懷雖是《菜根譚》的重點，然而在混跡世俗而不能真正遠離人群的現實中，作者徘徊於出世入世之間，對於如何在亂世中明哲保身，亦成為其用心之所在。然而《菜根譚》以冷眼旁觀的智慧，洞悉人情之利害關係，在人際關係的處理上，其道德原則僅著重在技術層面上指導如何以退為進、不得罪人，而缺乏道德主體之確立，甚至在自我保護意識濃厚的情緒下，其明哲保身的道德原則，往往變成隨俗浮沉的鄉愿；一味以「禍福」的比較來作為選擇道德的依據，更使其道德淪於功利的追求。

（三）審美賞玩與隨順情欲

在關懷個體生命上，《菜根譚》所嚮往的是一展現情意我之美感生命的境界，故以「萬物靜觀皆自得」的心態，對於生活周遭的事物，皆著重在美感欣趣的賞鑑與安排；而對於道德境界之嚮往，則往往停留於談說玩賞，缺乏充分的道德意識來督促其實踐，徒以「破除境界之執著」來逞其談鋒之美，甚且破壞了對道德理想之堅持。此外，著重美感生活而以人欲為合理的態度，則使其耽於對風月花石之玩賞，而有隨順情欲的傾向。

洞悉《菜根譚》之思想本質，吾人已可了解數百年來雖有無數讀者視《菜根譚》為道德修養的教導書，但其自我保護之鄉愿性格以及審美玩說之「不宜認真」的態度，實使其道德原則不能確立，其道德修養更不能達成。經由與《人譜》之對照，吾人益可清楚看出其道德不能建立的原因所在：

（一）由二書任情與重德、尚美與求善的對比，可看出《菜根譚》之「情」與「美」並無法安立道德。《菜根譚》以「情意我」之展現為目標，其美的觀照，乍看之下雖似可以同時肯定生命之各境界，但缺乏道家超脫的精神，其生命僅有一觀賞自我而不能切實實踐，非但對「情意我」不能真正展現而僅淪為形軀我之滿足，直接背反於道德，且對「善」的追求，亦在觀照玩賞的造作中扭曲甚至喪失。徒在玩說談賞上建立的道德世界，亦可能推論出如「貞婦白頭失守，半生之清苦俱非」的「吃人禮教」。

（二）由蕺山對道德主體、超越根據之確立，可看出《菜根譚》徒在氣質、經驗層言道德，且僅在技術層面指導處世原則，以外在人事之變動作為

道德行爲的準據，根本無法建立道德。其根源性的道德主體無法確立，則其所提倡的道德便不能不淪爲搖擺不定、隨俗浮沉的應世法則而已。故非但不能建立一君子的典型，反成爲一講求應世之善巧方便的鄉愿。當道德法則僅淪爲外在規範時，則亦可能成爲僵化而不合情理的「吃人禮教」之來源。

（三）由蕺山對德性我之充分實踐，可明顯看出《菜根譚》以隔離觀照爲工夫之不足。《菜根譚》的修養境界，並非透過切實的踐履工夫而來的體悟，而僅是隔離觀照的對象，停留在言談趣味的描繪，因此可說是一想像中的幻境而已。其境界本身即未必可追求，而又重破除境界之執著，因此在橫說豎說間，更變得搖擺不定而自相矛盾，其不可作爲從事修養的準據，自不待言。

經由以上的研究，吾人可對《菜根譚》作一重新的定位，即：它是一表達對人生空虛性的感悟，並創造一空靈美感的文學作品，而不能作爲一指示道德修養之教導書；由書中可啓發吾人對歷史人生之無常悲感，卻不能作爲道德修養之實踐準則。然而，透過《菜根譚》之道德觀與《人譜》之比較研究，亦可使吾人擴大對道德問題的思考：

（一）道德哲學之建構固然必經由對道德主體與超越根源之確立方能達成，然而氣質面、技術面的部分，是否眞能在根源確立後便「不成其問題」？當超越之道德哲學落實爲現實層面的教化工作時，雖然吾人基於對了凡降低標準來勸善的方式之疑慮，同樣可反對《菜根譚》「教人以善毋過高」之說，然而即使不能採取降低標準的方式，「當使其可從」的方法，仍不能不被考慮。

（二）在考慮如何教化大眾的問題時，《菜根譚》廣受歡迎的原因，便不能不令人探究。簡單來說，《菜根譚》爲人所喜愛，乃在於它的文學之美，以及所展現之藝術的生活，然而文藝的部分，幾爲蕺山所全然反對，而列入《人譜》之過惡內容。究竟「美」、「藝術」與道德之間，是否存在背反的關係，或道德哲學亦不能不考慮對之作一適當的安頓，皆值得吾人進一步思考。

（三）以「美」爲最高價值、並以個人生命之安頓爲關懷重點的晚明文人，對於社會集體道德規範，本不見得有太大的興趣，然如龔鵬程所說：「當一切道德不再是外在的社會集體規約，而是歸於己、印證於己時，人勢必要獨自通過內在的自覺命令與語言學習，……必然會發展出道德或引用道德規箴」（可惜從前面的研究可知，這一路徑並無法眞正建立道德），由此吾人是否可推論，無論以何種態度面對生命，只要是關懷生命者，皆須面對道德建構的問題？然則，道德與其他境界之關係，是否如批評儒家爲「泛道德主義」

的學者所認為的：不應以道德作為統攝其他領域的核心思想，其他領域應各有其獨立地位？〔註2〕從晚明文人（或說《菜根譚》）的例子，吾人是否亦可大膽推測：即使是個人化的藝術活動，亦有其道德要求？且其道德仍須歸於儒者對道德主體之建構的方式，才可能真正達成？

（四）由上可知「美」與「道德」間存在著複雜的辯證關係，〔註3〕雖然在《菜根譚》中，審美賞玩的態度，明顯地不能建立道德，然而其所引發有關道德哲學的問題，實有許多值得吾人進一步思考，在此僅藉龔鵬程的一段話作為結論：

> （《菜根譚》）以執溺為道德，其為腐蝕原有道德規範，自不待言；
>
> 然而它也擴大了有關道德的思考格局，在其中包含有道德語言的傳
>
> 播、道德信仰的堅持、和道德世界的嚮往。〔註4〕

透過《菜根譚》之研究，吾人在道德語言的傳播上，可進一步思考「美」對於道德傳播之價值；在道德信仰之堅持上，可進一步確認「境界」與本體實踐之不可分割；吾人更可確信，道德世界是自我境界歧異的生命所共同的嚮往，它並不是以「德性我」為上的儒者的專利，追求「美」的文人，對於道

〔註2〕 如韋政通、傅偉勳皆有此「泛道德主義」之批判。韋政通對其所論「泛道德主義」作一定義曰：「所謂『泛道德主義』，就是將道德意識越位擴張，侵犯到其他文化領域（如文學、政治、經濟），去做它們的主人，而強迫其他文化領域的本性，降於次要又次要的地位；最終極的目的是要把各種文化的表現，統變為服役於道德，和表達道德的工具。」（《儒家與現代化》，臺北：水牛出版社，1989年，頁85）傅偉勳在〈中國文化往何處去？〉（《「文化中國」與中國文化》，臺北：東大圖書公司，1988年）一文，便舉出身體活動、心理活動、政治社會、歷史文化、知性探索、美感經驗、人倫道德、實存主體、終極關懷、終極真實等十大層面之價值取向，指責儒家以第七層面的人倫道德作為指導原理，無視於其他生命上下各層的獨立地位，即成為一偏差的泛道德之化約主義。李明輝於〈論所謂「儒家的泛道德主義」〉一文已駁斥二氏對儒家的誤解，如傅氏之論點實為一價值相對主義，價值多元化的社會尊重各個階層底原則及其獨立性，不相互化約，但仍應有一上下統屬的價值階序，而所有的價值層級隸屬於一項共同的統攝原則，儒家以道德主體作為統攝原則，並不泯滅各階層底獨立性，亦不等於化約主義，相反地，價值相對主義的立場，反可能成為一完全空虛的社會，而無存在的價值。經由《菜根譚》這類文人作品對道德的追求，吾人或可進一步駁斥傅氏以為道德無須統攝美感經驗層面的想法，然而《人譜》所建構的道德哲學，是否泯滅了藝術層面的獨立性，或亦值得檢討，此在下文再加討論。

〔註3〕 參見龔鵬程〈從菜根譚看晚明小品的基本性質〉，頁181～187。

〔註4〕 同前註，頁187。

德之善，同樣有其嚮往與追求；且其「情意我」之達成，若與「德性我」分割，則終可能溺於形軀我之追求而否定其自己。

三、《人譜》道德嚴格主義之檢討

　　蕺山道德哲學之價值，已爲歷來之學者所肯認，其道德哲學著重於道德根源之確立（勞思光説），嚴分超越層與經驗層之別，將道德實踐之正面工夫全歸於愼獨——涵養此超越至善之道德主體；而負面工夫，亦在於將經驗層之「念」收歸於先天獨體中，《人譜》之作，便在於此正反兩面工夫的步步開展，而對於負面過惡之對治更展現了其道德哲學之嚴格深密，故牟宗三先生贊曰：「儒家內聖之學成德之教之道德意識至此而完成焉。」蕺山《人譜》之作，在宋明道德心性之學之理論——合本體與工夫論——的完成上，實有總結之功。

　　然而，透過與《了凡四訓》、《菜根譚》兩部世俗道德之代表作品的比較中，《人譜》遠離世俗的性格，不禁令吾人聯想到儒者外王事業之困難所在，世俗道德所展現之價值觀雖無以成就道德，但其貼近世俗之性格，亦可使吾人對儒者「兼善天下」的理想如何實現之問題有所啓發：

　　（一）藉由《了凡四訓》之道德教化方式，可帶給吾人的思考有幾點：

　　1. 以鬼神賞罰之利誘與威赫，雖然只能成就他律道德，且易淪爲功利追逐，但對於陷溺於現實的生命，是否眞能以其自律來完成道德實踐，而不依賴超自然之賞罰的力量？

　　2. 了凡對「窮理」問題的強調，亦可使吾人思考超越之道德主體落實於現實層面之善行，似乎不一定如此直接，然則儒者道德哲學之理論的建構，是否在挺立道德主體之後便一無事事？在「窮理」當中種種複雜的問題中，尤其爲學者所重視的，是「知識」與道德之間的關係，近代以來，許多學者對儒家並未開出民主科學始終耿耿於懷，批判傳統儒家爲泛道德主義者，便指出儒家輕視經驗知識之過，[註5] 雖然孔子「敏而好古」、「多能鄙事」的精神，實未曾有輕視知識之意，但宋明儒者如伊川之輕曆算、至蕺山以爲遷改之工夫，便是證（聖）人的極則，實可看出內聖之學發展至極至的宋明儒者，實難脫離「輕視知識」的批評。

〔註5〕　韋政通：〈科學與中國文化〉（《儒家與現代化》），頁148～149。

3. 由了凡重視實效之性格,可令吾人感受到「目的論」者之說,與儒者外王事功之關係:蕺山樹立超經驗之獨體至善,而不言經驗中相對的自然之善,且在工夫層面強調「無過即是善」,其能挺立純一無雜之道德生命,自不待言,然而如何由此開展外王之事功,顯然尚有所欠缺。但若說儒家先天性格中便反對目的論者所強調之功利,顯然並不公平,因爲要由內聖而開外王,「自然之善」當然不能不予以正視,如李明輝分析儒者「義利之辨」之眞義,曰:

> (儒家底)義利之辨代表一種「義務論倫理學」底觀點,即堅持道德意義的「善」獨立於非道德意義的「善」,反對將前者化約爲後者。但是這種倫理學不一定排斥非道德意義的「善」,而只是反對以之爲道德價值之唯一或最後的判準。故在第二個層次上,它仍可能接受功利原則作爲衍生的道德原則。這可以解釋:先秦儒家何以一方面嚴義利之辨,另一方面卻視利益(尤其是公利)之追求爲道德義務。〔註6〕

然而就內聖之學發展到極致的蕺山道德哲學,其「無過即是善」之理論(非實際作爲),是否還可涵括以「利益(尤其是公利)之追求爲道德義務」的內容呢?吾人看到《菜根譚》「處世不必邀功,無過便是功」之句,雖然吾人可清楚辨析此句與蕺山「無過即是善」的精神是迥然不同的,然而在外在表現上的差別恐怕極爲有限。然則在排斥「有意爲善」而建立「純粹義務」之無上命令的同時,是否亦須兼顧現實善行之提倡呢?

(二)由《菜根譚》所展示的文人之生命型態與《人譜》的對照中,亦給予我們一些不同的思考方向:

1. 《菜根譚》所展現的文學之美,無疑是使它受到廣大歡迎的原因,就儒家傳統的文學觀中,「文以載道」才是爲文的重點,至於修辭之美則一向被忽略,甚且以之有「害道」之嫌。在此吾人絕不否認求美尚奇的《菜根譚》,在立論上確實有許多問題,然而「求美」與「害道」之間是否存在必然的關係?文學作品在道德傳播上是否亦可以有其正面價值?尤其儒者若欲從事教化大眾之工作,是否可以無視於深入人心、令人感到「可愛」的文學作品之力量?除了消極地以「造歌謠」、「觀戲場」、「輕刻詩文」爲過,排斥低俗的文學作品外,是否亦可能積極地運用文學的力量來從事教化?如佛教有許多講唱文學傳其教義,儒者(蕺山)卻必以「造歌謠」等爲過,此是否也是儒者的內聖之學所以遠離大眾之因呢?

〔註6〕 〈論所謂「儒家的泛道德主義」〉,頁208。

2. 文人所從事之藝術活動，在《人譜》中幾皆列入過惡的內容，然而「藝術」在道德生活中，是否毫無地位？雖然，就儒者而言，唯有道德價值才是絕對的價值（實則就全人類而言亦然，此即儒者所揭示之眞理的可貴），但從屬於道德價值的其他領域，亦應有其獨立的地位，如唐君毅以爲：「一切文化活動，皆不自覺的，或超自覺的，表現一道德價值」，〔註7〕然而其「自覺的目的」，如藝術求美，經濟求財富或利益，政治求權力之安排等等，仍與道德實踐不同。〔註8〕雖然如李明輝曾論述：「主張以道德價值統攝其他價值領域，並不必然淪爲化約主義。」〔註9〕然而蕺山對晚明文人藝術生活的反對，恐將使藝術亦全然排除於道德生活之外，而無法給予藝術一適當的地位，因此蕺山對藝術的態度，恐未能避免「化約主義」之嫌。故「藝術」在儒者道德哲學之定位，亦應再作進一步的思考。

3. 由《菜根譚》隨順情欲的傾向，對比《人譜》對形軀我之態度：就蕺山「即氣言理」的理論來說，可避免天理人欲二分、對人欲無法正視的矛盾，故未有徇欲、絕欲兩端的衝突，然而，其「循理而發」的標準，實亦展現了對人欲極端嚴格的態度，在《人譜》中，無論對於外在的視聽言動，乃至內在的情緒表現，皆有一定的規範；口體之欲固絲毫不可放縱，更不許稍微「好閒」、「怠懈」；禁止博、弈等休閒活動外，亦不許書畫古玩之適性怡情……欲望雖不可陷溺，是否亦一定要如此嚴格限制方可完成道德？或是蕺山在此對於「形軀我」之層面（以傅偉勳之分類，則包括身體活動與心理活動層面），仍缺乏適當的安頓？如《菜根譚》雖在其理論下有隨順情欲之嫌，然而其所展現者多僅爲一富有藝術情趣之生活方式，若暫時拋開《菜根譚》本身之理論矛盾之處，僅就這樣一種徜徉山水間的閒適生活來論，是否一定會妨礙道德自我之完成？更根本的問題是，在如此嚴格的限制下，其道德精神除了令人敬佩之外，究竟有幾人能依據此等標準來作修養之工夫？──尤其是一般的社會大眾？〔註10〕

曾錦坤曾對蕺山之思想得失作一評斷，曰：「蕺山將意根收歸心體，先天工夫，全不涉及經驗層，此是其特色，亦其缺失。人不能無氣質之雜，然誠

〔註7〕　《文化意識與道德理性》（臺北：學生書局，1986年），頁6。

〔註8〕　同前註，頁519。

〔註9〕　〈論所謂「儒家的泛道德主義」〉，頁232。

〔註10〕　如黃明理言：「道學家獨自高標，不能顧及人情及好惡，則其言論不能入人之心，以至難有教化之效。」（《晚明文人型態之研究》，頁63）

意教對氣質之雜不能有正面的對治，這是其缺陷」，雖然，「意念二分，已予經驗氣質留一地步；《人譜》之作，貫徹百行，在修行的實際工夫上，未嘗不能有對治氣質的功能」，〔註11〕但其過於嚴格之道德標準，僅能成爲少數學者得以體悟、感受的學問，究竟還能發揮多少社會教化的功效？甚至是否造成令人避之惟恐不及的道德壓迫？不能不令人存疑。因此，如蕺山之道德嚴格主義，是否將使儒學成爲僅能「獨善其身」，而無法「兼善天下」之學問？在對比了《人譜》與世俗道德之差異之後，吾人贊歎蕺山道德哲學之成就的同時，「儒學」之定位，似乎亦應重新思考。

四、餘　論

以《了凡四訓》、《菜根譚》及《人譜》三書爲主之比較研究至此告一段落，三書所分別展現的世俗道德及道德哲學之觀念（或理論）以及實踐方式，其優勝或不足，在通過彼此的比較之後，皆可擴大吾人對於道德問題之思考，此亦筆者求學歷程之一大收穫。然而，迴觀研究之初，之所以選擇「晚明之儒家道德哲學與世俗道德」爲題，乃因有鑑於不同層次之文化的比較、儒家外王學之出路，以及晚明思潮之全貌等問題之重要與複雜而來，然而此刻卻發現，此番研究非但並未解決任何疑難，且問題才剛開始……

由蕺山之道德哲學與《了凡四訓》、《菜根譚》之比較中，吾人已清楚地看到了儒家道德哲學與世俗道德之差異，而世俗道德如了凡之雜以因果與鬼神信仰、《菜根譚》之隨順情欲與鄉愿性格，以及二者所顯示出的功利主義之傾向，在在皆顯示出儒家學說與之非但相異甚且相反的重大分歧，由此可以看出，雖然在眾人的印象裡，儒家在傳統社會中一直扮演著主導教化的角色，但在傳統的社會結構裡，爲了因應現實的人事環境（如《菜根譚》之隨俗順世），或受民間信仰的影響（如《了凡四訓》），傳統的教化常經過多層的折射變化，雖然表面上所遵循的道德法則似乎依舊與儒家之倫常教條無甚區別，然而其背後的精神，卻是一種偏離儒家之道德自主，而以自我利益爲主的社會意識。筆者在〈緒論〉部分便曾提出正視世俗道德之研究在探討文化問題時的重要性，因爲「流傳於廣大民間的那許多不盡同於儒、釋、道哲學的價值觀，或許才正是文化流衍及問題的關鍵所在」。經由此研究之後更可看出，

〔註11〕《劉蕺山思想研究》，頁124。

傳統文化之許多問題，或不在上層思想之理論建構不夠完備，而在於上層思想並未落實於下層社會、甚至在下層社會之實踐中扭曲。

　　然而，在認清儒家學說在傳統社會中的影響，並不如想像中之深與廣時，強調「內聖外王」，長期以來以教化爲職志之儒家學者，恐怕不能不若有所失了。實則儒者與一段民眾的距離始終存在，儒者亦極清楚地了解「無恆產而有恆心者，惟士爲能」，〔註12〕對於一般民眾趨利的心理，儒者亦能在政策考量上，以「富之」來滿足其需求，然而蕺山對於了凡之「功利」，批判爲「惑世害道」之論，其所謂「惑世」之「世」，恐不能止於「士」之階層吧？在標舉「人便是聖人之人」這一對人性的普遍性肯定上，吾人更可確知蕺山並未將任何世俗凡民排除在外。但儒者「唯士爲能」的自我期許，究竟能否作爲對人民施行教化的準則呢？吾人在評斷這一教化工作之難易前，可先參考曾昭旭在其〈從生命升沉的辨證歷程論儒道佛耶四教異同〉一文中對儒者生命情調之如下描述：

> 儒家在生命之學中的首要關懷，不是病痛的救治、生命的扶持，而是充分自由、自主、自律的道德創造。……這可見儒家是最充分的理想主義者。而這必須是生命在最正常、最暢旺的狀況中（在這狀況中的生命便稱爲仁）才可能有的情調。〔註13〕

這一自由暢旺的生命情調必爲所有志於道之學者所嚮往，然而在現實中拘蔽已深的世人，生命能常處此最正常、最暢旺的狀況中者，究竟能有多少？因此，蕺山致力於純粹道德的建構，固然有益於所有當時乃至後世有志於道之學者，然而是否得以在社會教化中發揮功效，恐未必如此直接；而僅確立絕對的「道德之善」，而不言一般經驗中的「自然之善」，能爲多少「無恆產則無恆心」之民眾所接受，更是令人存疑了；此外，儒者之道德自律，不依賴因果報應與天地鬼神之威赫，然而未能有此暢旺之生命、且陷溺於現實的眾人，是否能不依靠他律的力量來挺立其生命呢？

　　相對於儒者對道德精神純粹性的要求，世俗的道德對「道德」的標準明顯地較爲寬容，它不但對一般人欲望的滿足給予適度的接納，並同情一般生命未必「暢旺」者，以淺易的實踐方式、天地鬼神的鑒臨威赫來助拔之，且爲迎合一般人追求「恆產」的心理，更往往以功利誘人入道。──雖然吾人在之前的

〔註12〕《孟子・梁惠王上》，第7章。
〔註13〕《當代新儒學論集・總論篇》，頁133～134。

研究中已發現其問題：降低標準、說以因果而混入功利的結果，極有可能並不能達成循序漸進、向上超拔的目的，反而可能造成道德實踐之不完全，甚至違反道德的本質，可見所謂「方便法門」並不見得真正有所「方便」。——蕺山以了凡之說爲「害道之言」，且致力於建構一完滿的道德哲學，顯然即有見於此。——然而，就一般大眾而言，混入功利的道德（或稱「利他行爲」）是否便毫無價值呢？舉個淺顯的例子來說，社會救助的工作，是否寧可有些爲求福報而捐獻的有錢人，總強過他們不信因果又無惻隱之心？當然，眞正的道德，必自啓發人心之價值自覺方能達成，亦唯有透過眞正的道德行爲，方能避免流弊，說之以功利的勸善方式無法啓發自覺，亦終難避免流弊，是儒者所以關之的原因。然而令人難以抉擇的是，雖然儒家早已肯定人性皆善，亦皆可成聖，但面對現實中雜染已深的眾人，究竟以道德心啓發之較速，或以因果威之、功利誘之爲易？雖然夫子早有「欲速則不達」之訓，但在人慾橫流、大廈將傾的末世，不跟上腳步，急作收拾，亦只能任其一敗塗地，然則不肯「枉尺而直尋」的儒者，難道只能在日趨下流的時代背後浩歎嗎？

儒家之道德哲學與了凡功利主義之不同，即如西方倫理學中義務論與目的論之別，吾人不能否認儒者之啓發道德本心、確立道德主體，更進一步完成「道德的形上學」之建構，實爲人類精神文明中最可貴的寶藏；「義務論」對道德本質探討之深刻，亦實非目的論之說可比。然而義務論可摒斥目的論者之說，懷抱「內聖外王」之理想的儒者，是否可以不論善行之具體效果呢？由儒者道德心性之學忽視經驗中的「自然之善」的傾向上，吾人不能不思考此一傾向與儒家外王事業不足之關聯：由了凡對實效之看重，實對比出蕺山在道德心性論下主張「無過即是善」之過於消極；而了凡對善心可能行惡事、善行可能有流弊的探討，更可見「道德」與「善」（自然之善）之間並不是全然正向的關係，面對此一問題，不只在純理上思考、而必落實於現實社會中「由內聖開外王」的儒者，若要保證「道德」與「善」統一的必然性，則其工夫論，是否能只停留在「道德本心如何展現推擴」的問題上？在外王學的開展上，了凡「窮理」（在此簡單以「知識」爲代表）的重要性，是否亦應爲儒者所正視？

幸而，就先秦儒家的源頭中，吾人仍可確立由道德本心開出科學知識的路徑，牟宗三先生因而提出「良知的自我坎陷」之說；〔註14〕唐君毅、牟宗

〔註14〕依李明輝之整理（〈論所謂「儒家的泛道德主義」〉，頁242），牟先生之說主要
見於《智的直覺與中國哲學》（臺北：商務印書館，1974年），頁184～345；

三、徐復觀、張君勱四位先生在 1958 年共同發表〈爲中國文化敬告世界人士宣言〉，〔註 15〕強調民主科學是中國傳統文化中道德精神之內在要求，因而宋明儒者外王學不足的問題，在當代新儒家學者的努力下，似乎已獲得解決，〔註 16〕然而，在「以道德意識爲核心，來統攝人類活動」的儒家道德哲學的建構上，融攝民主與科學之理論的提出，是否便已完備？在此，《菜根譚》之人生觀，似乎又帶給我們一些問題：首先，《菜根譚》之藝術生活，與《人譜》之斥之爲過，令吾人感受「藝術」在儒學中的地位，似乎尚缺乏適當的安頓；其次《菜根譚》給予嗜欲「五分」的範圍，較之《人譜》之深戒縱欲，在理論上雖有可能造成隨順情欲之弊，但若能一改其以「美」爲尚而以道德作一統攝之標準，「五分」是否眞會妨礙道德自我之建立？因此，《人譜》之嚴格限制欲求，是否亦表示「即氣言理」在實際上仍未給予形軀我一適當的地位？然則儒學若眞要完整建構「以道德意識爲核心，來統攝人類活動」之體系，似乎還須有更進一步的努力。雖然就藝術乃至各項文化活動統攝於道德主體之理論建構上，唐君毅先生已有相當建樹，然而若儒者仍不放棄社會教化之理想，完成理論建構是不夠的，因爲「肯定文學在文化活動中有其意義」，與「重視文學深入人心之力量，以文學傳播思想」，仍屬不同範疇。簡單來說，在個人的生命中，儒者究竟需不需要文藝的滋潤；以及社會教化方面，儒者究竟需不需要文學的資助？恐怕才是釐清道德與文學藝術之關係所必須解答的問題。就此而言，吾人恐難以否認傳統儒家對於文學藝術確有「化約主義」之嫌。《菜根譚》之廣受歡迎，便可使吾人反省文學之美與道德語言之傳播的關係，長期以來儒者皆不重視之，如此是否亦恆使儒學僅能成爲少數人之學問？然則對於社會教化之影響，自然極其有限了。

　　以上各段筆者幾乎皆有一連串的問號，簡而言之，便是儒學發展至宋明心性之學，其道德哲學之理論，實已充極而完備，足以興發任一有道德自覺

《現象與物自身》（臺北：學生書局，1975 年），頁 1～129；《圓善論》（臺北：學生書局，1985 年），頁 243～335。
〔註 15〕此宣言原發表於《民主評論》及《再生》兩雜誌，後收入唐君毅《中華人文與當今世界》（臺北：學生書局，1975 年）及《說中華民族之花果飄零》（臺北：三民書局，1974 年），易名爲〈中國文化與世界〉。
〔註 16〕四位先生的主張，以及牟先生良知自我坎陷之理論，雖然亦不免受韋政通、傅偉勳一類學者批評爲「泛道德主義」，但二位學者之見解實帶有不少偏見，李明輝〈論所謂「儒家的泛道德主義」〉一文已一一駁斥，因此新儒家對外王學之重建，在民主與科學（即知識）的安立上，實已獲得一定的成就。

之生命；然而針對「志於道」之「士」所發展之道德哲學，落實於社會教化工作，乃至外王事功之完成，其爲世人所接受、了解的程度，實與其理想有相當的差距；導致今日大行者，仍是表面上亦提倡儒家教化，實際上卻違背道德本質而爲儒者所批判之「善書」。時至今日多元化的社會，儒學究竟仍須懷抱社會教化的理想、繼續爲內聖開外王之理論建構而努力；亦或是安於其內聖之學，至少能夠啓發千百世以下每一時代中恆爲少數之「士」？——實則這樣亦未減損其價值——倘若儒者的選擇仍是前者，如何使其高標之道德理想主義得以令世人理解並實踐，恐怕還有好長好長的路……

行文至此，回觀數百年前的晚明，其道德問題之凸顯與儒學之發展，似乎亦可給予吾人某些啓發：

面對晚明政治之混亂、社會風氣的惡化，士人救世的方式，是紛紛從各種角度提倡道德、思考道德，除了民間大量善書的印製、清言小品與戲曲小說等作者自覺其「言語勸世」的責任、以及儒者對道德修養趨於嚴格化的表現，爲本論文探討所及之外，吾人亦觀察到，對政治懷抱理想之東林黨人，乃以道德重建爲其政治目標；而對政治冷漠的晚明文人，亦以對禮教（道德）的內在化作爲其獲得生命自由的路徑，可見「道德」問題，及於晚明之政治社會之各層面，實有更深入探討的必要。且如東林黨將一切政治問題歸於「道德問題」的方式，實即韋政通等學者所批判之「泛道德主義」，然則儒家學說與歷代政治之關係，恐亦非就學理上判別「主張以道德價值統攝其他價值領域，並不必然淪爲化約主義」便可解決，因爲儒學在政治層面所受到的扭曲，恐不亞於在社會中的實踐。

此外，在探討了蕺山道德哲學與世俗道德之嚴重歧異之後，回頭再看使陽明學說風行天下的泰州、龍溪，卻很清楚地可以看到他們與世俗的交流，釋聖嚴稱王學左派即理學家中的佛教徒，泰州後學的陶石梁、秦弘祐亦奉行了凡之功過格；晚明文人則對左派王學引爲同道，且深受其啓發，因此，在王學左派的表現上，吾人可感受儒學與世俗的距離縮小，而爲一般人所樂於接受。然而，如黃宗羲所說，陽明之學（即儒學）「亦因泰州龍溪而漸失其傳」，在回歸儒學精神的過程中，晚明理學家趨於道德嚴格主義之發展，是否告訴我們：儒學終究是遠離世俗的，而爲少數人的學問？或者，重新檢視左派王學與晚明世俗社會的交流，亦有可能對儒家道德教化之方式與途徑重作思考，找到一條可行之路呢？

　　本論文之研究到此告一段落，雖未能提出什麼有價值的結論，但這許許多多的問題，也許或多或少地，能夠帶給讀者一些思考的興趣吧？

徵引文獻舉要

依作者姓氏筆劃順序排列

一、古籍類

1. 王陽明：《傳習錄》，臺北：金楓出版社，1987年。

2. 王畿：《王龍溪語錄》，臺北：廣文書局，1950年。

3. 王畿：《龍谿王先生全集》，《和刻影印近世漢籍叢刊》中文出版社出版，廣文書局印行，未標出版年。

4. 永瑢等撰：《四庫全書總目》，北京：中華書局，1965年。

5. 朱元璋：《明太祖御製文集》，臺北：學生書局，1965年。

6. 朱鶴齡：《愚菴小集》，《四庫全書》集部258，臺北：臺灣商務印書館。

7. 江峰青等：《嘉善縣志》，臺北：成文出版社，《中國方志叢書》，華中地方，第59號，據清光緒十八年刊本影印。

8. 李贄：《焚書》，臺北：河洛圖書，1974年。

9. 李贄：《李溫陵集》，臺北：文史哲出版社，1971年。

10. 李漁：《閑情偶寄》，臺北：廣文書局，未標出版年。

11. 紀昀等撰：《四庫全書總目提要及四庫未收書目禁燬書目》，臺北：臺灣商務印書館。

12. 洪自誠：《菜根譚前後集》，臺北：老古文化事業公司，1986年。

13. 洪自誠：《菜根譚》，鄭志明導讀，臺北：金楓出版社，1988年。

14. 洪應明：《乾隆本菜根譚》，臺北：老古文化事業公司，1992年。

15. 洪應明：《菜根譚》，臺北：新文豐出版，《叢書集成續編》第47冊。

16. 洪肇楙等：《寶坻縣志》，臺北：成文出版社，《中國方志叢書》，華北地

方，第 202 號，據民國六年石印本影印。

17. 查繼佐：《罪惟錄》，《四部叢刊》三編，史部，臺北：臺灣商務印書館。

18. 袁中道：《珂雪齋前集》，臺北：偉文圖書，1976 年。

19. 袁宏道：《袁中郎全集》，臺北：偉文圖書，1976 年。

20. 袁顥：《袁氏家訓》，國家圖書館善本。

21. 袁黃：《了凡四訓》，尤雪行注本。

22. 袁黃：《訓子言》，國家圖書館善本。

23. 袁黃：《袁了凡先生兩行齋集》，國家圖書館善本。

24. 袁黃：《靜坐要訣》（收入《靜坐法輯要》），臺北：文津出版社，1988 年。

25. 袁黃：《功過格分類彙編》，《叢書集成續編》第 62 冊，臺北：新文豐出版社。

26. 陳確：《陳確集》，北京：中華書局，1979 年。

27. 張廷玉等：《明史》，上海古籍出版社，1986 年。

28. 黃宗羲《明夷待訪錄》，《黃宗羲全集》第一冊，臺北：里仁書局，1987 年。

29. 黃宗羲：《南雷文案》，臺灣商務印書館，《四部叢刊》第 77 冊。

30. 馮夢龍：《醒世恆言》，江蘇古籍出版社，1991 年。

31. 許瑤光等：《嘉興府志》，臺北：成文出版社，《中國方志叢書》，華中地方，第 53 號，據清光緒五年刊本影印。

32. 陸楫：《蒹葭堂雜著摘抄》，《叢書集成初編》第 436 冊，臺北：新文豐出版社。

33. 程明道、程伊川：《二程全書》，臺灣中華書局《四部備要》本。

34. 董其昌：《容臺集》，臺北：中央圖書館編印，《明代藝術家集彙刊》，1968 年。

35. 劉蕺山：《劉子全書》，臺北：華文書局，據清道光刊本影印。

36. 劉宗周：《劉子全書及遺編》，京都：中文出版社，1981 年。

37. 錢曉：《庭幃雜錄》，《筆記小說大觀》六編第 5 冊，臺北：新興書局。

38. 錢曉：《太微仙君功過格》，《正統道藏》第 5 冊，洞真部誡律類雨字號，臺北：新文豐出版社。

二、近人論著

1. 王煜：〈明末淨土宗蓮池大師雲棲袾宏之佛化儒道及其逼進耶那教與反駁天主教〉，《明清思想家論集》，臺北：聯經出版事業公司，1980 年。

2. 王財貴：《王龍溪良知四無說析論》，臺北：臺師大國文所碩士論文，國

研所集刊第 35 號，1991 年。

3. 王汎森：〈明末清初的人譜與省過會〉，《中央研究院歷史語言研究所集刊》第 63 本，第 3 分，1993 年 7 月

4. 王汎森〈「心即理」說的動搖與明末清初學風之轉變〉〈《中央研究院歷史語言研究所集刊》第 65 本，第 2 分，1994 年 6 月。

5. 王熹：《中國明代習俗史》，北京：人民出版社，1994 年。

6. 古清美：《明代理學論文集》，臺北：大安出版社，1990 年。

7. 任繼愈：《中國道教史》，上海人民出版社，1990 年。

8. 朱柔若：《社會學世俗化理論的回顧、溯源、與台灣民間宗教的世俗化》，台大社會所碩士論文，1986 年。

9. 牟宗三：《中國哲學十九講》，臺北：學生書局，1983 年。

10. 牟宗三：《才性與玄理》，臺北：學生書局，1989 年。

11. 牟宗三：《心體與性體》，臺北：正中書局，1989 年。

12. 牟宗三：《從陸象山到劉蕺山》，臺北：學生書局，1990 年。

13. 李焯然：《明史散論》，臺北：允晨文化，1988 年。

14. 李明輝：《儒家與康德》，臺北：聯經出版事業，1990 年。

15. 李明輝：〈論所謂「儒家的泛道德主義」〉，《當代新儒學論文集‧總論篇》，臺北：文津出版社，1991 年。

16. 余英時：〈清代思想史的一個新解釋〉，《歷史與思想》，臺北：聯經出版事業公司，1976 年。

17. 何其敏：《中國明代宗教史》，北京：人民出版社，1994 年。

18. 呂大吉：《宗教學通論》，臺北：博遠出版有限公司，1993 年。

19. 呂大吉：《人道與神道（宗教倫理學導論)》，上海：人民出版社，1993 年。

20. 林麗月：〈晚明「崇奢」思想隅論〉，《師大歷史學報》19，1991 年 6 月。

21. 林金樹等：《中國明代經濟史》，北京：人民出版社，1994 年。

22. 林宜蓉：《晚明文藝社會「山人崇拜」之研究》，臺北：臺師大學國文所碩士論文，國研所集刊第 39 號，1995 年。

23. 馬西沙等：《中國民間宗教史》，上海人民出版社，1992 年。

24. 柯瓊瑜：《三言的教化功能之研究》，臺師大國文所碩士論文，1995 年。

25. 唐君毅：《中華人文與當今世界》，臺北：學生書局，1975 年。

26. 唐君毅《文化意識與道德理性》，臺北：學生書局，1986 年。

27. 徐泓：〈明代社會風氣的變遷〉，《第二屆國際漢學會議論文集‧明清與近代史組》，臺北：中央研究院，1989 年。

28. 孫中曾:《劉宗周的道德世界——從經世、道德命題到道德內省的實踐歷程》,新竹:清大歷史所碩士論文,1991 年。

29. 張灝:《幽暗意識與民主傳統》,臺北:聯經出版事業公司,1990 年。

30. 張曼濤主編:《佛教根本問題研究(二)》,臺北:大乘文化出版社,1978 年。

31. 張永堂譯,Charles O. Hucker 著:〈明末的東林運動〉,《中國思想與制度論集》,臺北:聯經出版事業公司,1979 年。

32. 酒井忠夫:《中國善書の研究》,日本:國書刊行會,1972 年。

33. 酒井忠夫著、許洋主譯:〈功過格的研究〉,《日本學者研究中國史論著選譯》,北京:中華書局,1992 年。

34. 曾錦坤:《劉蕺山思想研究》,臺北:臺師大國文所碩士論文,1983 年。

35. 曾昭旭:〈從生命升沉的辯證歷程論儒道佛耶四教異同〉,《當代新儒學論集‧總論篇》,臺北:文津出版社,1991 年。

36. 麥仲貴:《明清儒學家著述生卒年表》,臺北:學生書局,1977 年。

37. 陳萬益:《晚明小品與明季文人生活》,臺北:大安出版社,1988 年。

38. 曹淑娟:《晚明性靈小品研究》,臺北:文津出版社,1988 年。

39. 韋政通:《儒家與現代化》,臺北:水牛出版社,1989 年。

40. 勞思光:《新編中國哲學史》,臺北:三民書局,1980 年。

41. 黃仁宇:《萬曆十五年》,臺北:食貨出版社,1990 年。

42. 黃明理:《晚明文人型態之研究》,臺北:臺師大國文所碩士論文,國研所集刊第 34 號,1990 年。

43. 傅偉勳:《「文化中國」與中國文化》,臺北:東大圖書公司,1988 年。

44. 嵇文甫:《左派王學》,臺北:國文天地,1990 年。

45. 楊祖漢:《儒學與康德的道德哲學》,文津出版社,1987 年。

46. 鄭志明:《中國意識與宗教》,臺北:學生書局,1993 年。

47. 鄭志明:《明代三一教主研究》,臺北:學生書局,1988 年。

48. 錢穆:《國史大綱》,臺北:臺灣商務印書館,1976 年。

49. 謝國楨:《明清之際黨社運動考》,臺北:臺灣商務印書館,1967 年。

50. 釋聖嚴:《明末佛教研究》,臺北:東初出版社,1987 年。

51. 龔鵬程:〈從菜根譚看晚明小品的基本性質〉,《文化、文學與美學》,臺北:時報文化,1988 年。

52. 龔鵬程:《晚明思潮》,臺北:里仁書局,1994 年。